FRIEREN

NACH DEM ENDE DER REISE

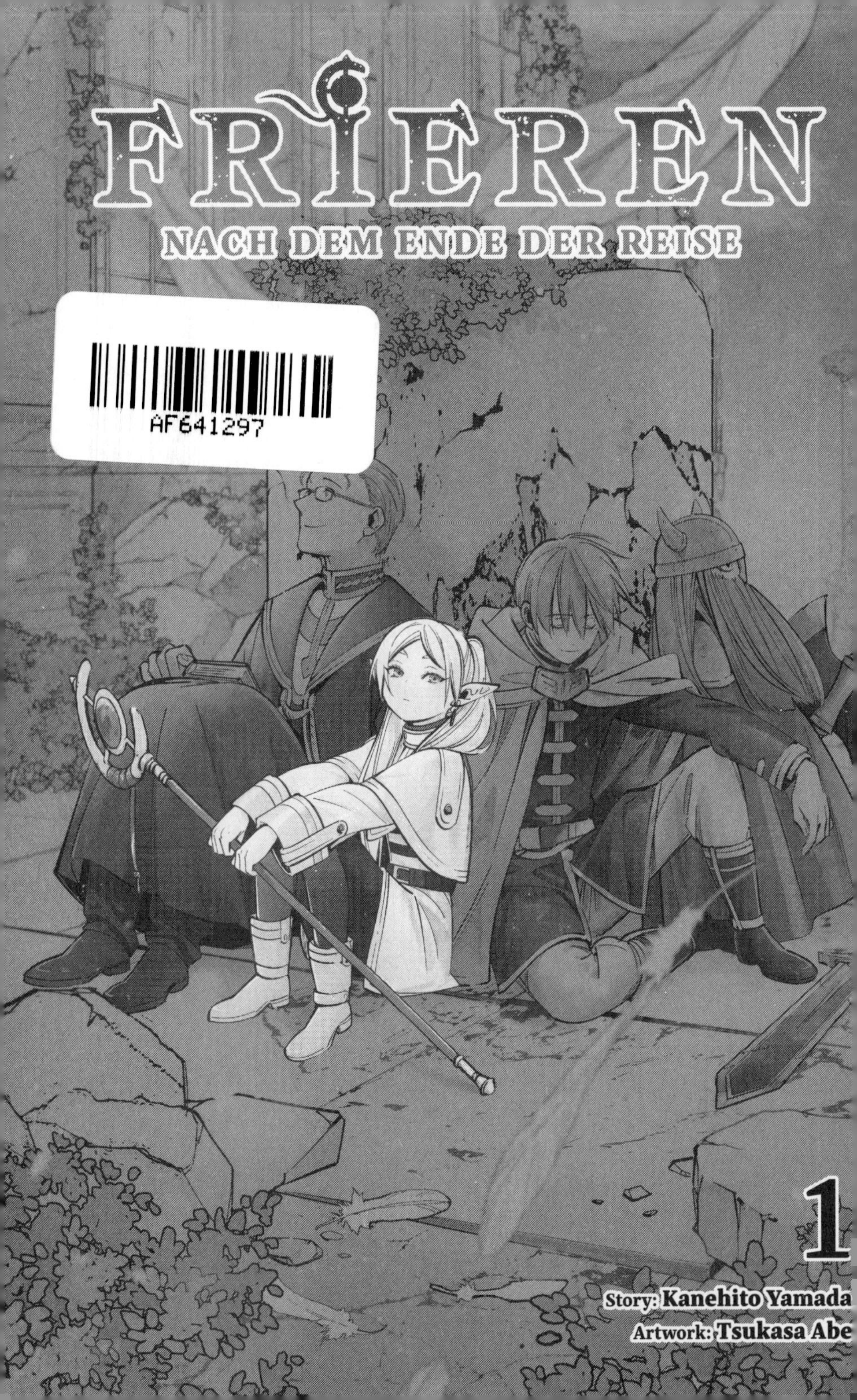

1

Story: Kanehito Yamada

Artwork: Tsukasa Abe

INHALT

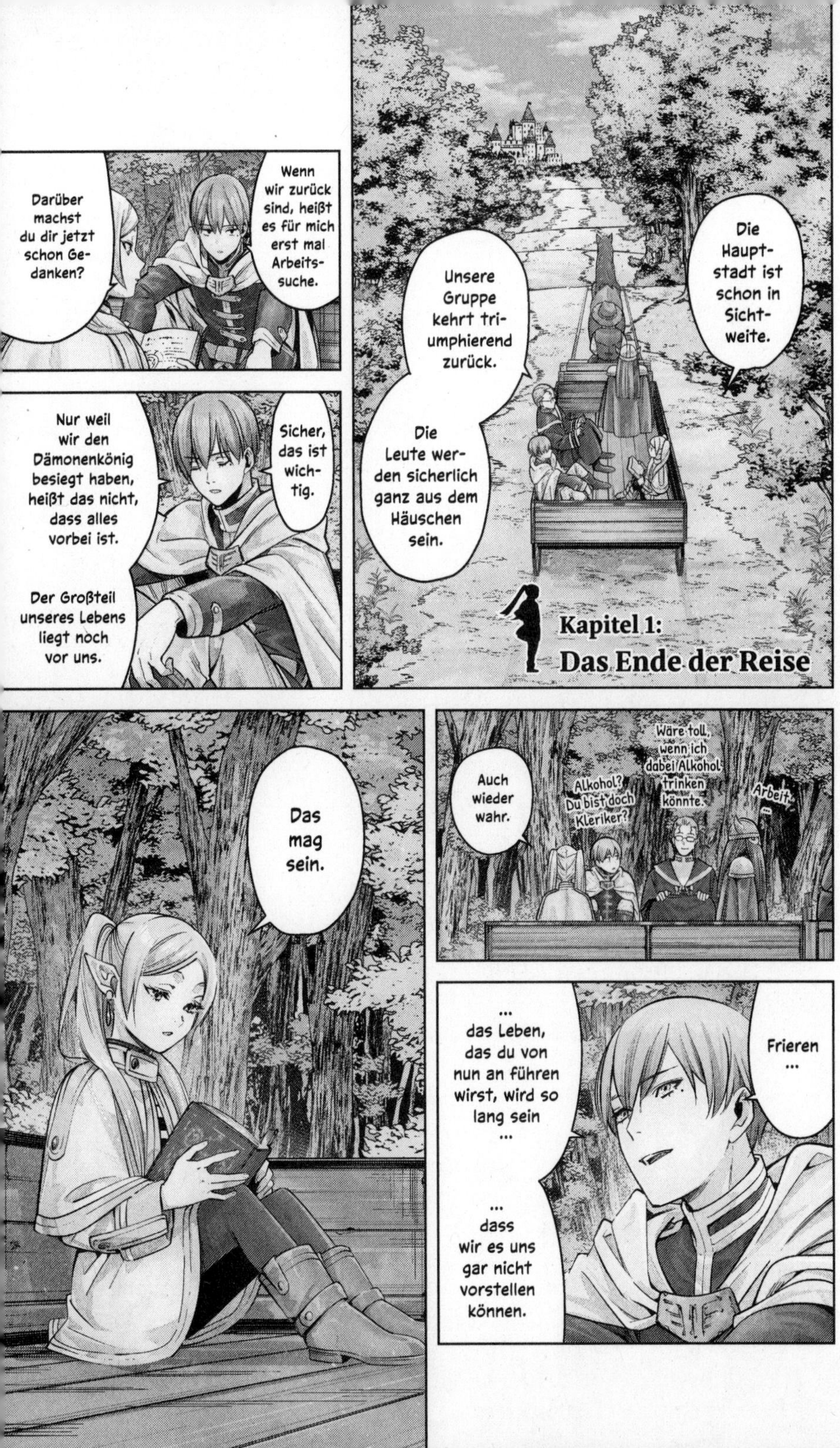
Die Hauptstadt ist schon in Sichtweite.
Unsere Gruppe kehrt triumphierend zurück.
Die Leute werden sicherlich ganz aus dem Häuschen sein.
Kapitel 1:
Das Ende der Reise
Wenn wir zurück sind, heißt es für mich erst mal Arbeitssuche.
Darüber machst du dir jetzt schon Gedanken?
Sicher, das ist wichtig.
Nur weil wir den Dämonenkönig besiegt haben, heißt das nicht, dass alles vorbei ist.
Der Großteil unseres Lebens liegt noch vor uns.
Arbeit...
Wäre toll, wenn ich dabei Alkohol trinken könnte.
Alkohol? Du bist doch Kleriker?
Auch wieder wahr.
Frieren ...
... das Leben, das du von nun an führen wirst, wird so lang sein ...
... dass wir es uns gar nicht vorstellen können.
Das mag sein.

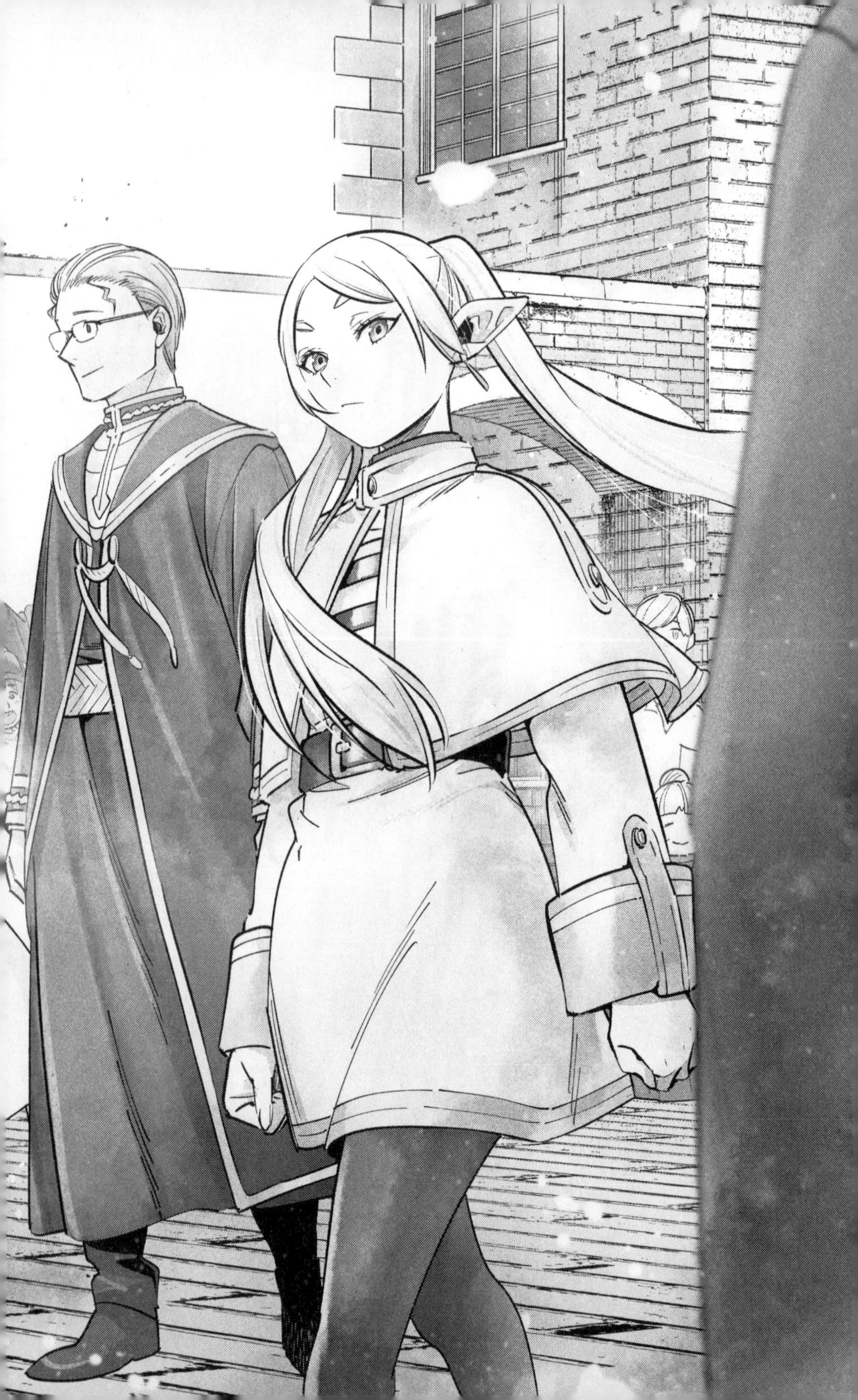

Kapitel 1:
Das Ende der Reise

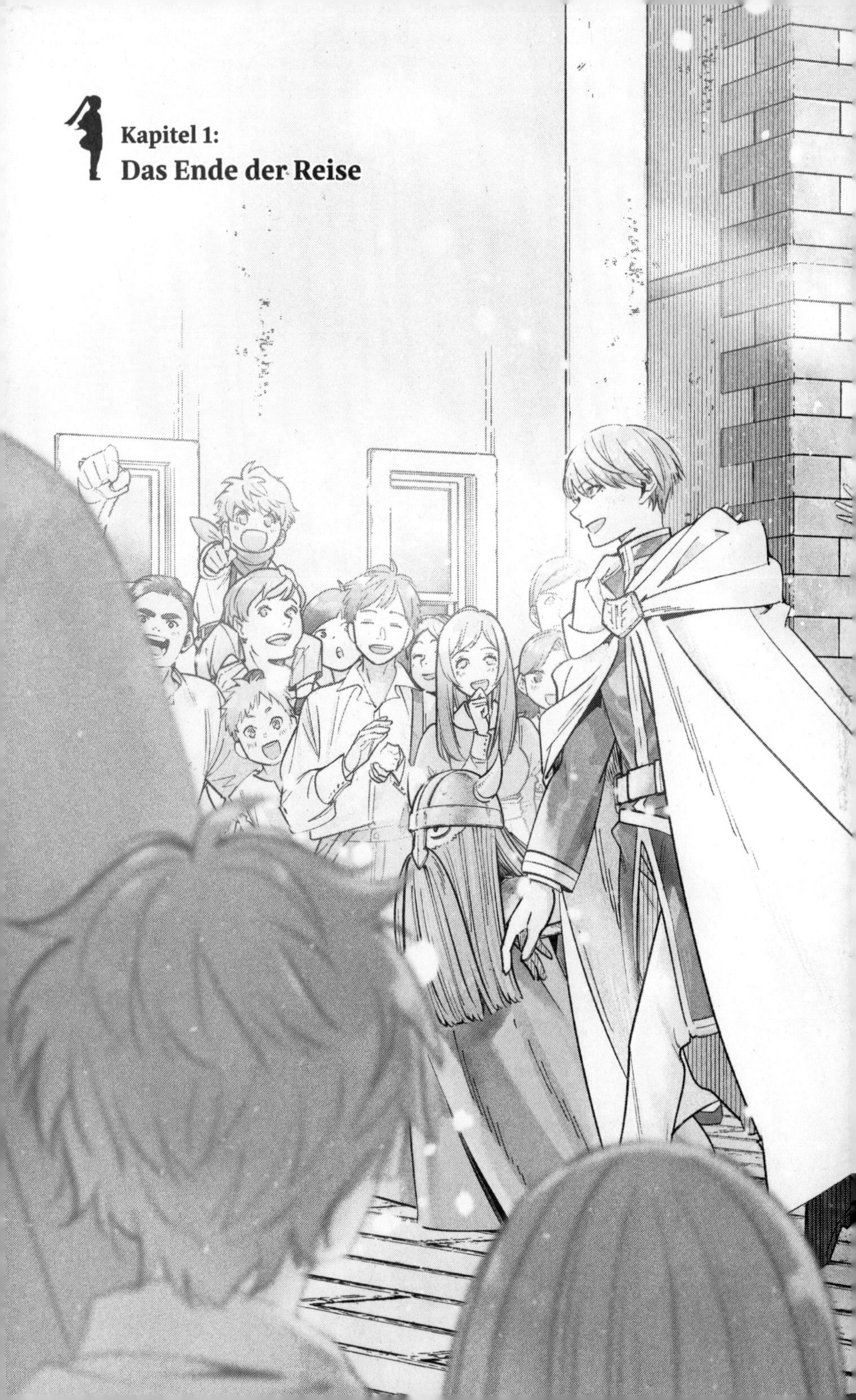

FRIEREN

NACH DEM ENDE DER REISE

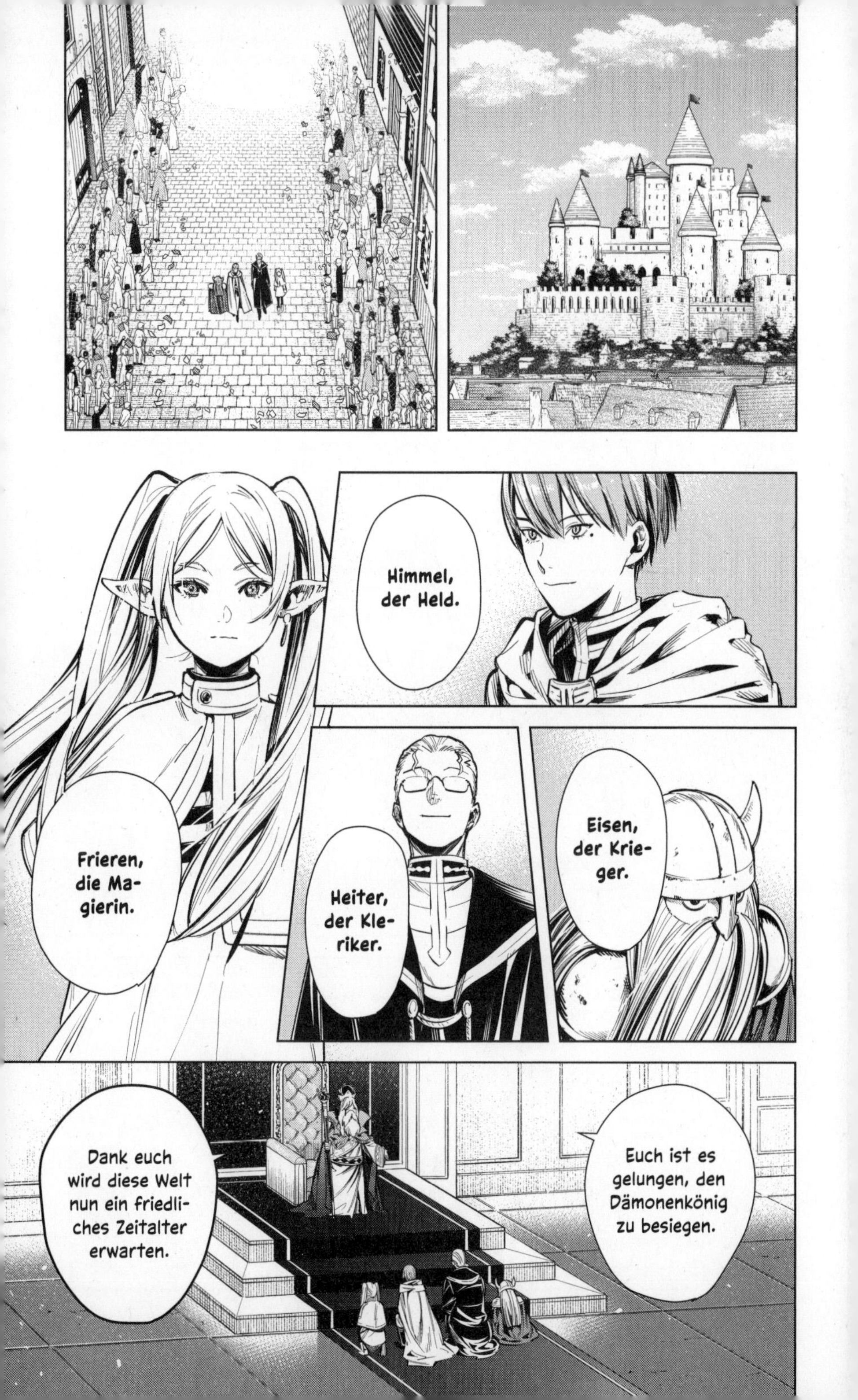
Himmel, der Held.
Eisen, der Krieger.
Heiter, der Kleriker.
Frieren, die Magierin.
Euch ist es gelungen, den Dämonenkönig zu besiegen.
Dank euch wird diese Welt nun ein friedliches Zeitalter erwarten.

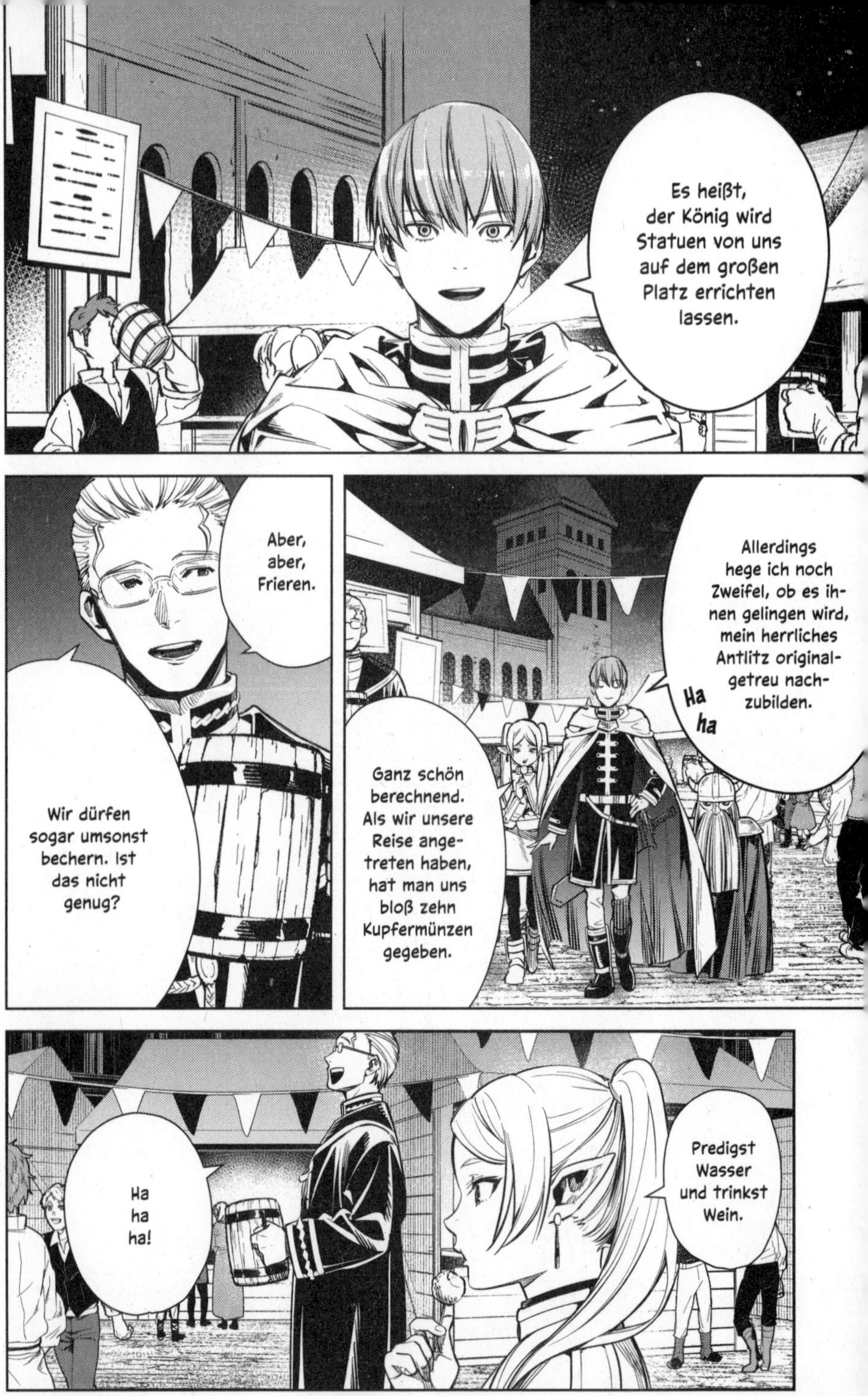
Es heißt, der König wird Statuen von uns auf dem großen Platz errichten lassen.
Allerdings hege ich noch Zweifel, ob es ihnen gelingen wird, mein herrliches Antlitz originalgetreu nachzubilden.
Ha ha
Ganz schön berechnend. Als wir unsere Reise angetreten haben, hat man uns bloß zehn Kupfermünzen gegeben.
Aber, aber, Frieren.
Wir dürfen sogar umsonst bechern. Ist das nicht genug?
Predigst Wasser und trinkst Wein.
Ha ha ha!

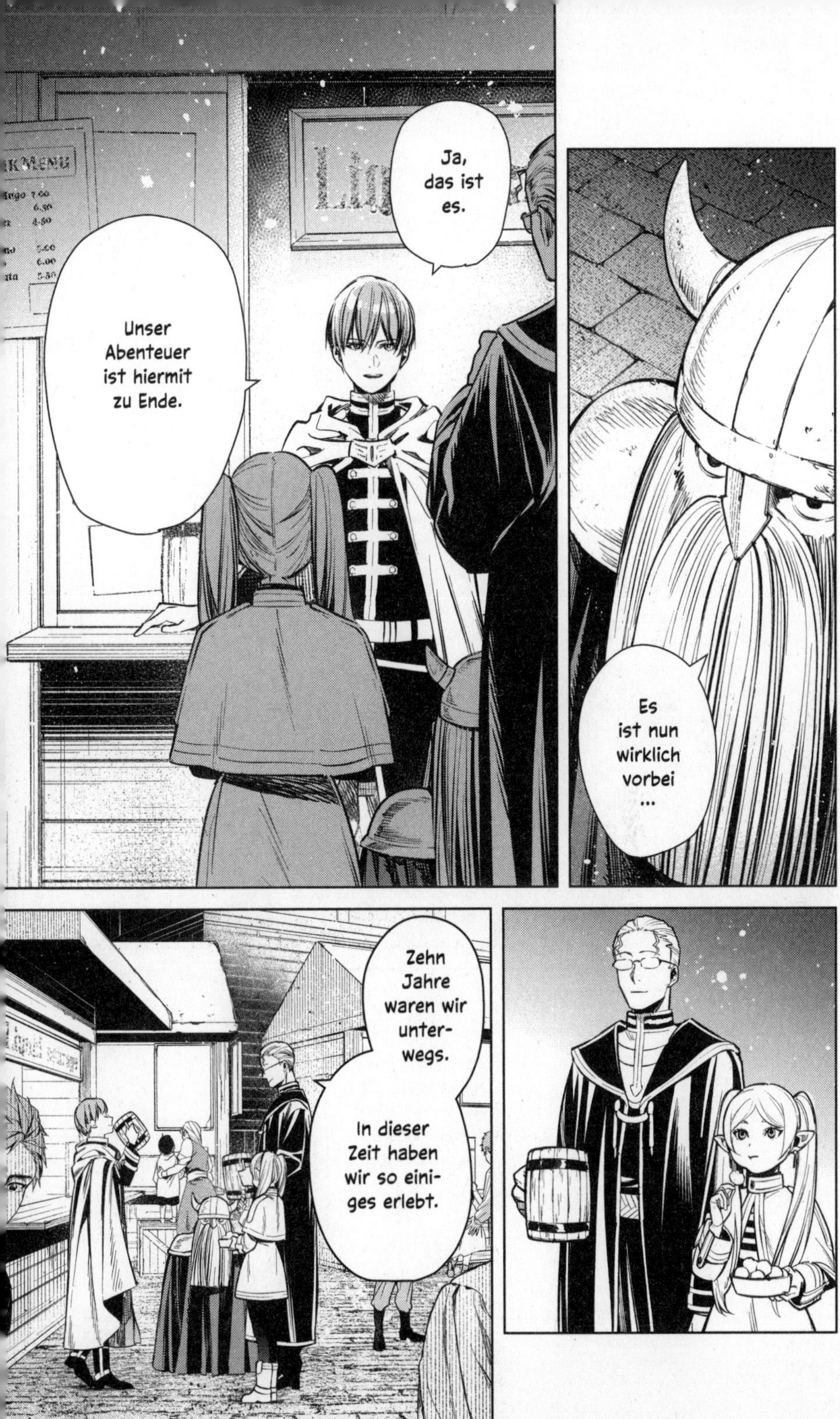

Es ist nun wirklich vorbei ...
Ja, das ist es.
Unser Abenteuer ist hiermit zu Ende.
Zehn Jahre waren wir unter-wegs.
In dieser Zeit haben wir so einiges erlebt.

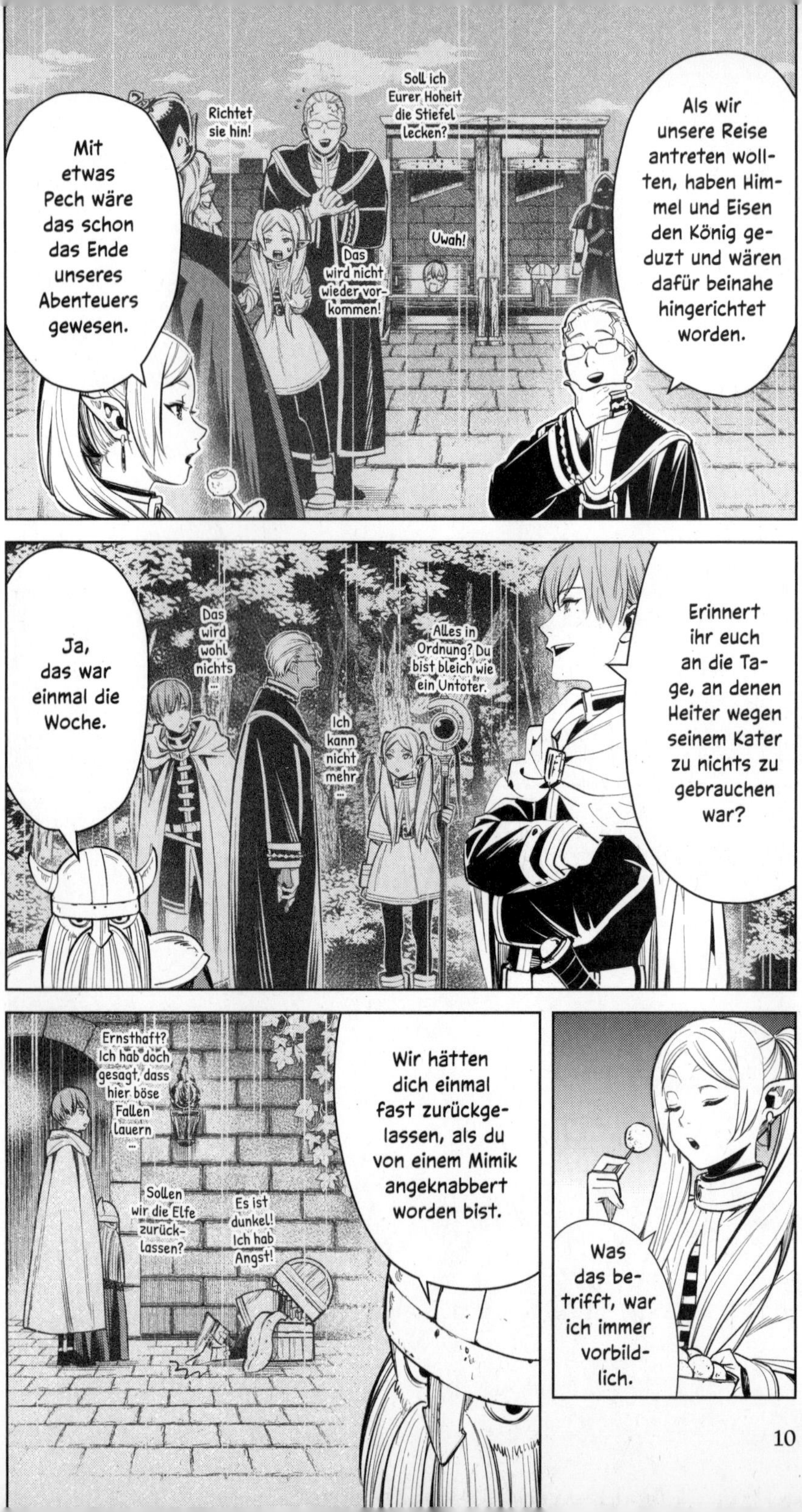
Als wir unsere Reise antreten wollten, haben Himmel und Eisen den König geduzt und wären dafür beinahe hingerichtet worden.
Soll ich Eurer Hoheit die Stiefel lecken?
Uwah!
Das wird nicht wieder vorkommen!
Richtet sie hin!
Mit etwas Pech wäre das schon das Ende unseres Abenteuers gewesen.
Erinnert ihr euch an die Tage, an denen Heiter wegen seinem Kater zu nichts zu gebrauchen war?
Alles in Ordnung? Du bist bleich wie ein Untoter.
Ich kann nicht mehr ...
Das wird wohl nichts ...
Ja, das war einmal die Woche.
Was das betrifft, war ich immer vorbildlich.
Wir hätten dich einmal fast zurückgelassen, als du von einem Mimik angeknabbert worden bist.
Es ist dunkel! Ich hab Angst!
Sollen wir die Elfe zurücklassen?
Ernsthaft? Ich hab doch gesagt, dass hier böse Fallen lauern ...

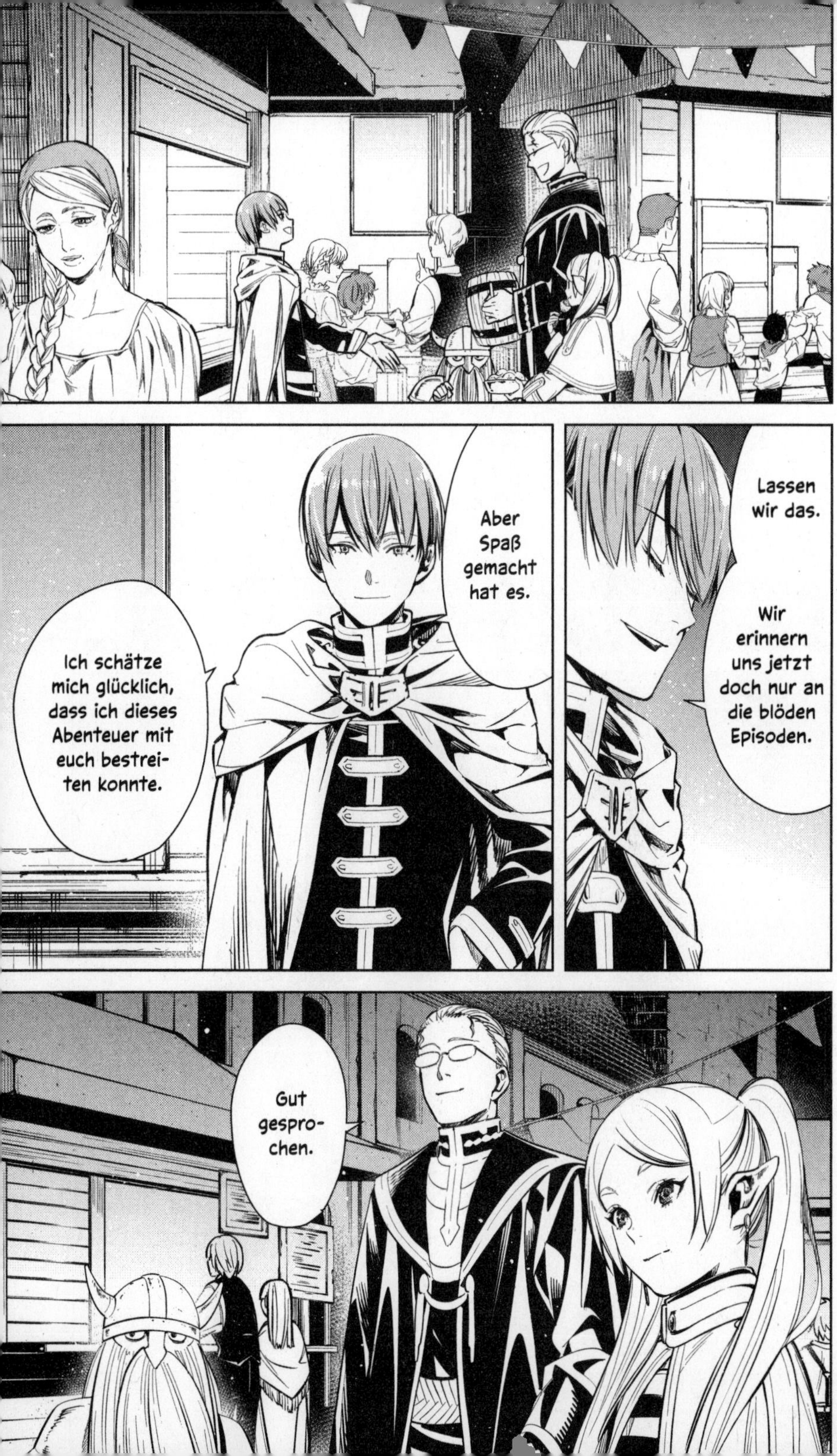
Lassen wir das.
Wir erinnern uns jetzt doch nur an die blöden Episoden.
Aber Spaß gemacht hat es.
Ich schätze mich glücklich, dass ich dieses Abenteuer mit euch bestreiten konnte.
Gut gesprochen.

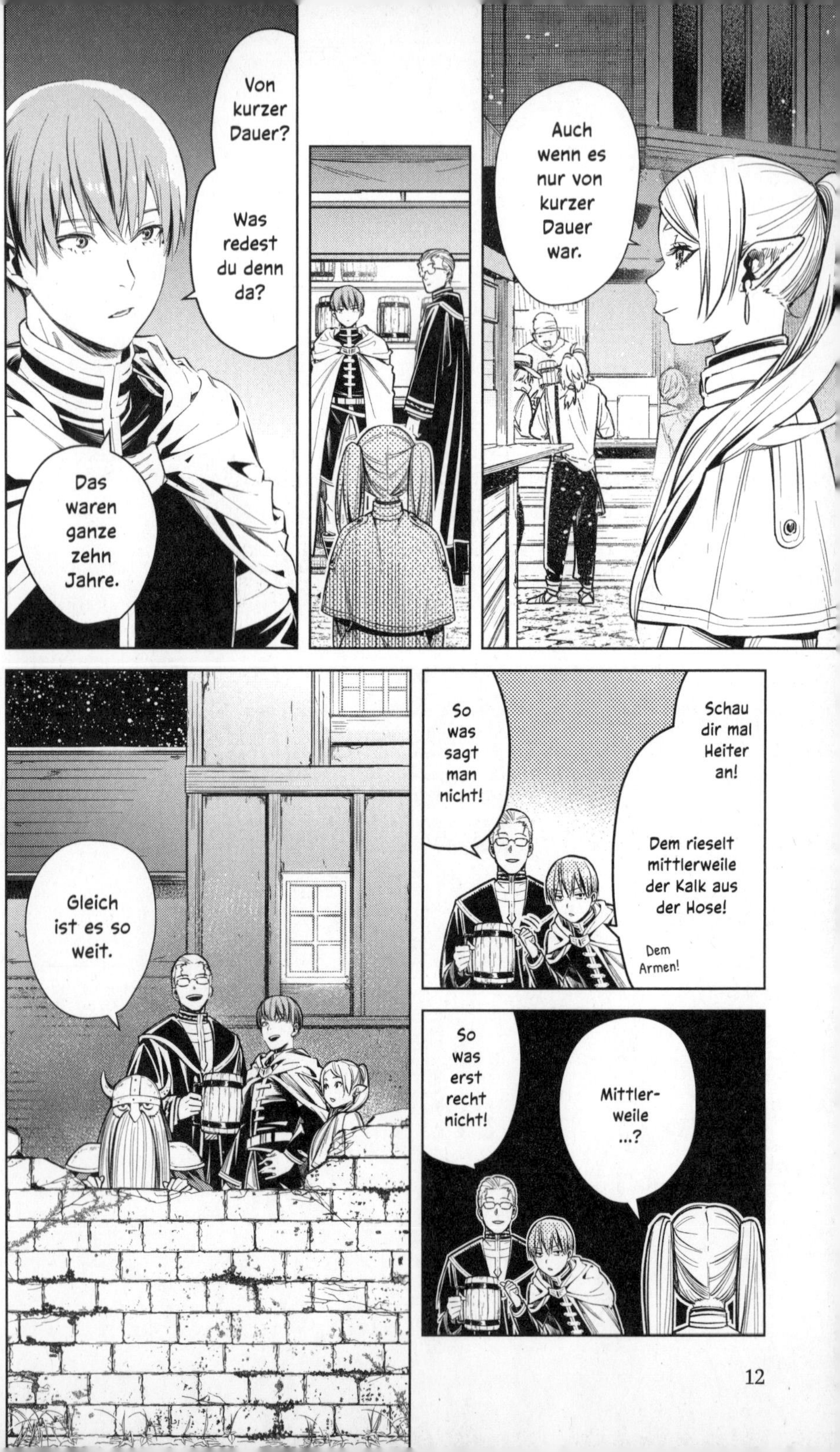
Auch wenn es nur von kurzer Dauer war.
Von kurzer Dauer?
Was redest du denn da?
Das waren ganze zehn Jahre.
Schau dir mal Heiter an!
Dem rieselt mittlerweile der Kalk aus der Hose!
Dem Armen!
So was sagt man nicht!
Mittler-weile ...?
So was erst recht nicht!
Gleich ist es so weit.

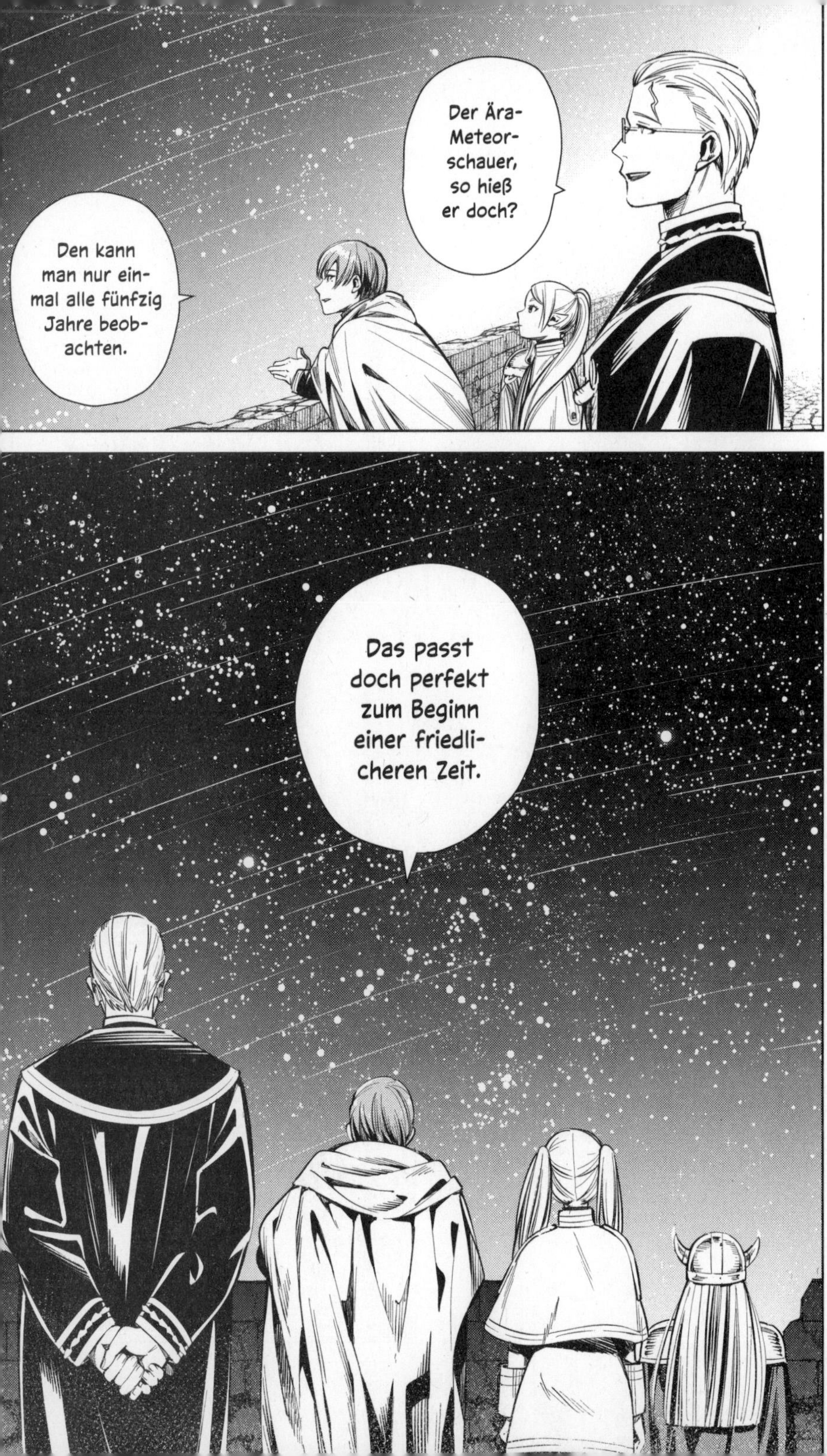
Der Ära-Meteorschauer, so hieß er doch?
Den kann man nur einmal alle fünfzig Jahre beobachten.
Das passt doch perfekt zum Beginn einer friedlicheren Zeit.

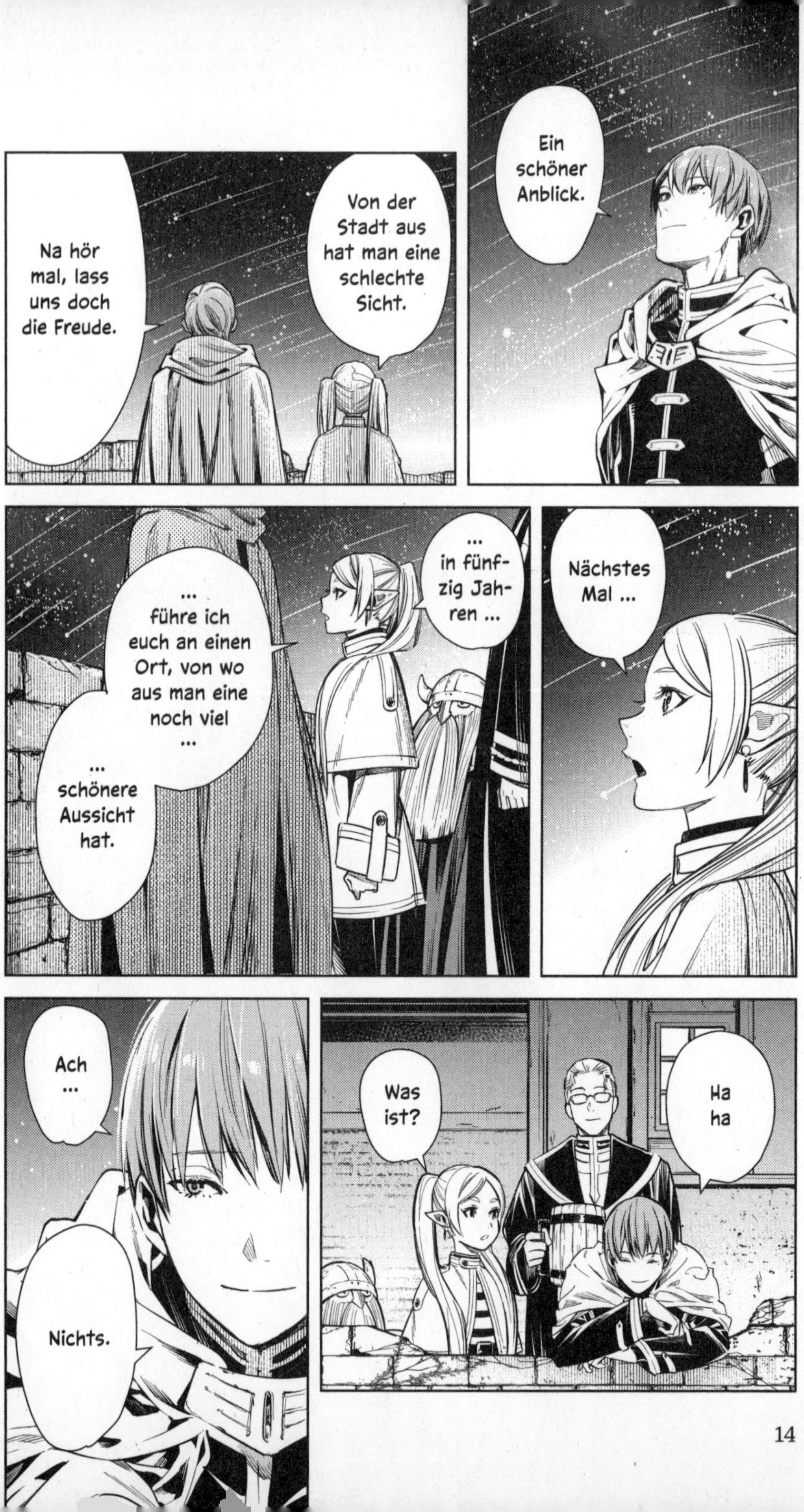
Ein schöner Anblick.
Von der Stadt aus hat man eine schlechte Sicht.
Na hör mal, lass uns doch die Freude.
Nächstes Mal ...
... in fünf-zig Jah-ren ...
... führe ich euch an einen Ort, von wo aus man eine noch viel ...
... schönere Aussicht hat.
Ha ha
Was ist?
Ach ...
Nichts.

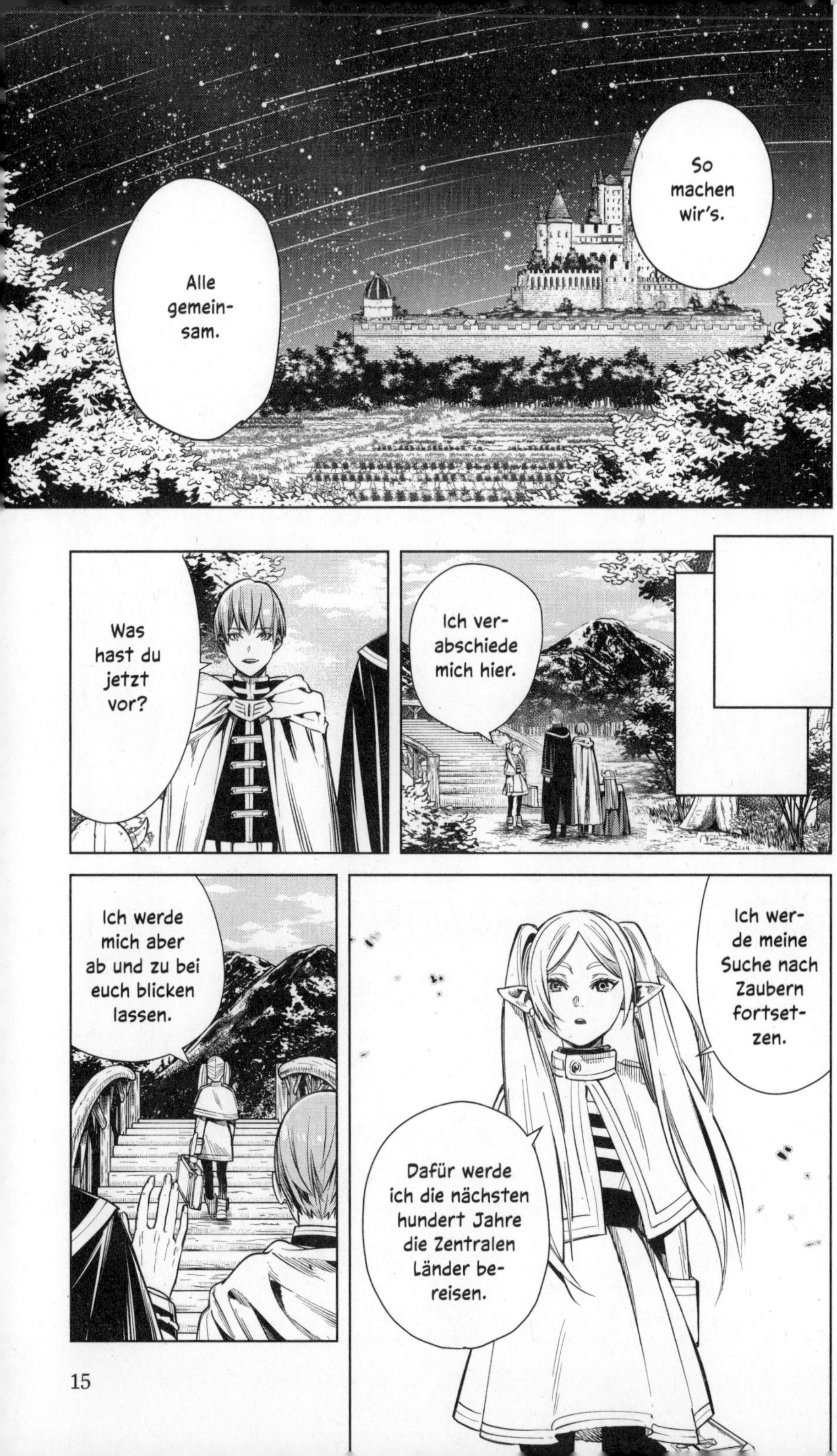
So machen wir's.
Alle gemein-sam.
Ich ver-abschiede mich hier.
Was hast du jetzt vor?
Ich wer-de meine Suche nach Zaubern fortset-zen.
Dafür werde ich die nächsten hundert Jahre die Zentralen Länder be-reisen.
Ich werde mich aber ab und zu bei euch blicken lassen.

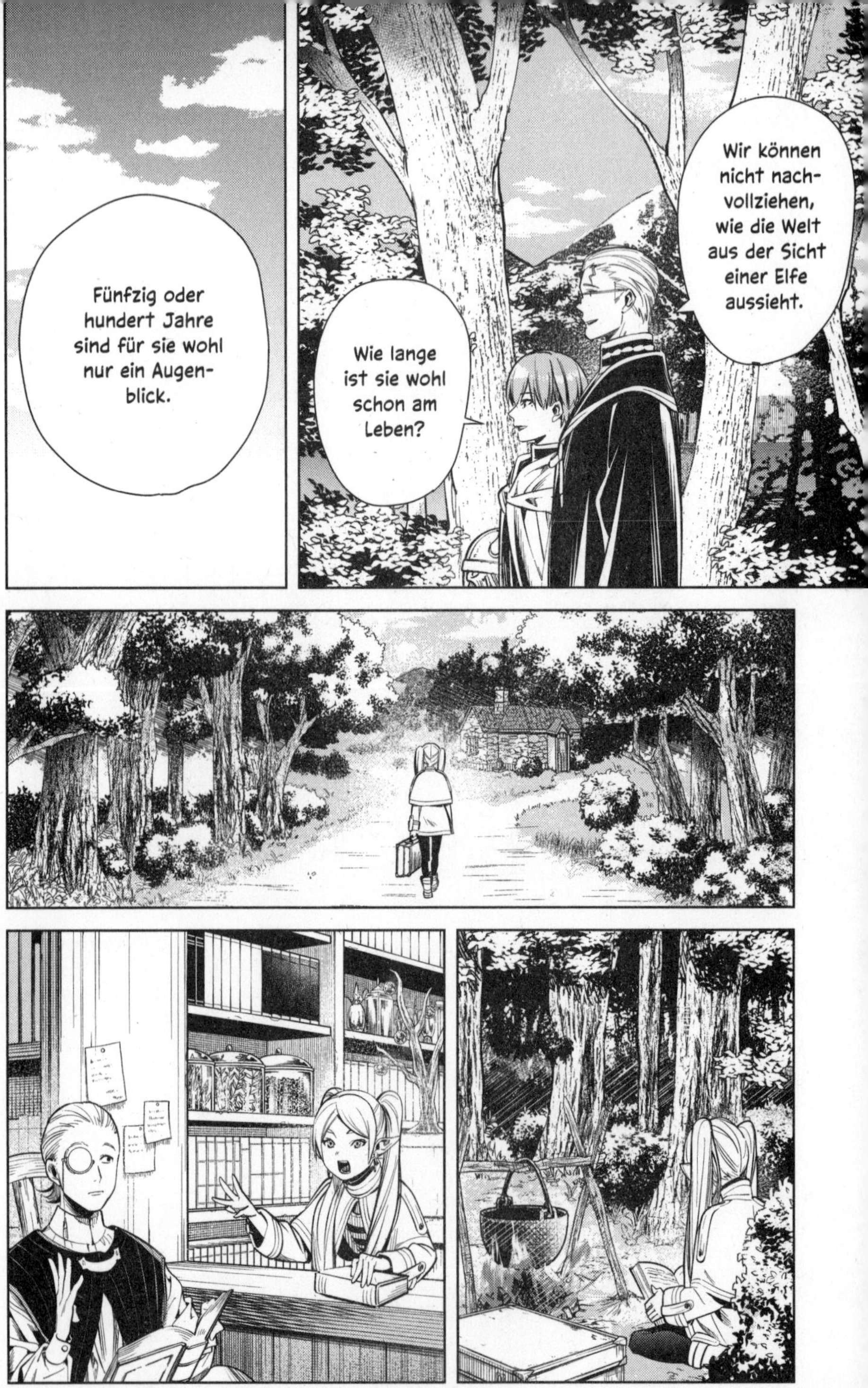
Wir können nicht nach-vollziehen, wie die Welt aus der Sicht einer Elfe aussieht.
Wie lange ist sie wohl schon am Leben?
Fünfzig oder hundert Jahre sind für sie wohl nur ein Augen-blick.

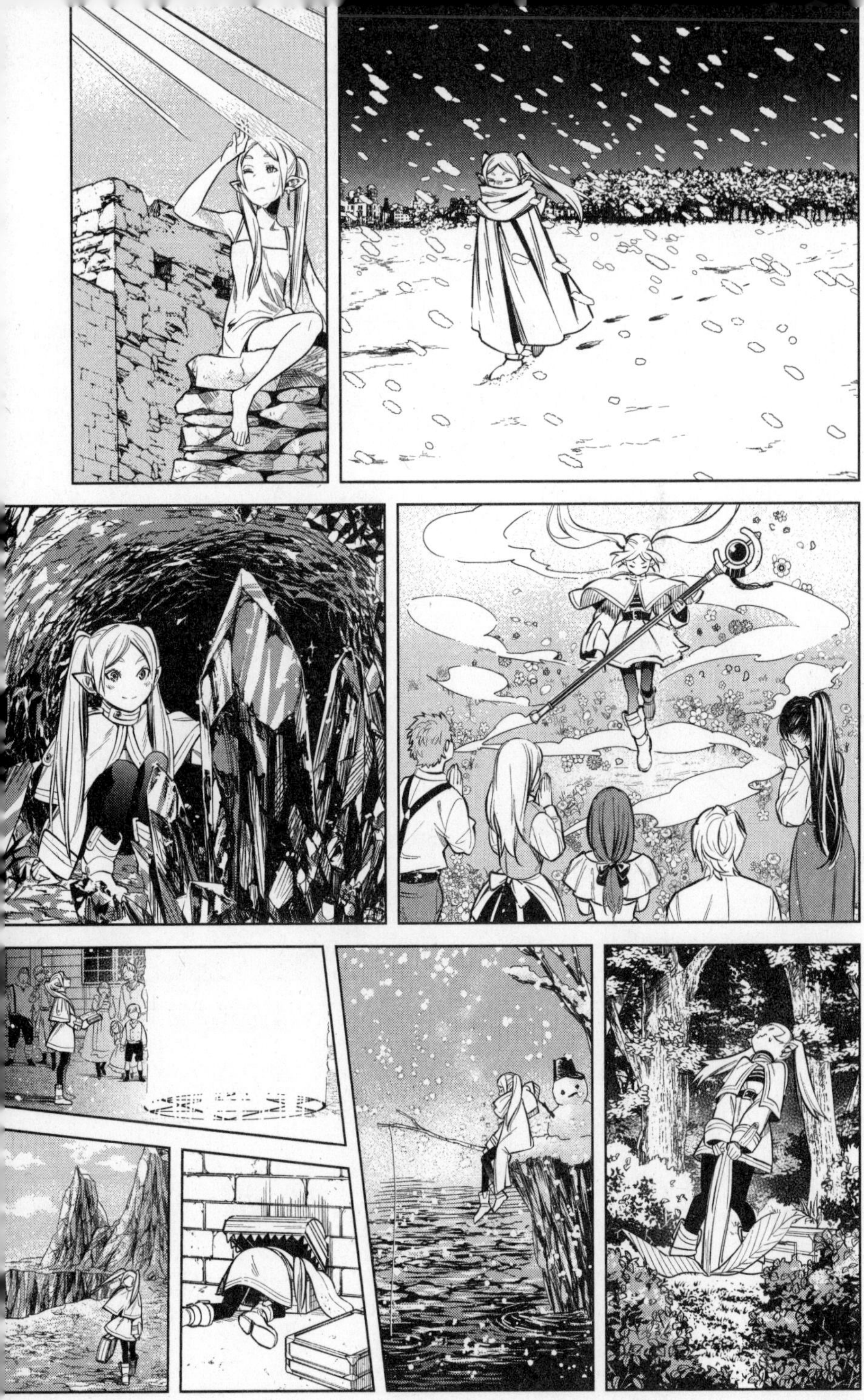

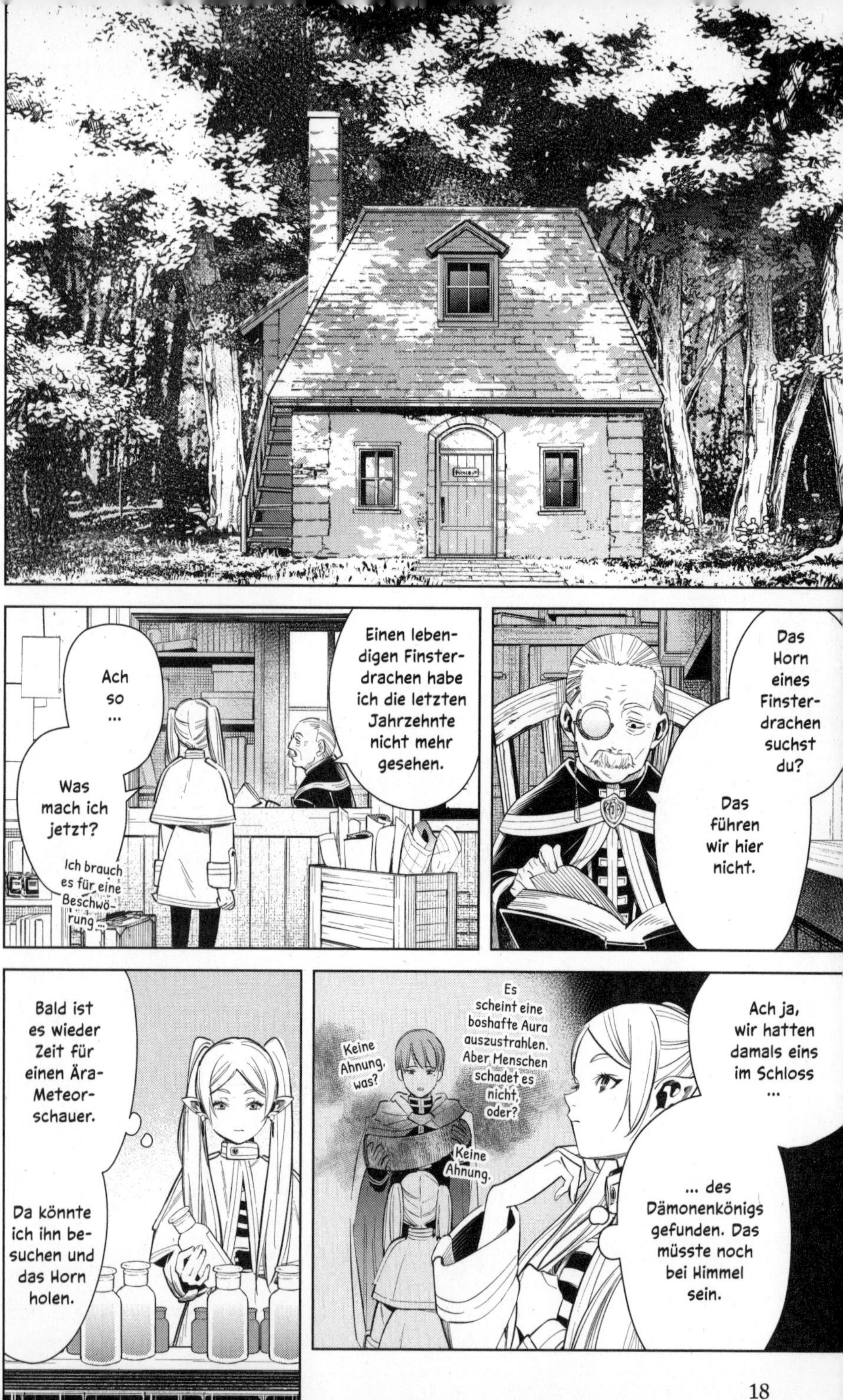

Das Horn eines Finsterdrachen suchst du?
Das führen wir hier nicht.
Einen lebendigen Finsterdrachen habe ich die letzten Jahrzehnte nicht mehr gesehen.
Ach so ...
Was mach ich jetzt?
Ich brauch es für eine Beschwörung ...
Ach ja, wir hatten damals eins im Schloss ...
... des Dämonenkönigs gefunden. Das müsste noch bei Himmel sein.
Es scheint eine boshafte Aura auszustrahlen. Aber Menschen schadet es nicht, oder?
Keine Ahnung, was?
Keine Ahnung.
Bald ist es wieder Zeit für einen Ära-Meteorschauer.
Da könnte ich ihn besuchen und das Horn holen.

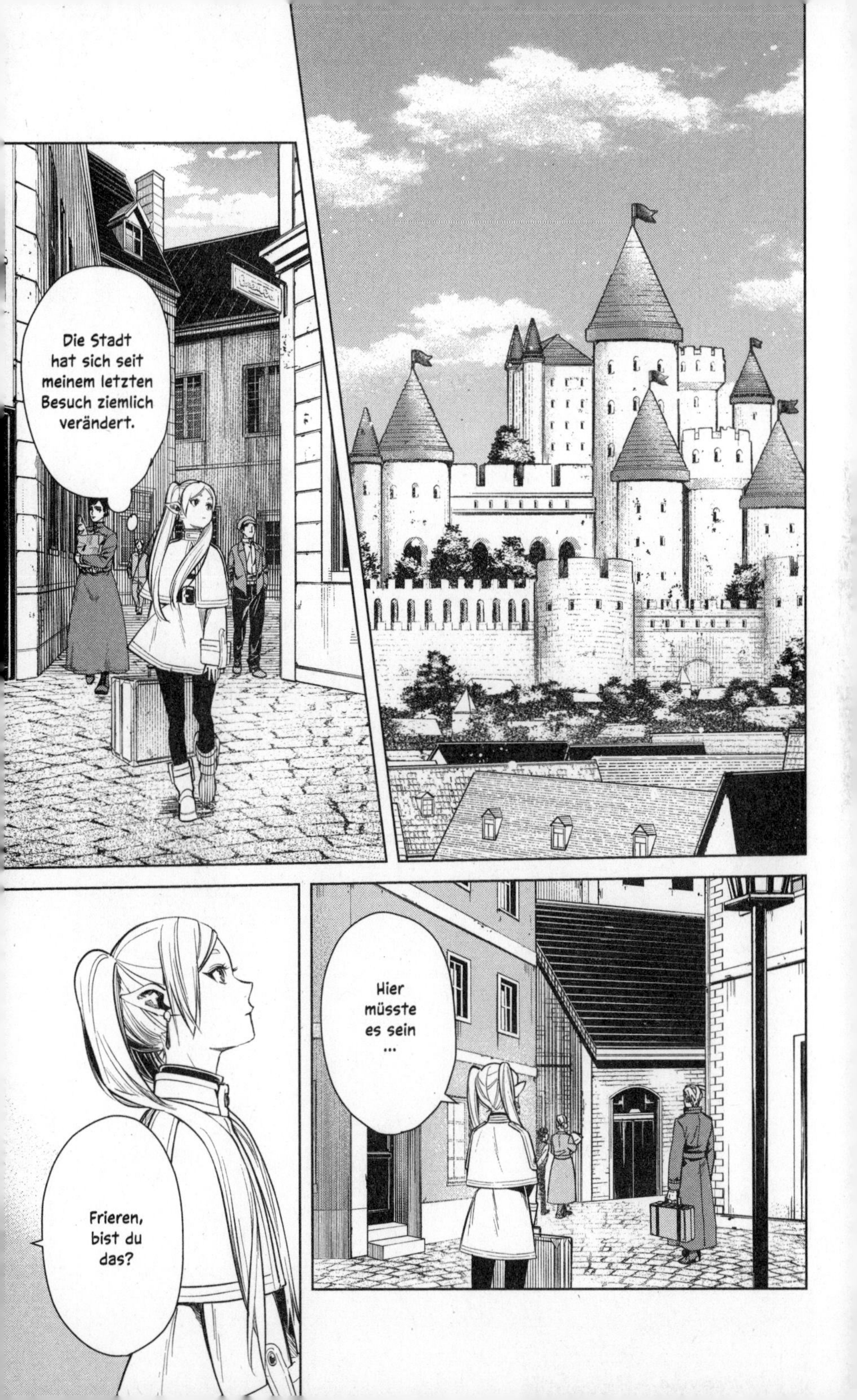

Die Stadt hat sich seit meinem letzten Besuch ziemlich verändert.
Hier müsste es sein ...
Frieren, bist du das?

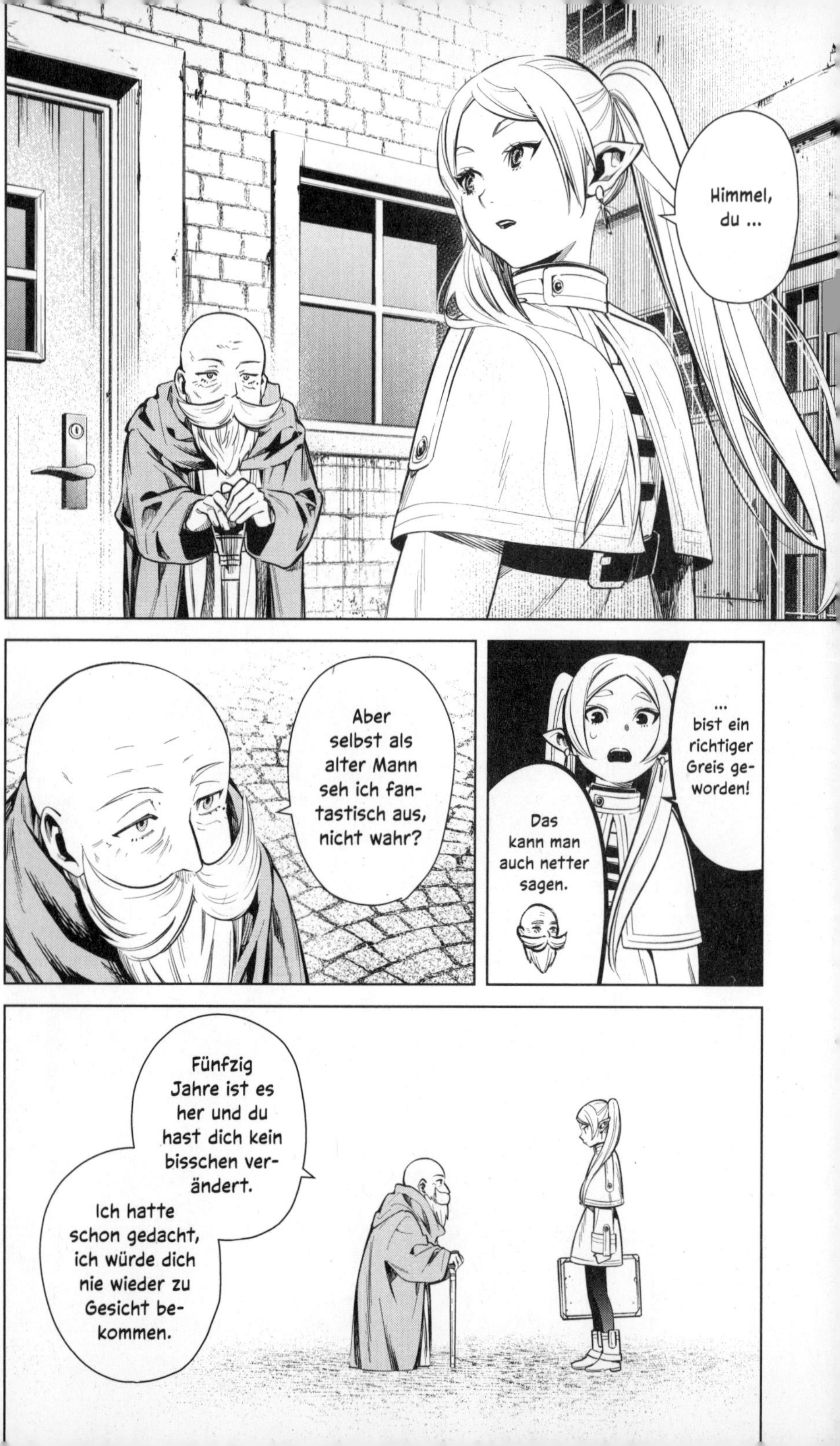
Himmel, du ...
... bist ein richtiger Greis geworden!
Das kann man auch netter sagen.
Aber selbst als alter Mann seh ich fantastisch aus, nicht wahr?
Fünfzig Jahre ist es her und du hast dich kein bisschen verändert.
Ich hatte schon gedacht, ich würde dich nie wieder zu Gesicht bekommen.

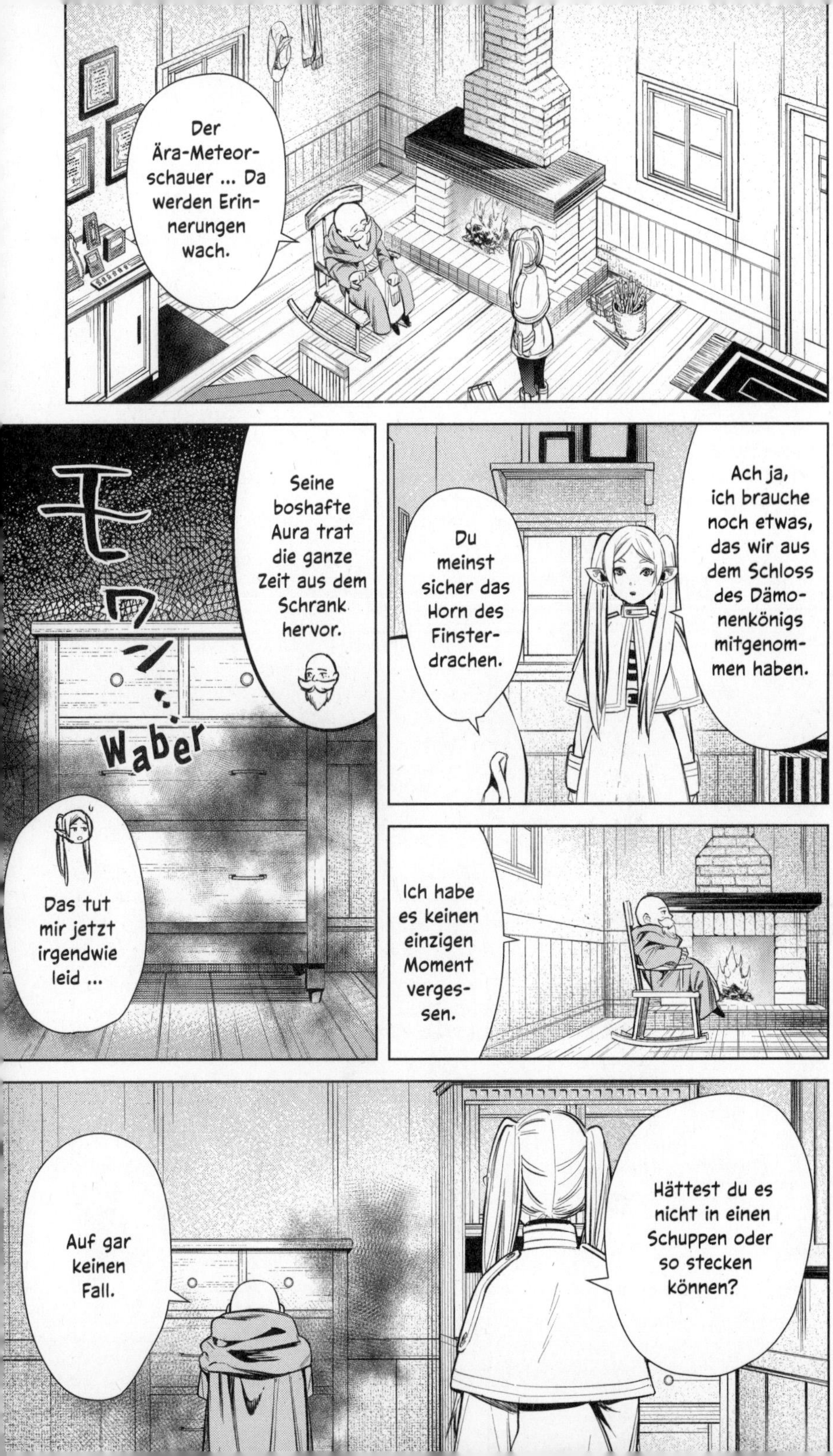
Der Ära-Meteorschauer ... Da werden Erinnerungen wach.
Ach ja, ich brauche noch etwas, das wir aus dem Schloss des Dämonenkönigs mitgenommen haben.
Du meinst sicher das Horn des Finsterdrachen.
Ich habe es keinen einzigen Moment vergessen.
Seine boshafte Aura trat die ganze Zeit aus dem Schrank hervor.
Waber
Das tut mir jetzt irgendwie leid ...
Hättest du es nicht in einen Schuppen oder so stecken können?
Auf gar keinen Fall.

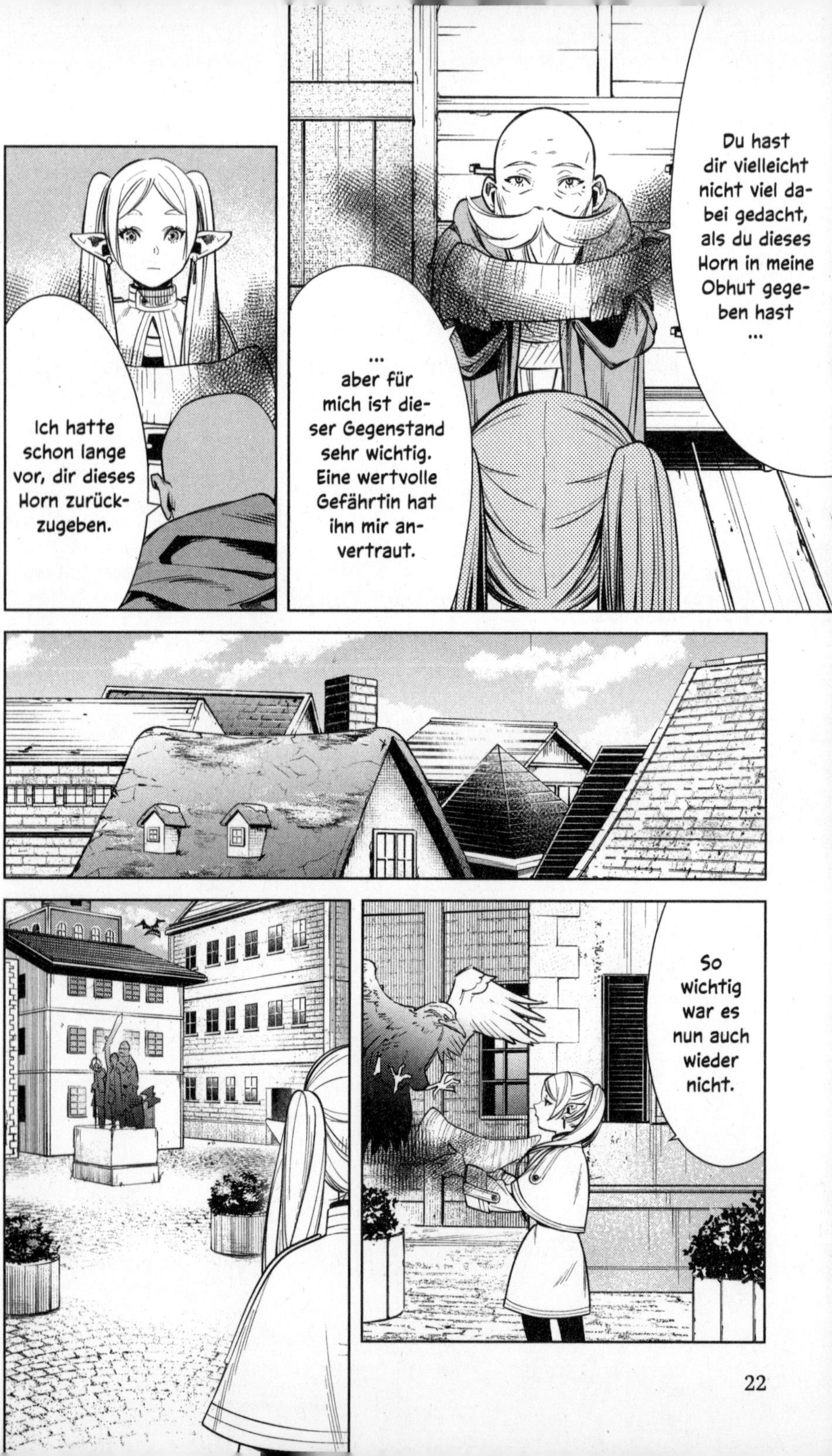
Du hast dir vielleicht nicht viel dabei gedacht, als du dieses Horn in meine Obhut gegeben hast ...
... aber für mich ist dieser Gegenstand sehr wichtig. Eine wertvolle Gefährtin hat ihn mir anvertraut.
Ich hatte schon lange vor, dir dieses Horn zurückzugeben.
So wichtig war es nun auch wieder nicht.

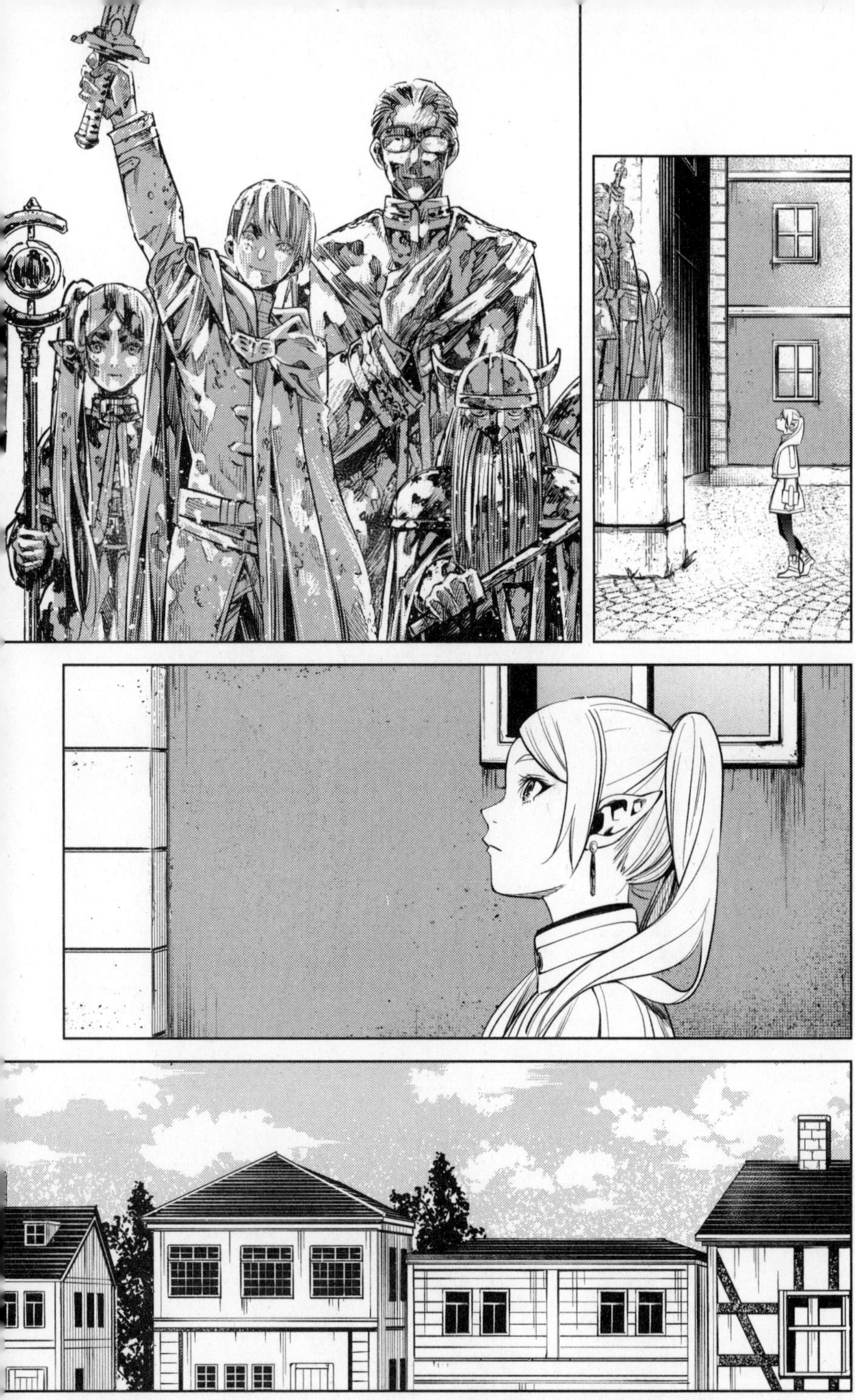

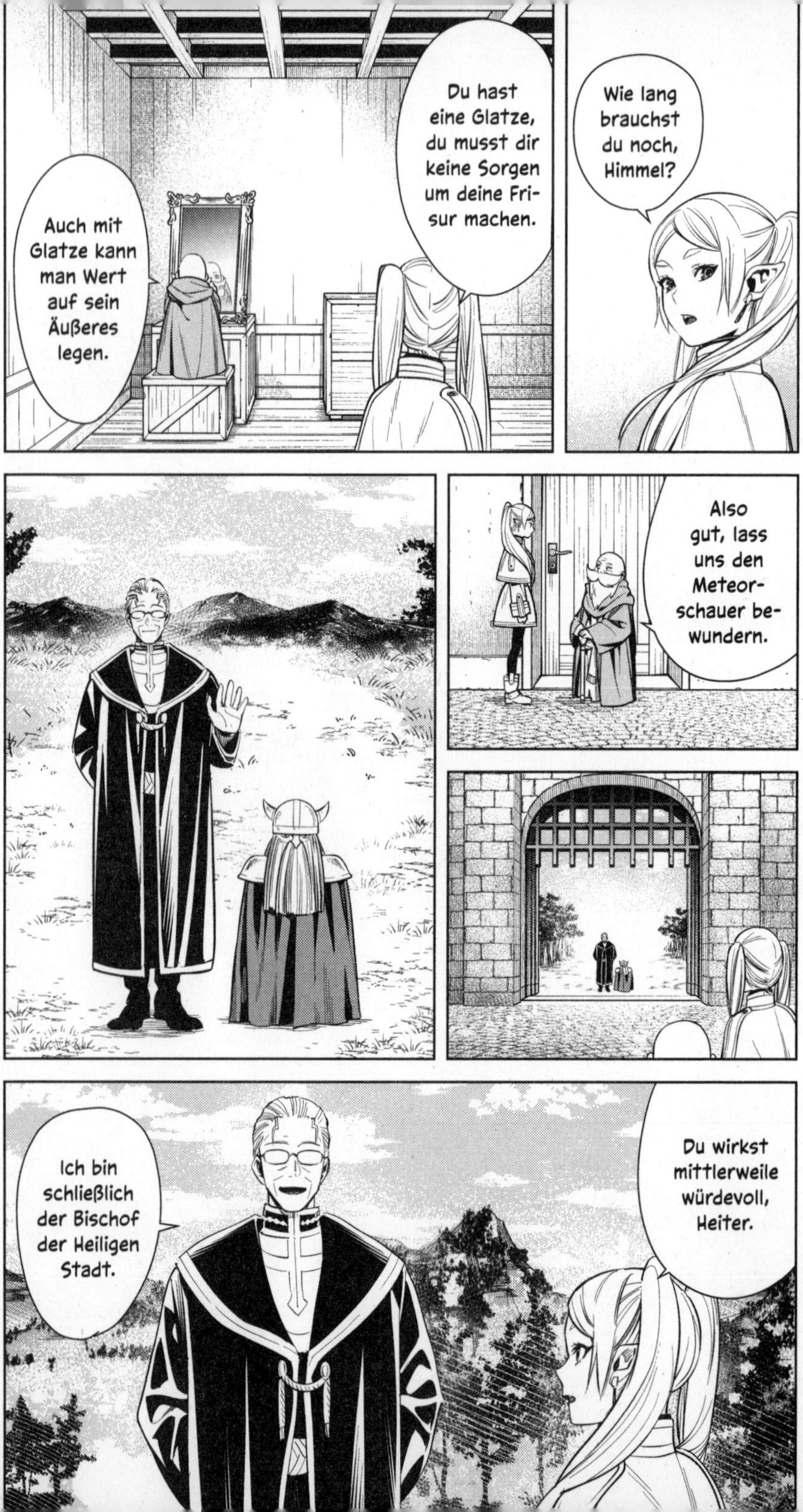
Auch mit Glatze kann man Wert auf sein Äußeres legen.
Du hast eine Glatze, du musst dir keine Sorgen um deine Frisur machen.
Wie lang brauchst du noch, Himmel?
Also gut, lass uns den Meteorschauer bewundern.
Ich bin schließlich der Bischof der Heiligen Stadt.
Du wirkst mittlerweile würdevoll, Heiter.

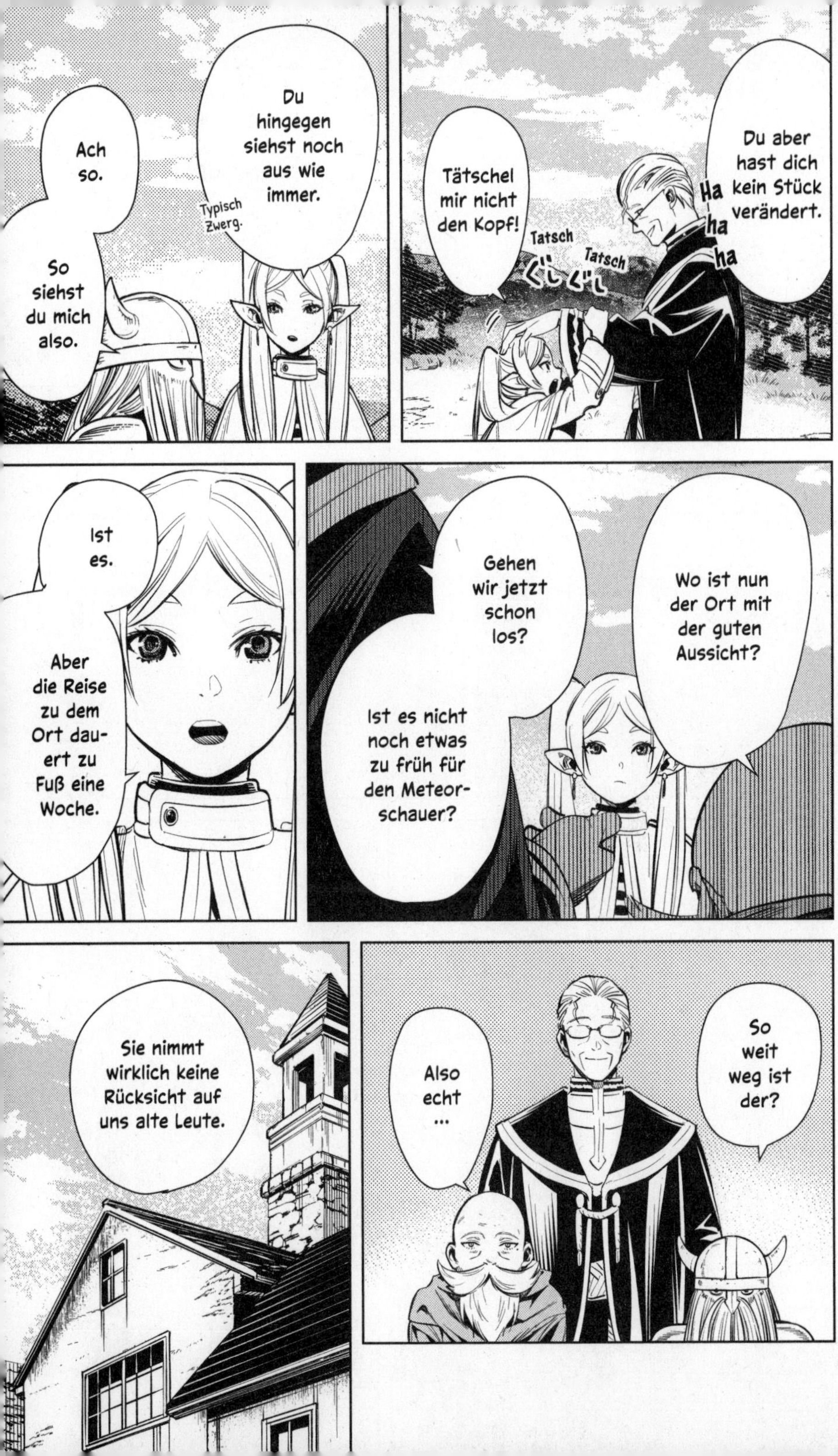
Du aber hast dich kein Stück verändert.
Ha ha ha
Tätschel mir nicht den Kopf!
Tatsch
Tatsch
Du hingegen siehst noch aus wie immer.
Typisch Zwerg.
Ach so.
So siehst du mich also.
Wo ist nun der Ort mit der guten Aussicht?
Gehen wir jetzt schon los?
Ist es nicht noch etwas zu früh für den Meteorschauer?
Ist es.
Aber die Reise zu dem Ort dauert zu Fuß eine Woche.
So weit weg ist der?
Also echt ...
Sie nimmt wirklich keine Rücksicht auf uns alte Leute.

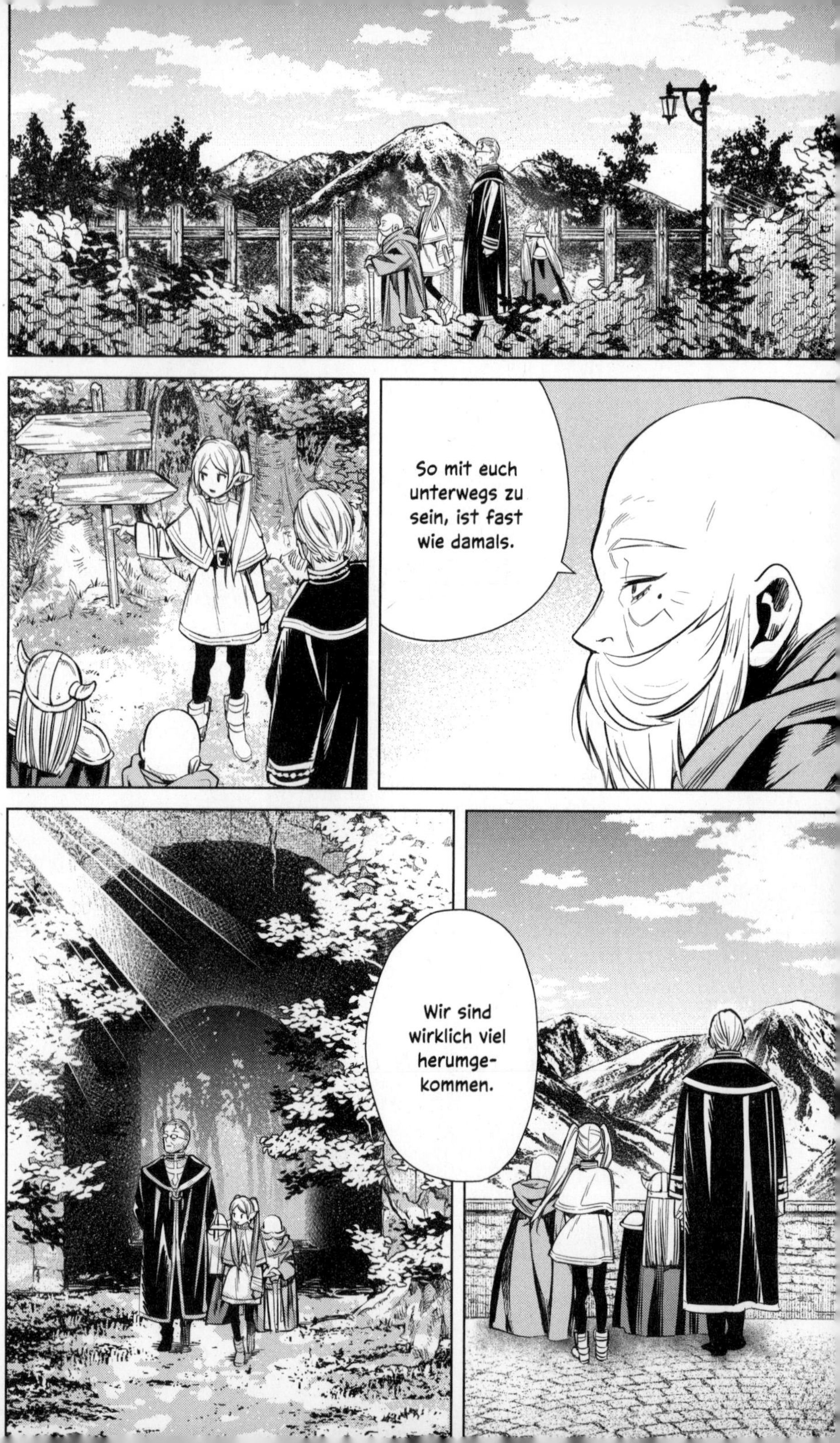
So mit euch unterwegs zu sein, ist fast wie damals.
Wir sind wirklich viel herumgekommen.

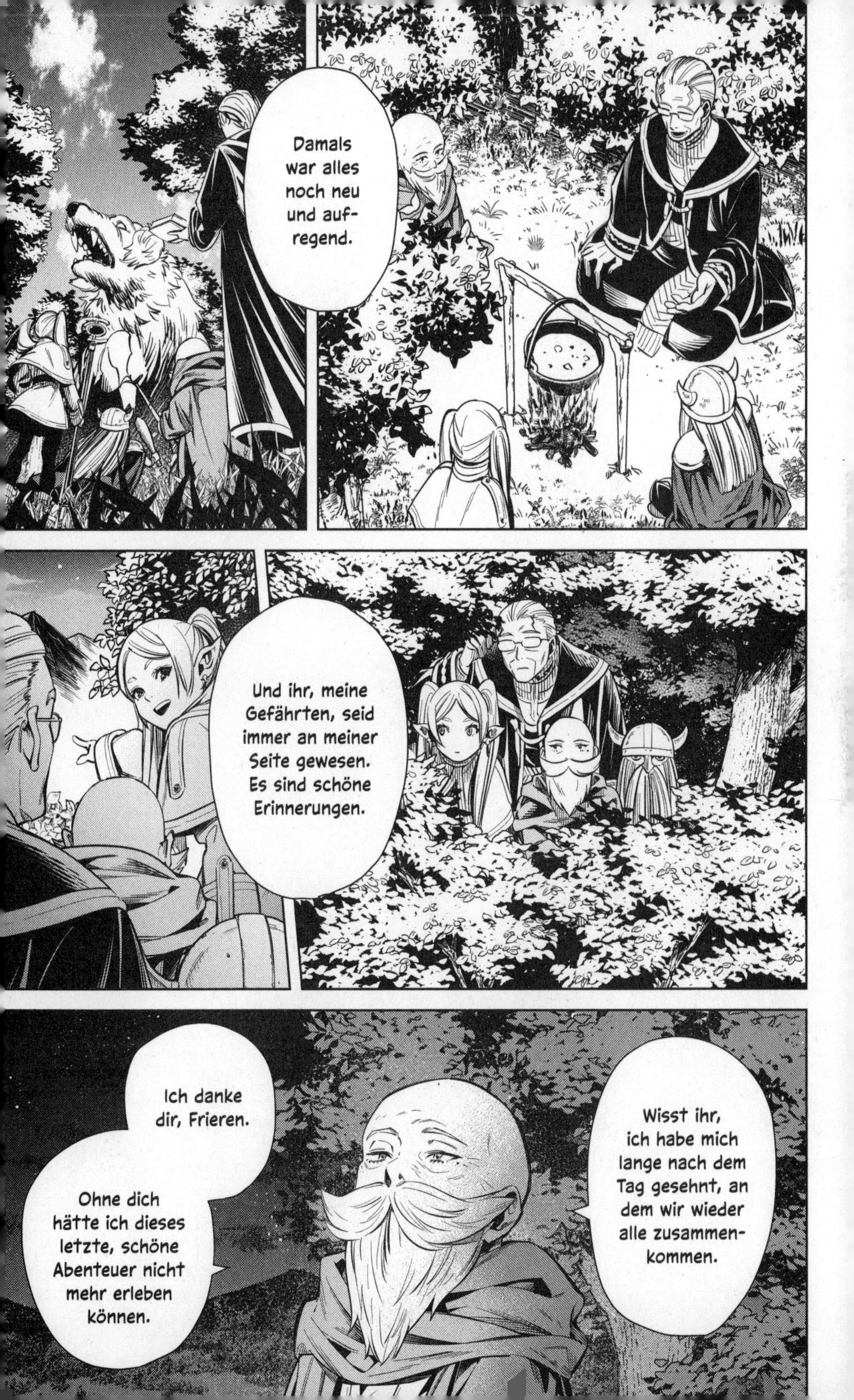
Damals war alles noch neu und auf-regend.
Und ihr, meine Gefährten, seid immer an meiner Seite gewesen. Es sind schöne Erinnerungen.
Wisst ihr, ich habe mich lange nach dem Tag gesehnt, an dem wir wieder alle zusammen-kommen.
Ich danke dir, Frieren.
Ohne dich hätte ich dieses letzte, schöne Abenteuer nicht mehr erleben können.

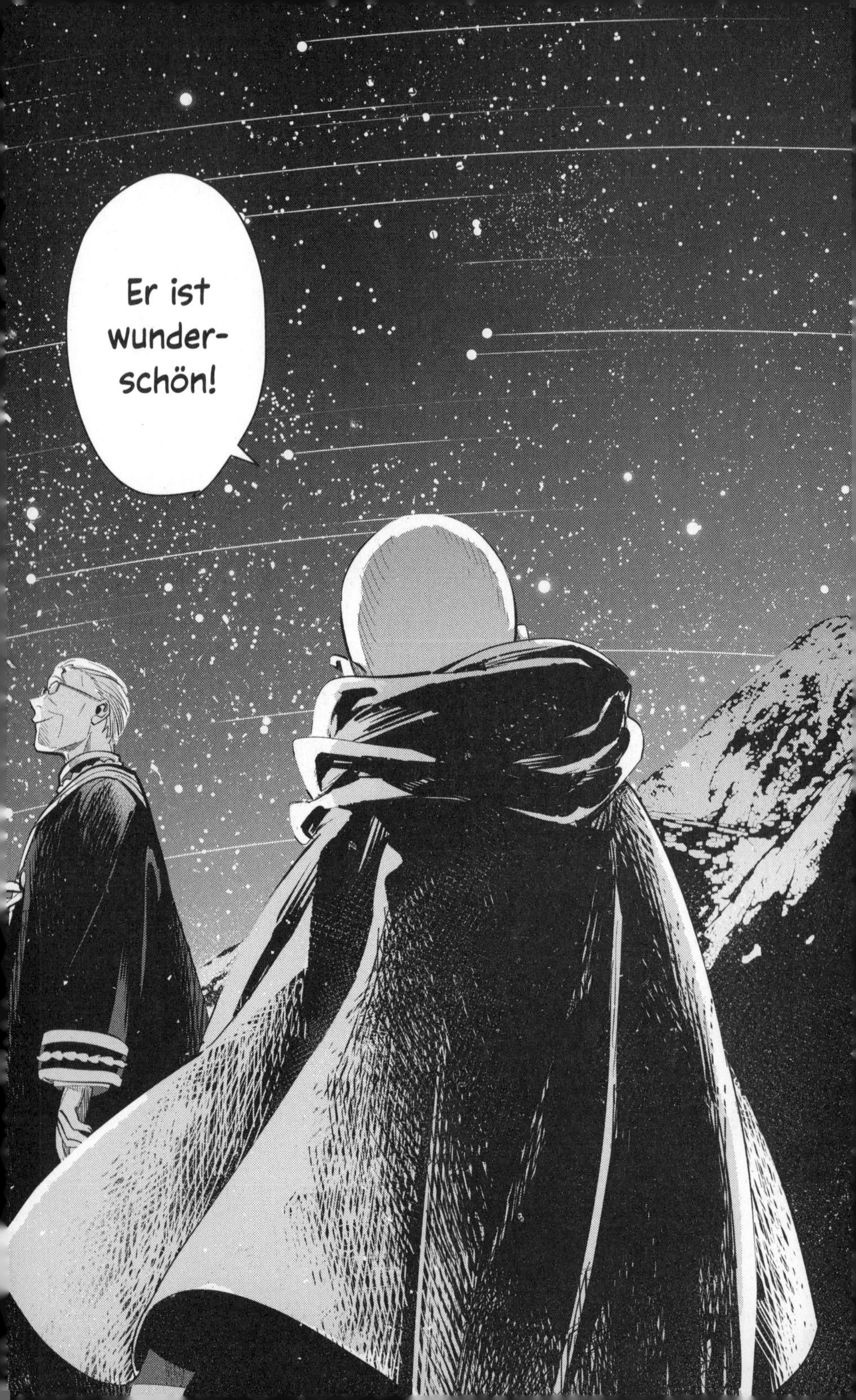
Er ist wunder-schön!

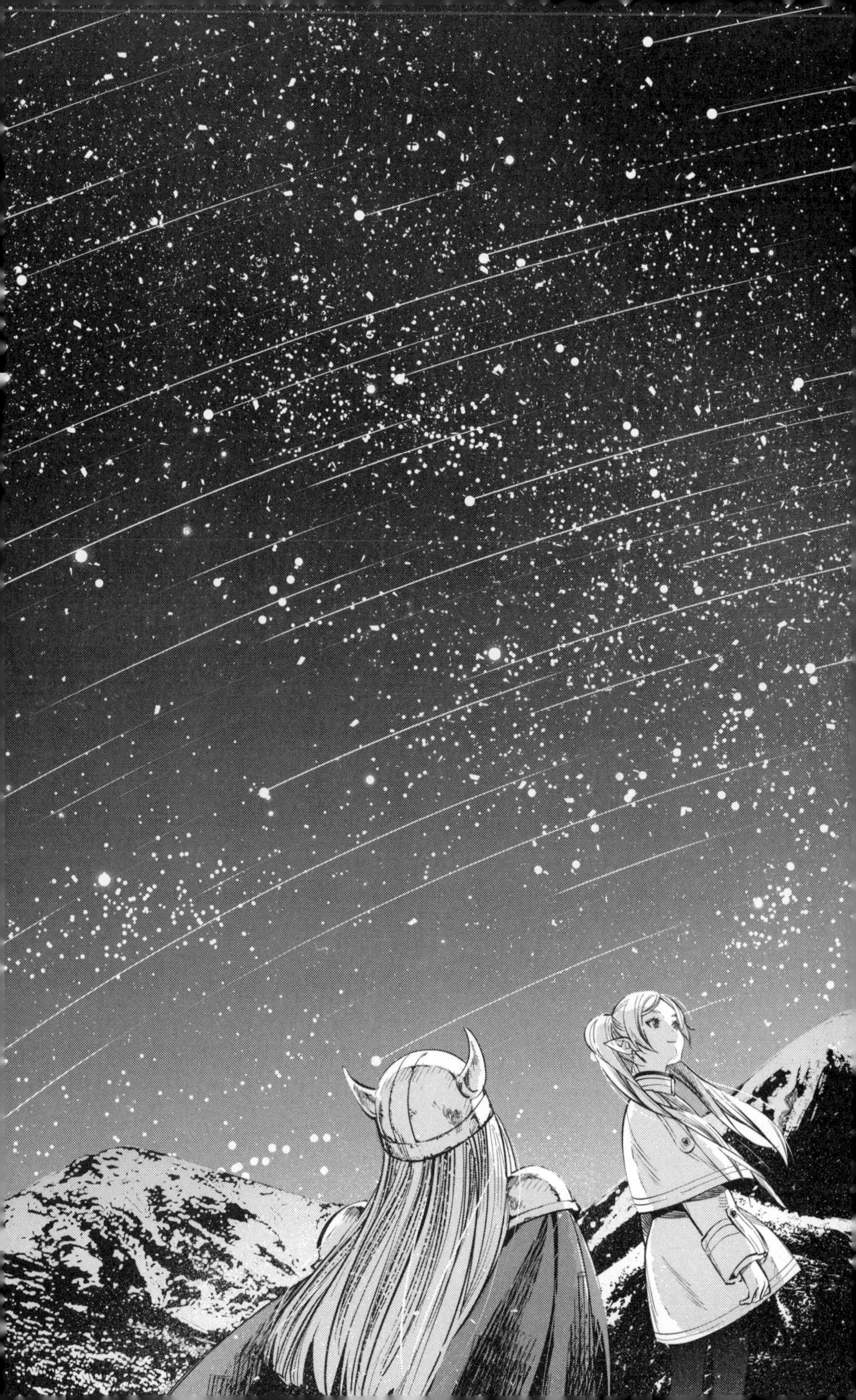

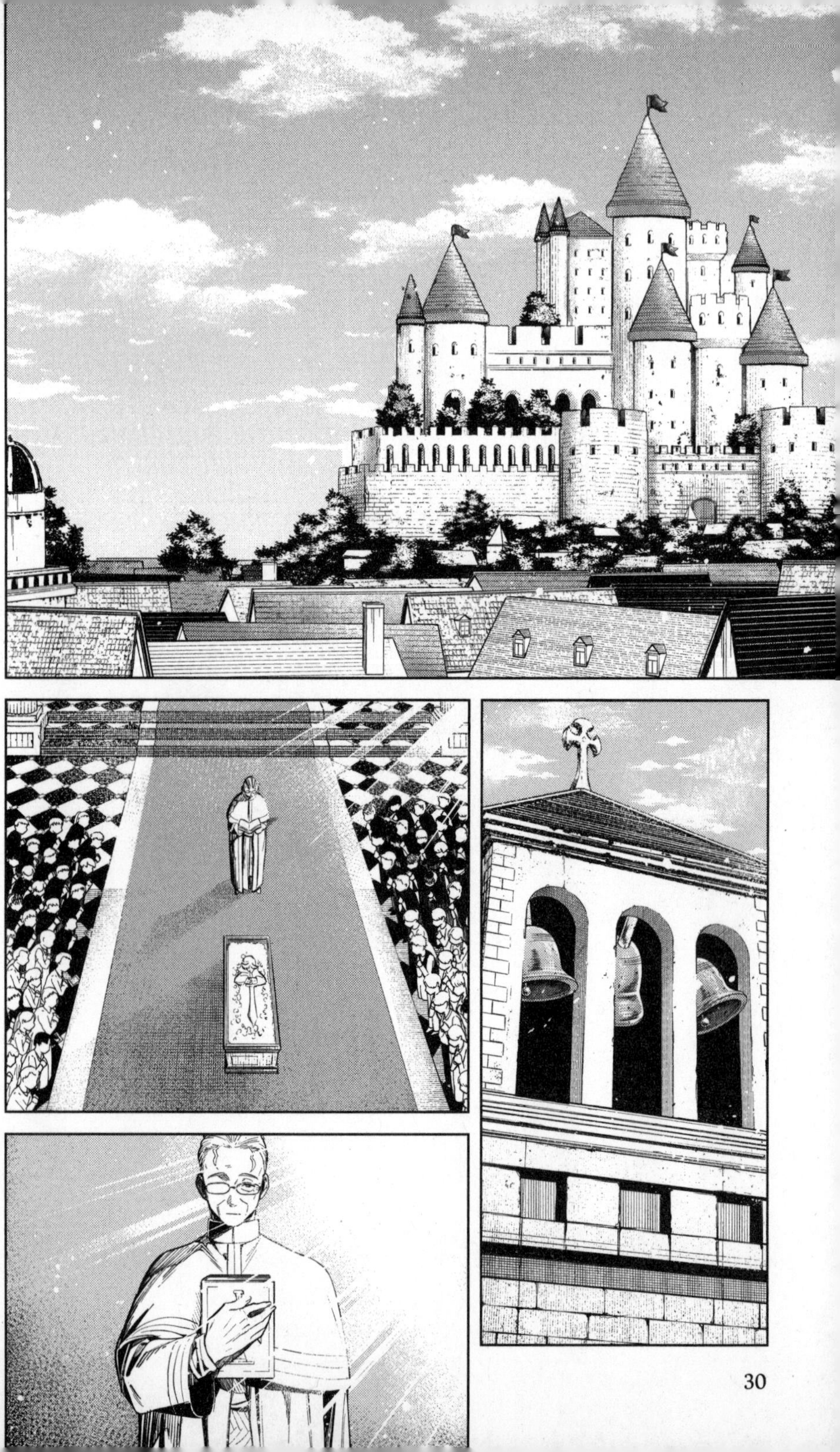

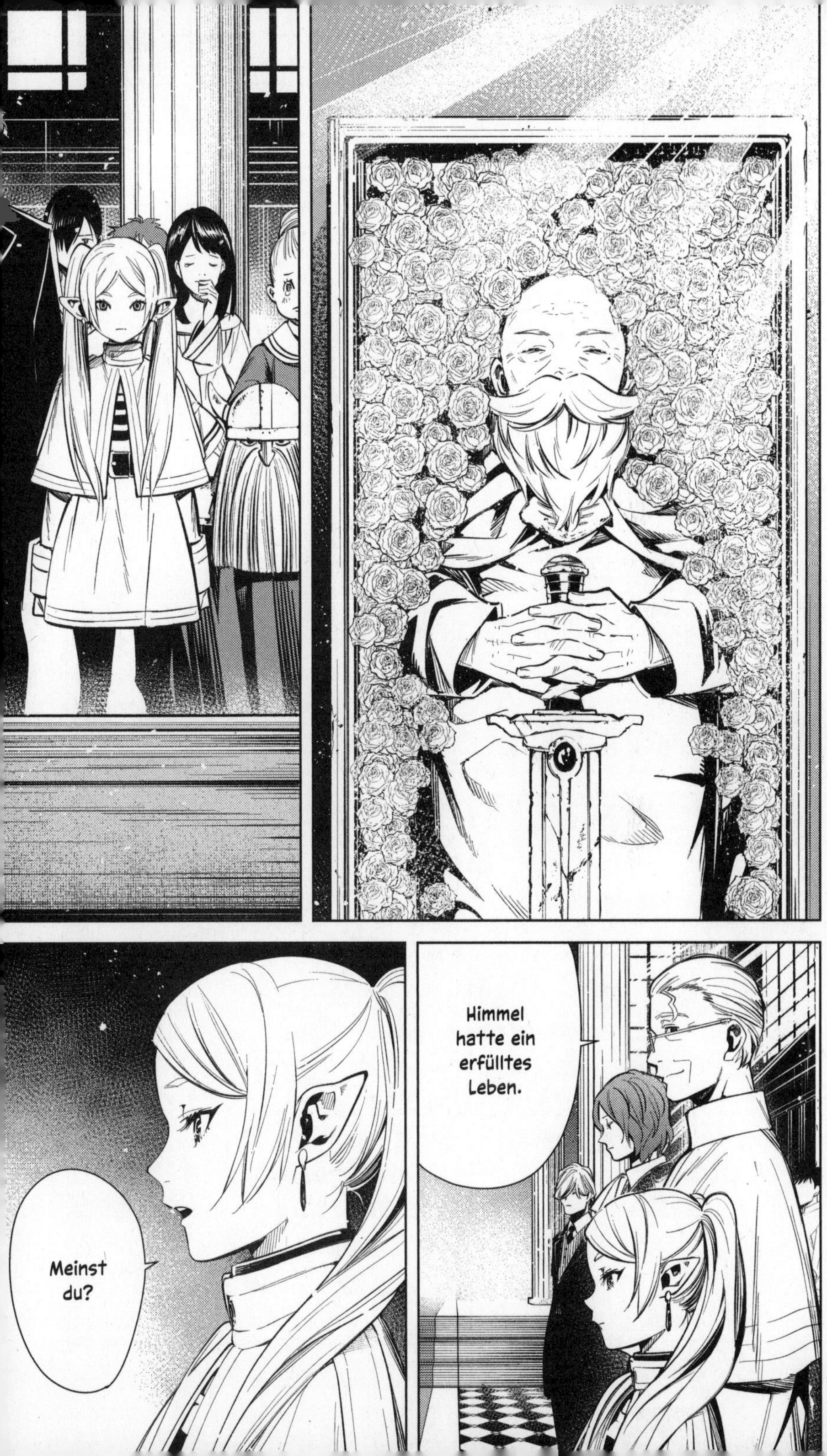
Himmel hatte ein erfülltes Leben.
Meinst du?

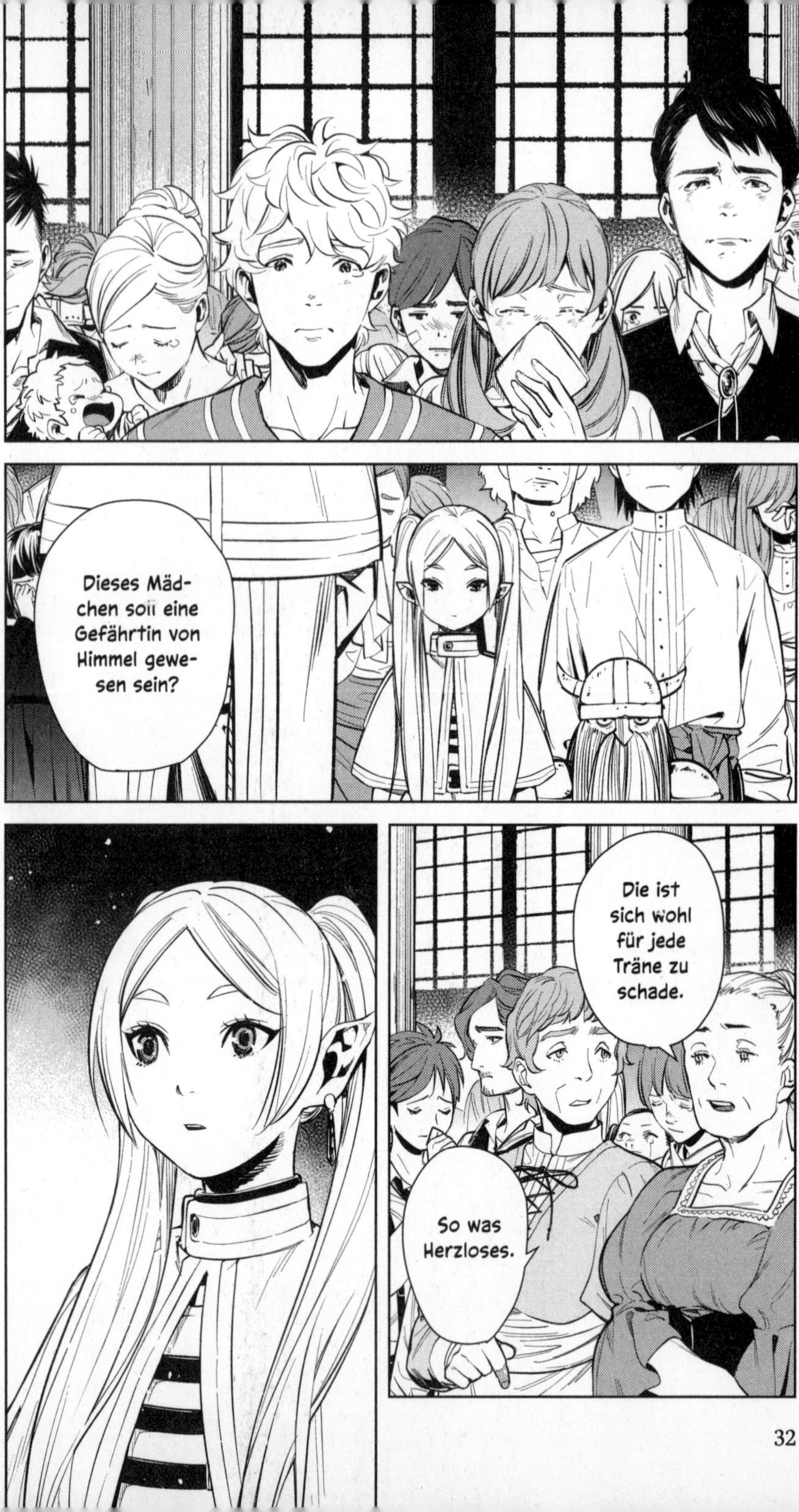
Dieses Mädchen soll eine Gefährtin von Himmel gewesen sein?
Die ist sich wohl für jede Träne zu schade.
So was Herzloses.

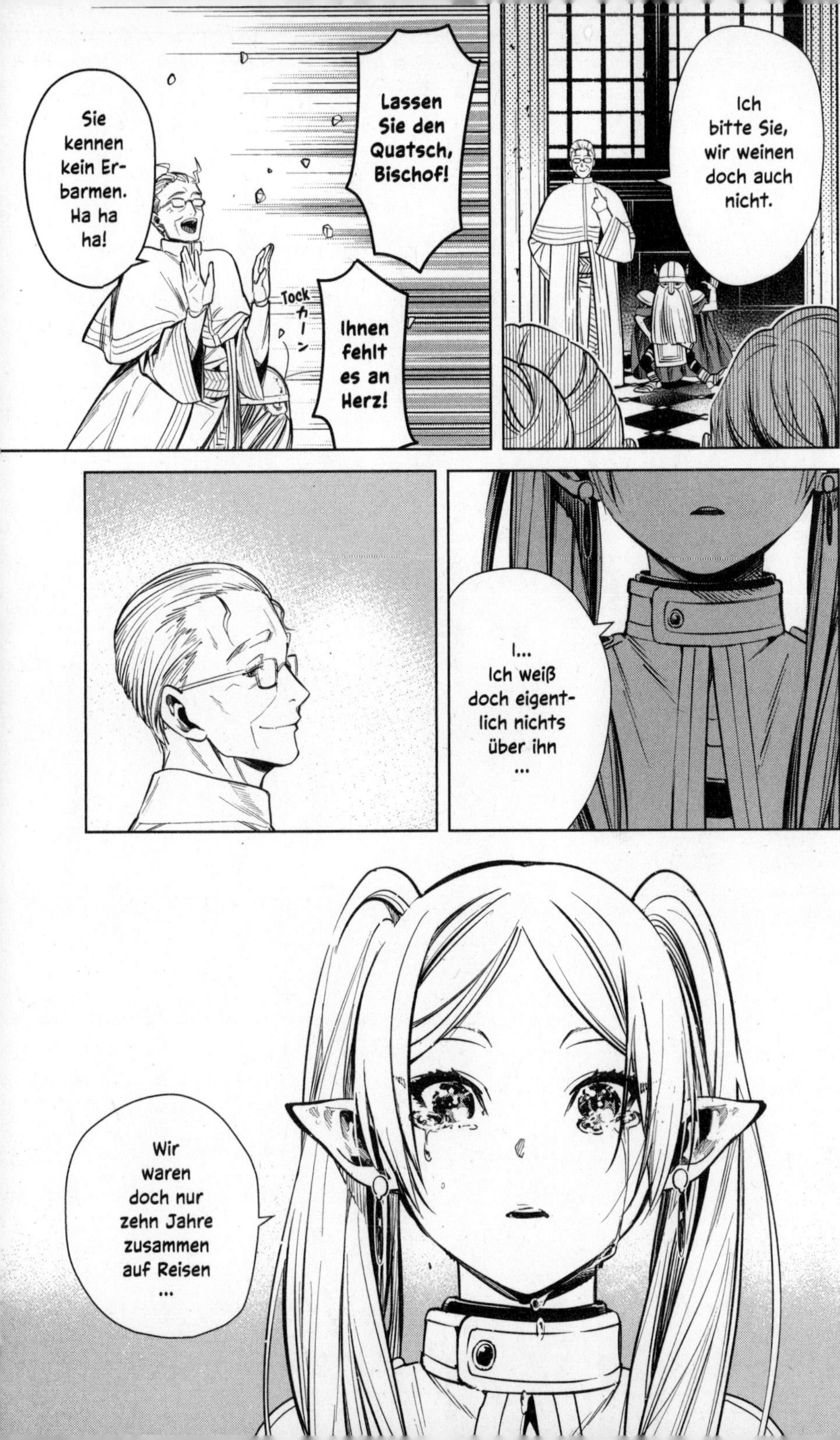
Ich bitte Sie, wir weinen doch auch nicht.
Lassen Sie den Quatsch, Bischof!
Ihnen fehlt es an Herz!
Sie kennen kein Erbarmen. Ha ha ha!
Tock
カーン
I... Ich weiß doch eigentlich nichts über ihn ...
Wir waren doch nur zehn Jahre zusammen auf Reisen ...

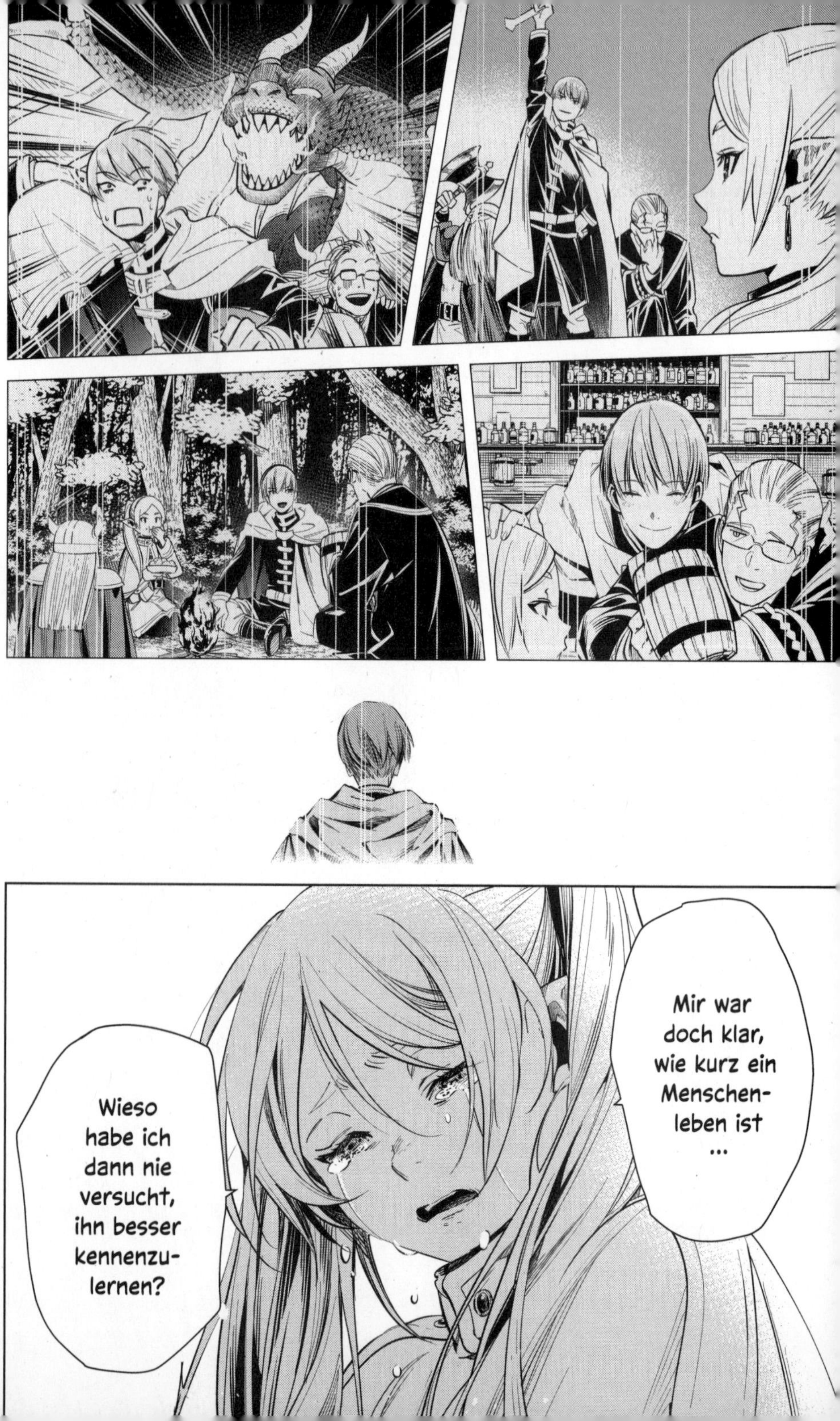
Mir war doch klar, wie kurz ein Menschenleben ist ...
Wieso habe ich dann nie versucht, ihn besser kennenzulernen?

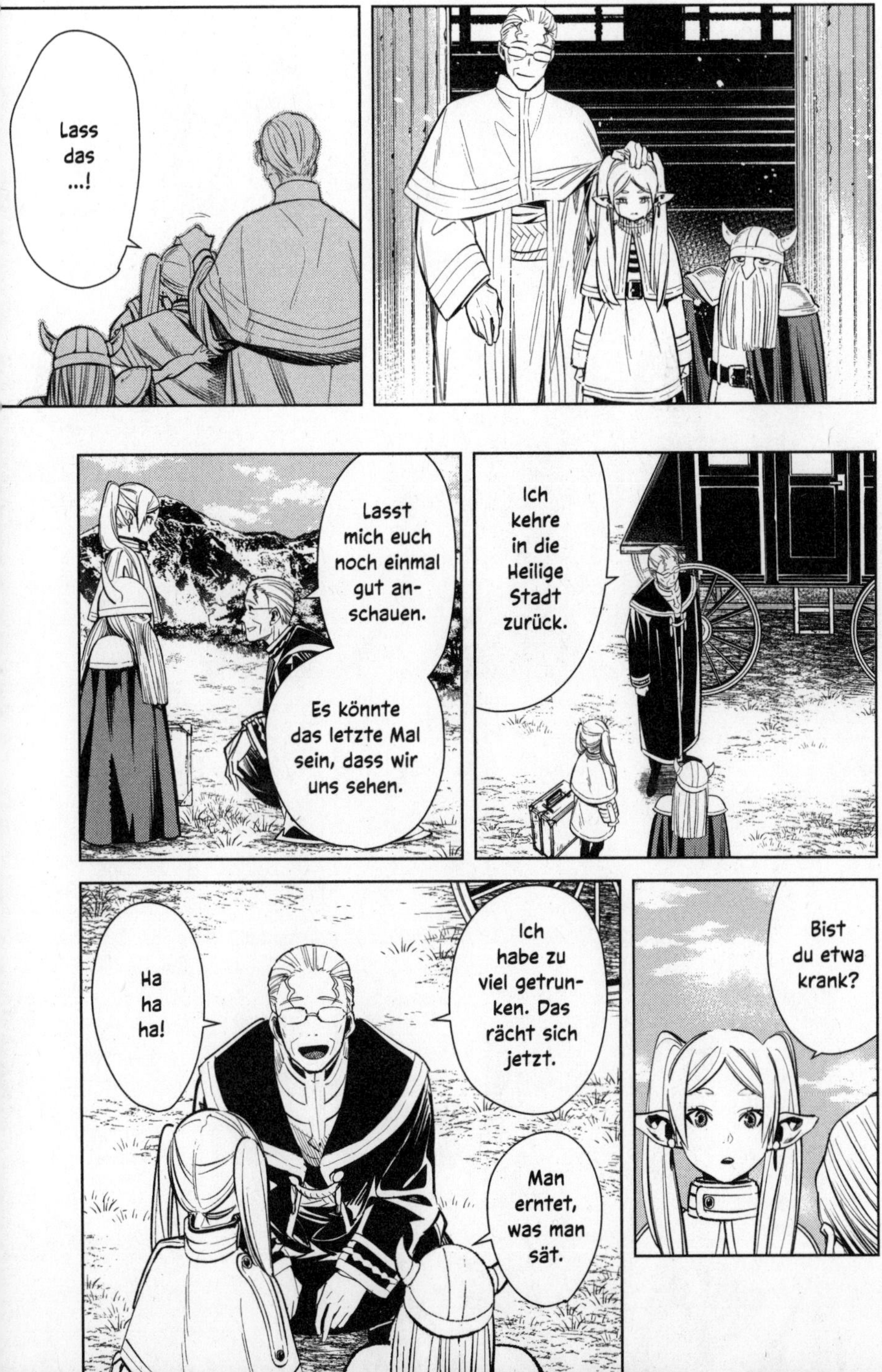
Lass das ...!
Ich kehre in die Heilige Stadt zurück.
Lasst mich euch noch einmal gut anschauen.
Es könnte das letzte Mal sein, dass wir uns sehen.
Bist du etwa krank?
Ich habe zu viel getrunken. Das rächt sich jetzt.
Man erntet, was man sät.
Ha ha ha!

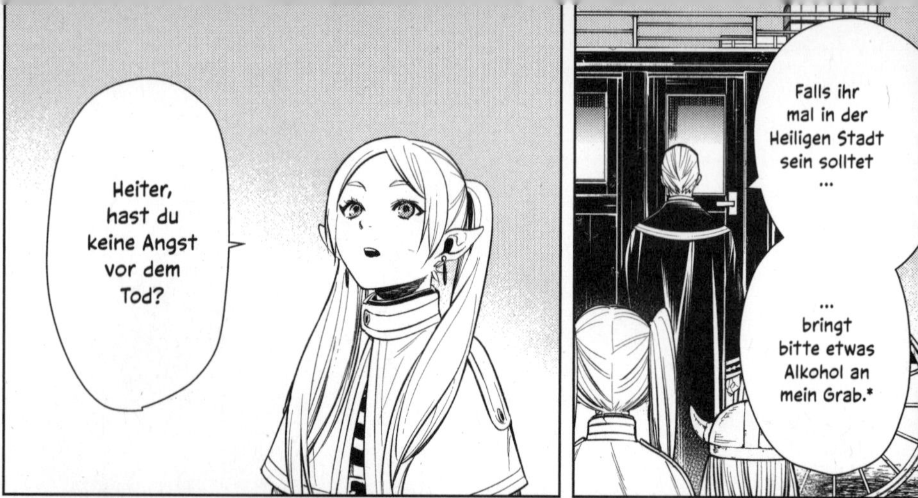

* In Japan ist es nicht unüblich, Verstorbenen ihren Lieblingsalkohol als Gabe an ihr Grab zu bringen.

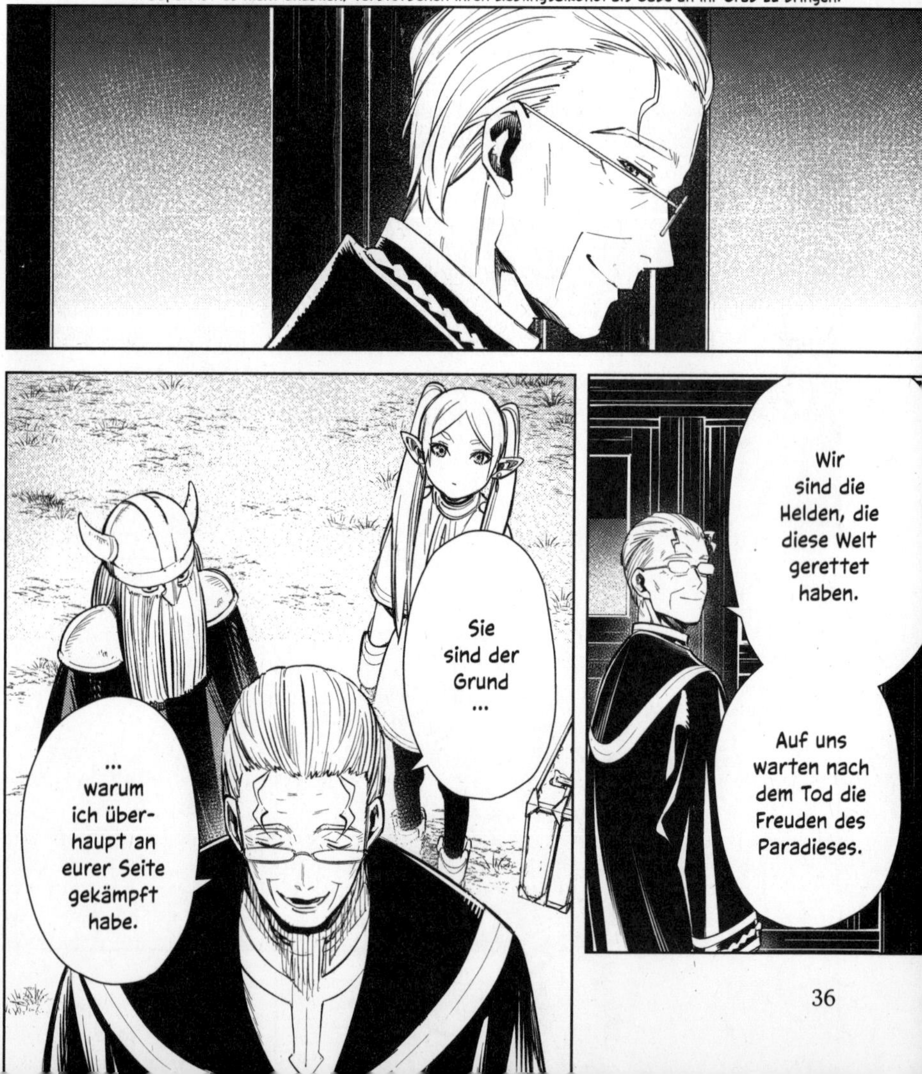

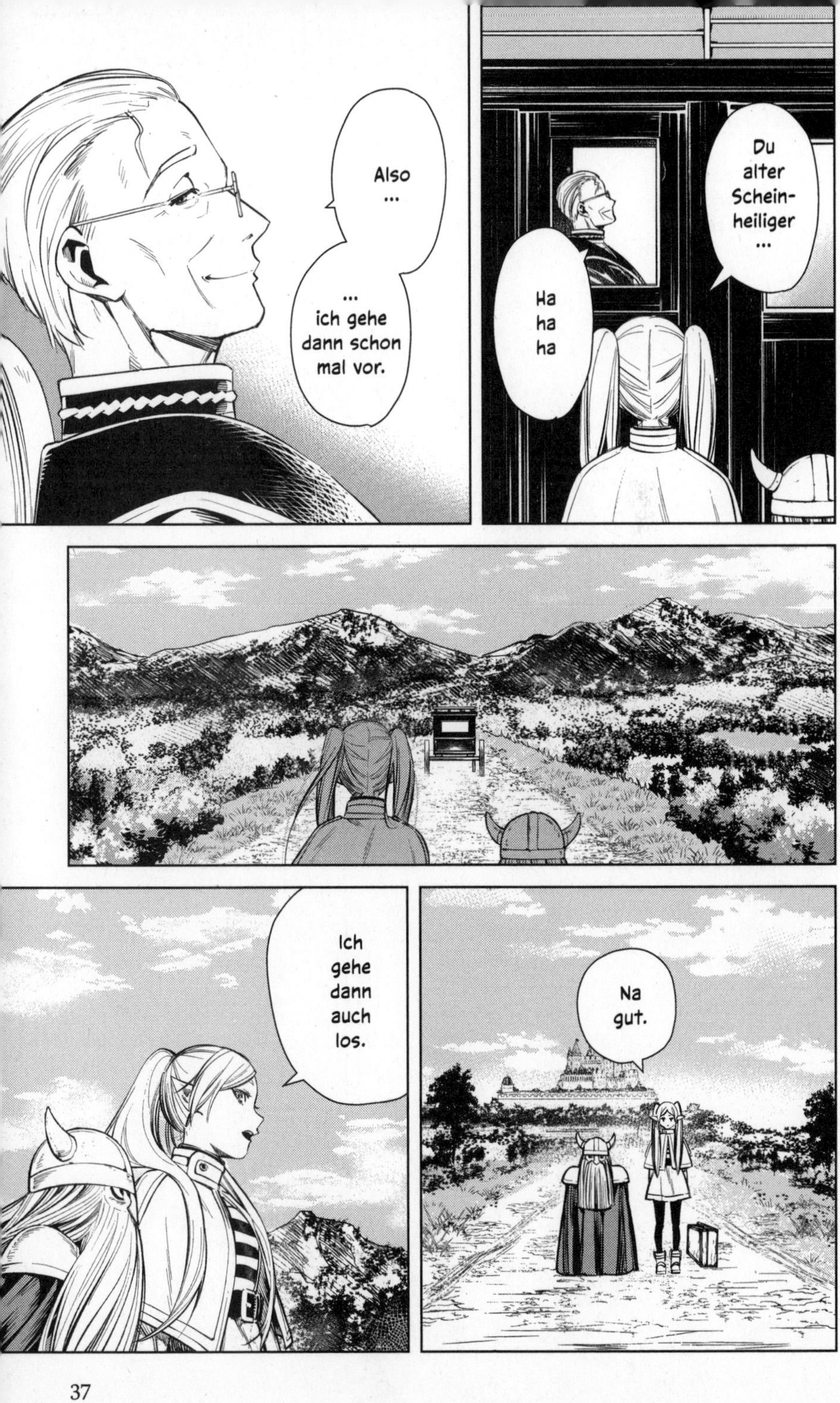
Du alter Scheinheiliger …
Ha ha ha
Also …
… ich gehe dann schon mal vor.
Na gut.
Ich gehe dann auch los.

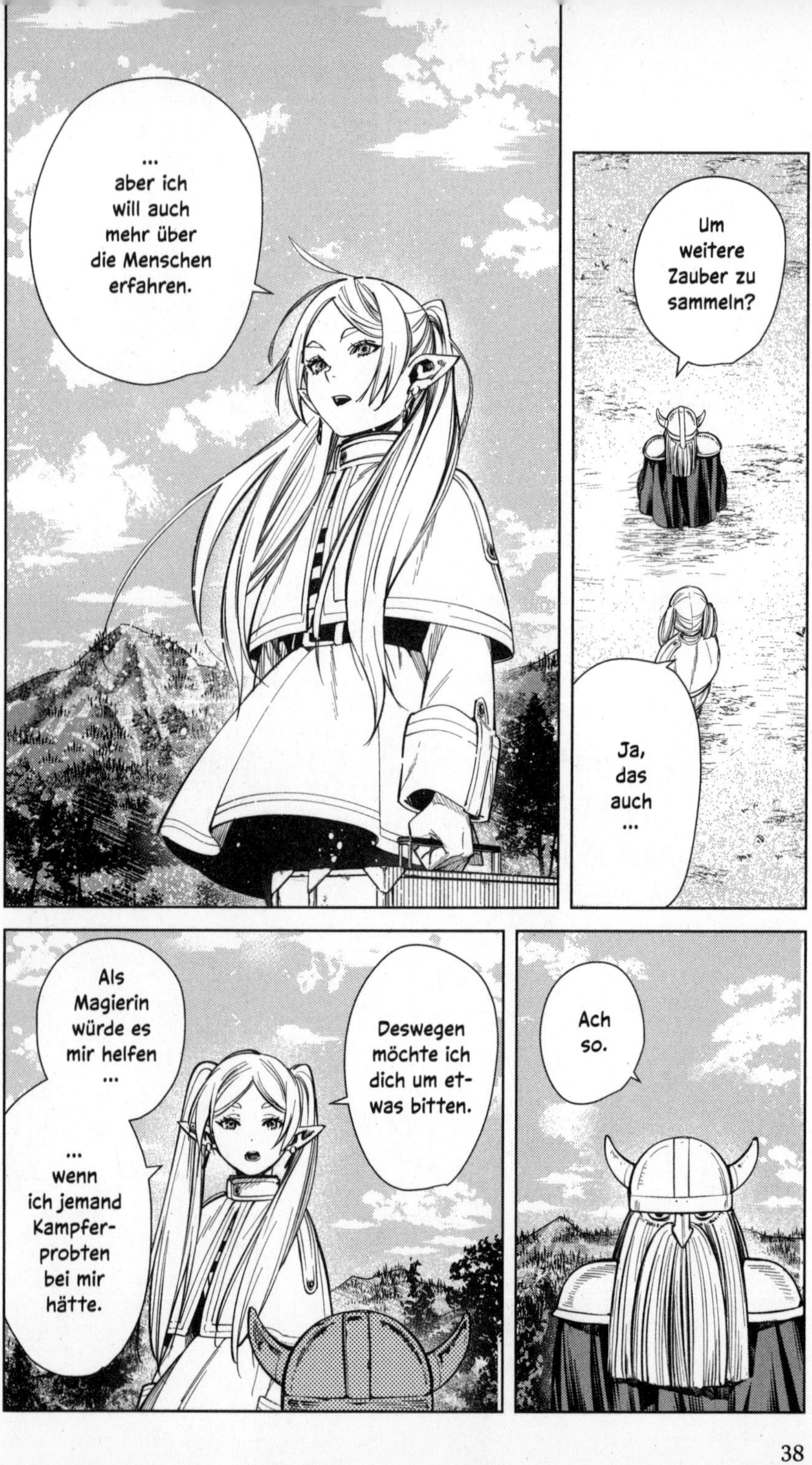

Um weitere Zauber zu sammeln?
Ja, das auch ...
... aber ich will auch mehr über die Menschen erfahren.
Ach so.
Deswegen möchte ich dich um etwas bitten.
Als Magierin würde es mir helfen ...
... wenn ich jemand Kampferprobten bei mir hätte.

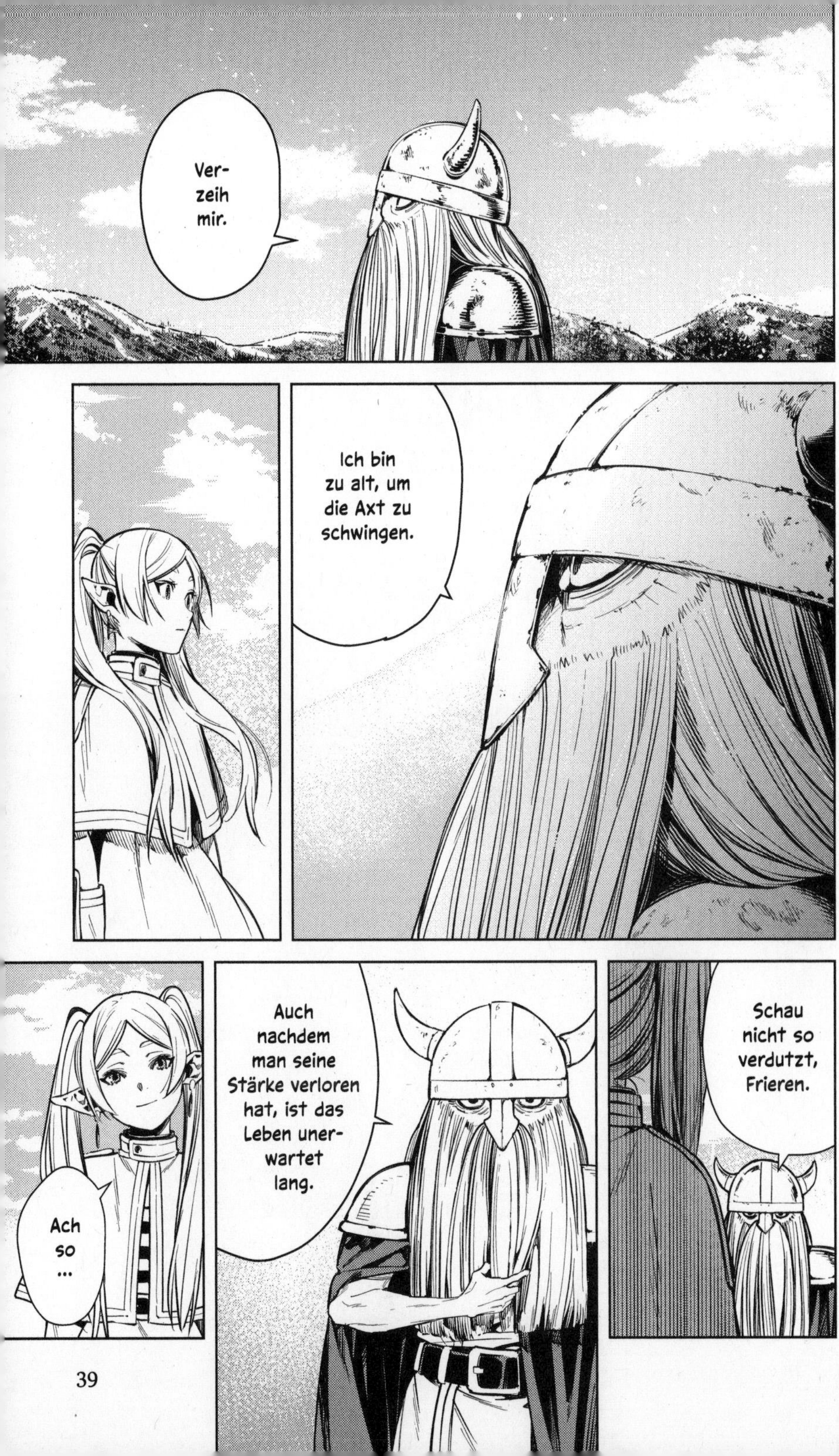
Verzeih mir.
Ich bin zu alt, um die Axt zu schwingen.
Schau nicht so verdutzt, Frieren.
Auch nachdem man seine Stärke verloren hat, ist das Leben unerwartet lang.
Ach so …

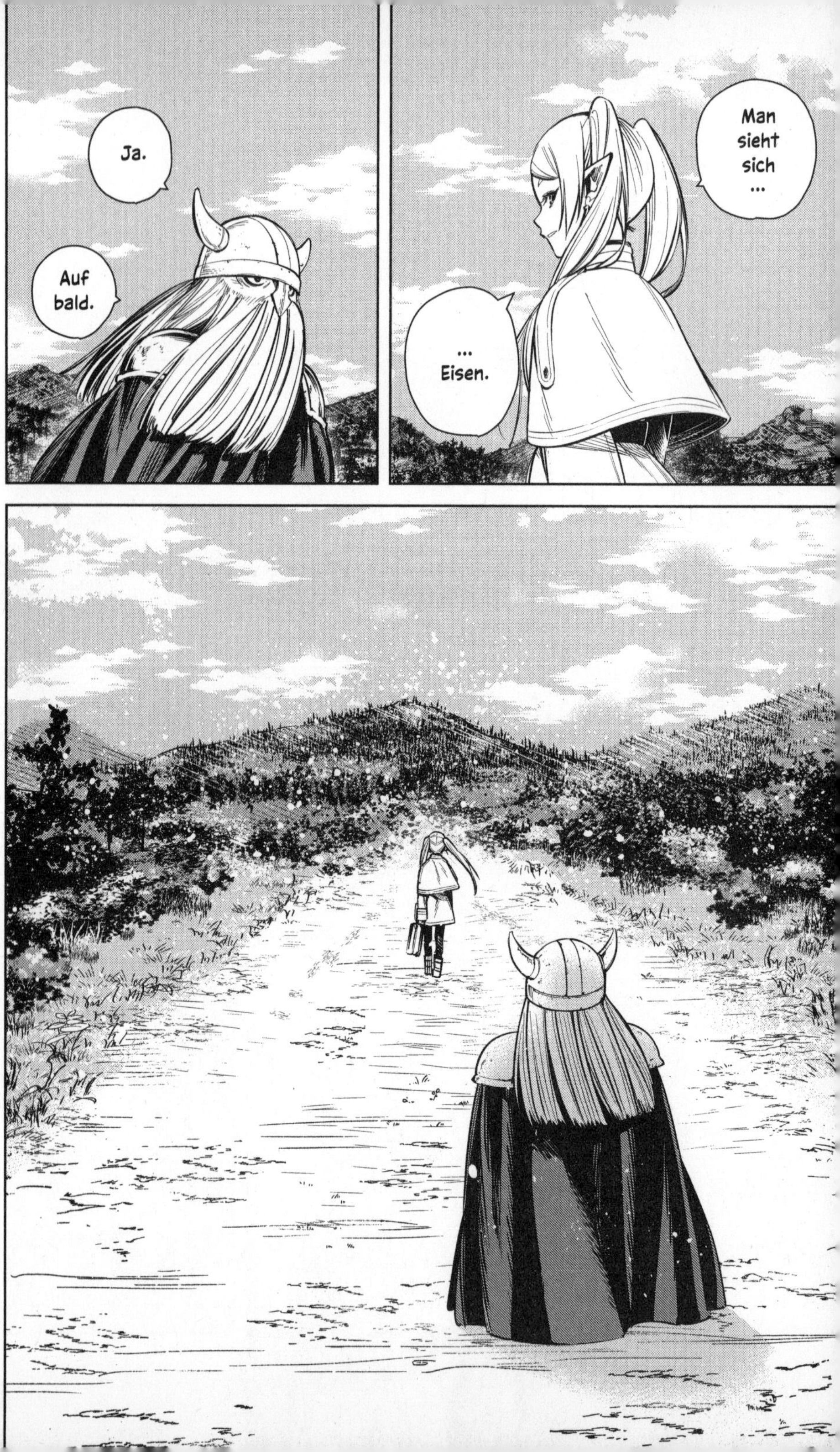
Man sieht sich ...
... Eisen.
Ja.
Auf bald.

Kapitel 2: Die Lüge des Klerikers

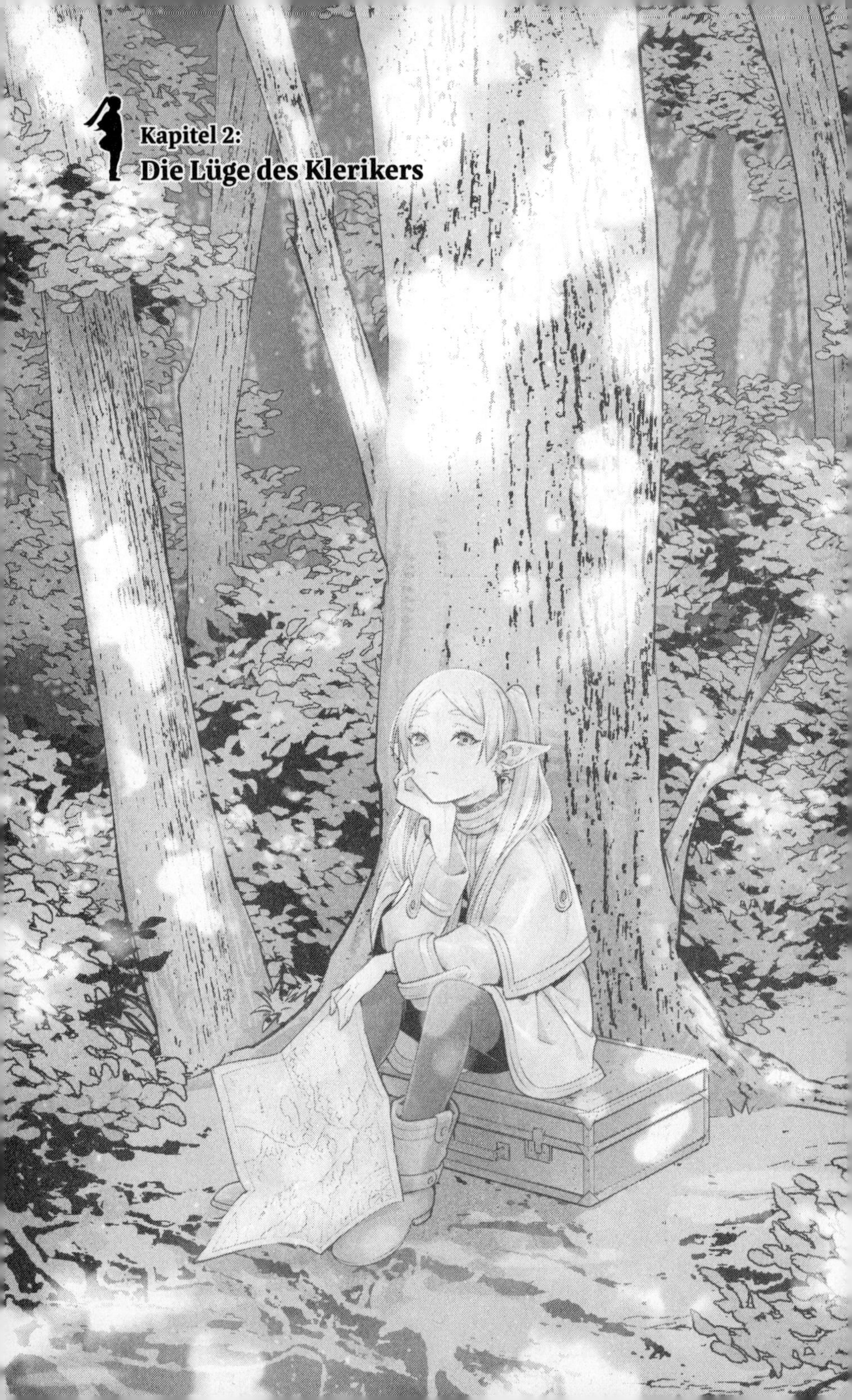

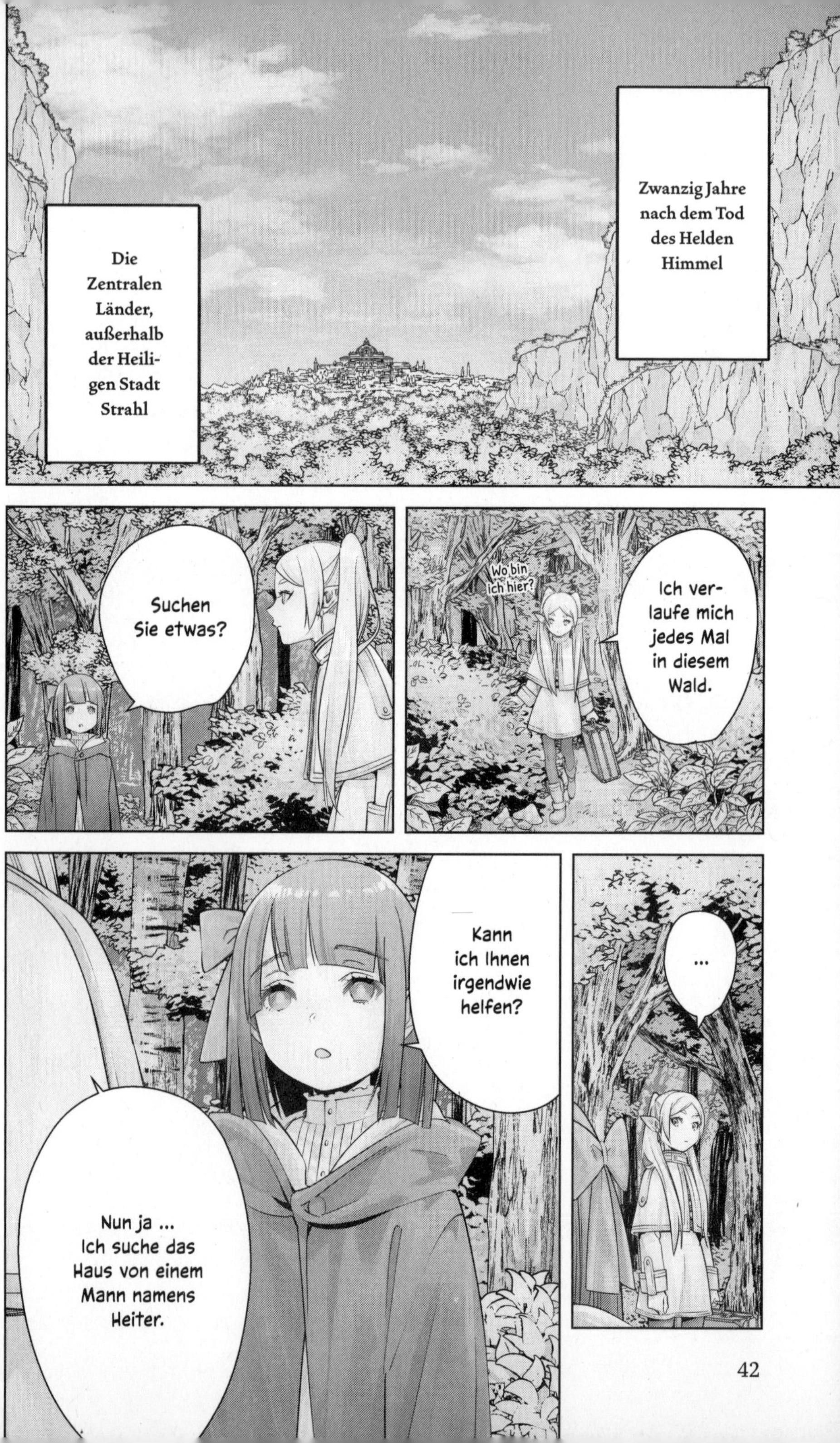
Zwanzig Jahre nach dem Tod des Helden Himmel
Die Zentralen Länder, außerhalb der Heiligen Stadt Strahl
Wo bin ich hier?
Ich verlaufe mich jedes Mal in diesem Wald.
Suchen Sie etwas?
...
Kann ich Ihnen irgendwie helfen?
Nun ja ... Ich suche das Haus von einem Mann namens Heiter.

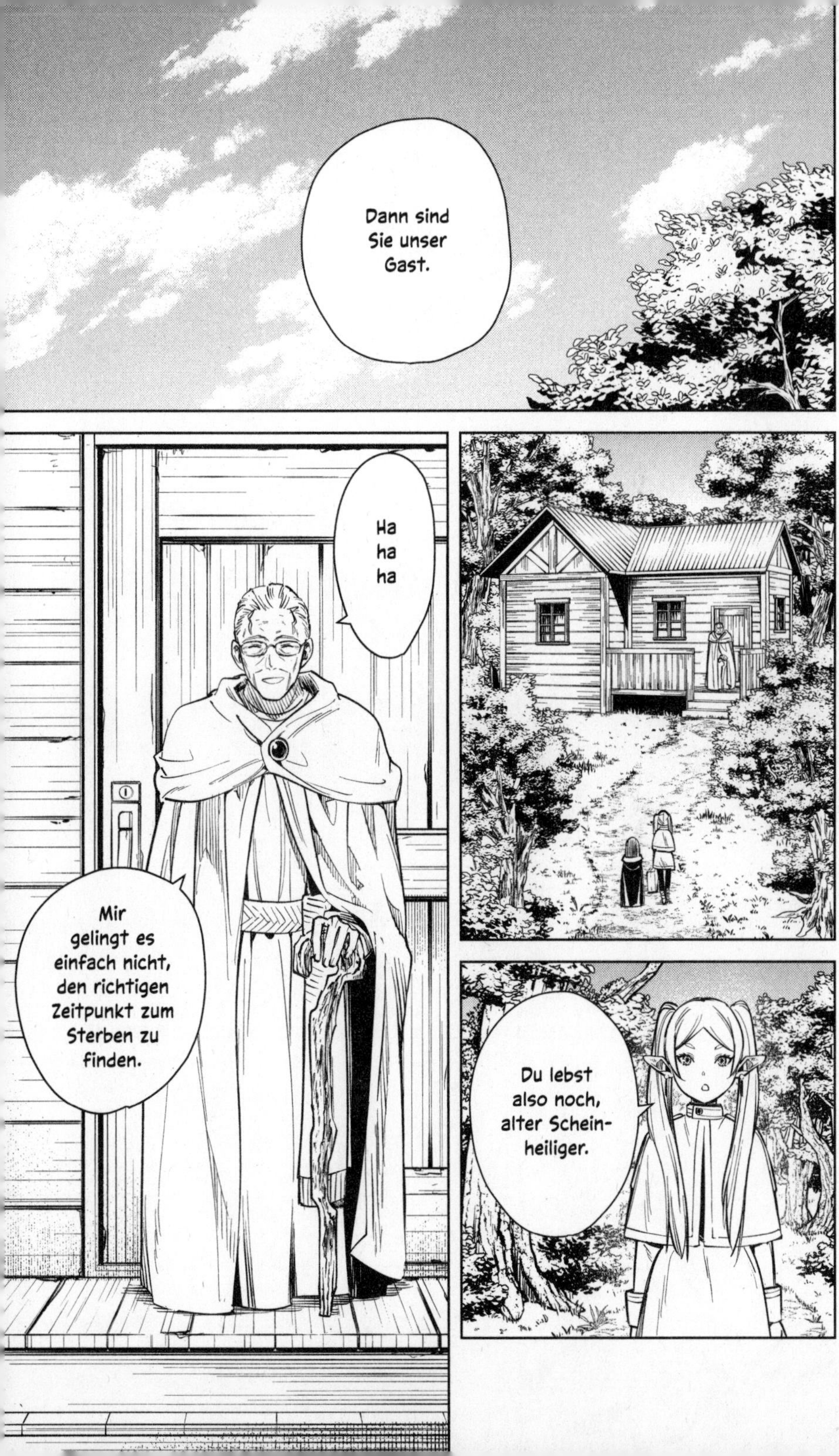

Dann sind Sie unser Gast.
Du lebst also noch, alter Schein-heiliger.
Ha ha ha
Mir gelingt es einfach nicht, den richtigen Zeitpunkt zum Sterben zu finden.

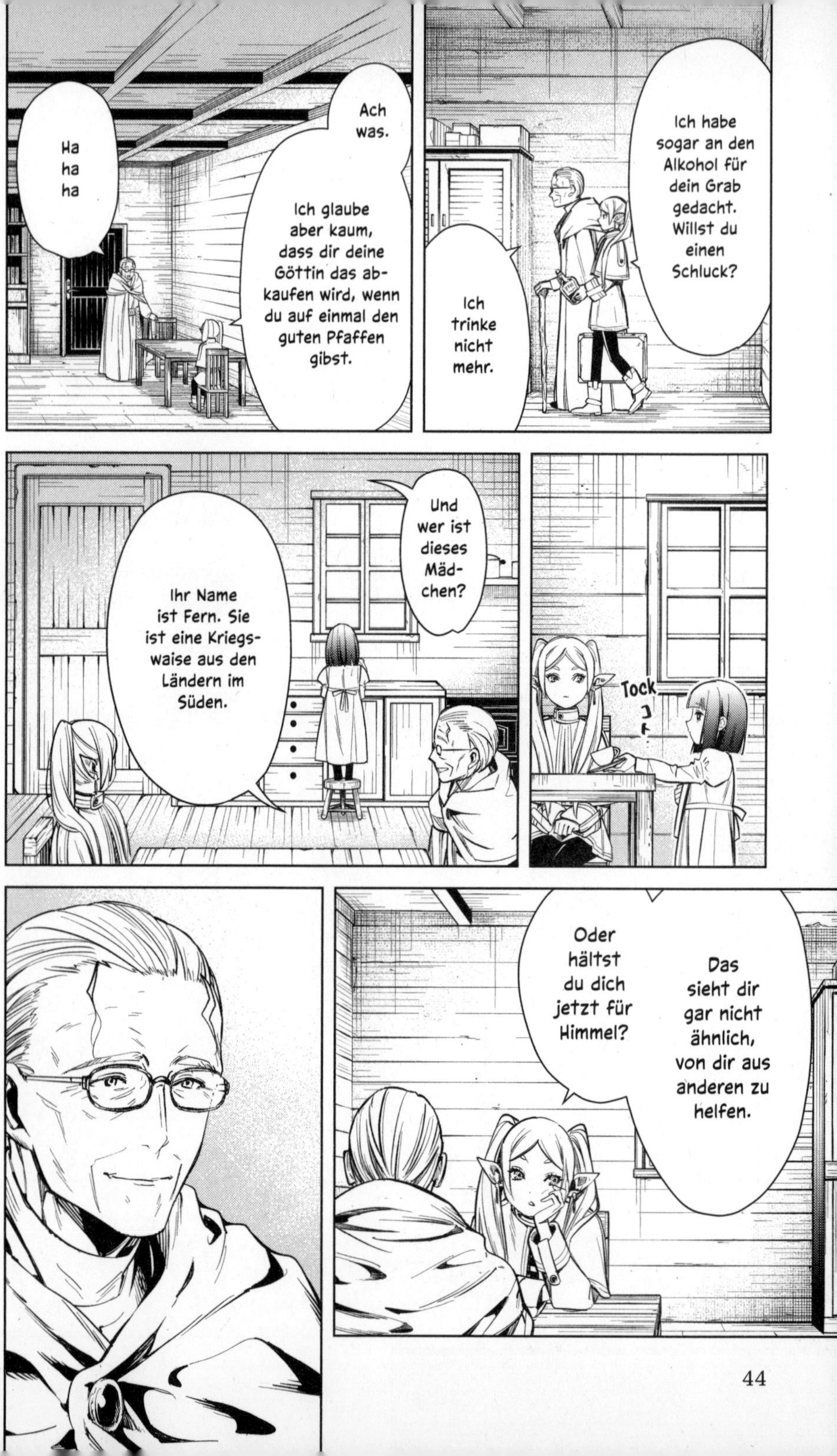

Ich habe sogar an den Alkohol für dein Grab gedacht. Willst du einen Schluck?
Ich trinke nicht mehr.
Ach was.
Ich glaube aber kaum, dass dir deine Göttin das abkaufen wird, wenn du auf einmal den guten Pfaffen gibst.
Ha ha ha
Tock
Und wer ist dieses Mädchen?
Ihr Name ist Fern. Sie ist eine Kriegswaise aus den Ländern im Süden.
Das sieht dir gar nicht ähnlich, von dir aus anderen zu helfen.
Oder hältst du dich jetzt für Himmel?

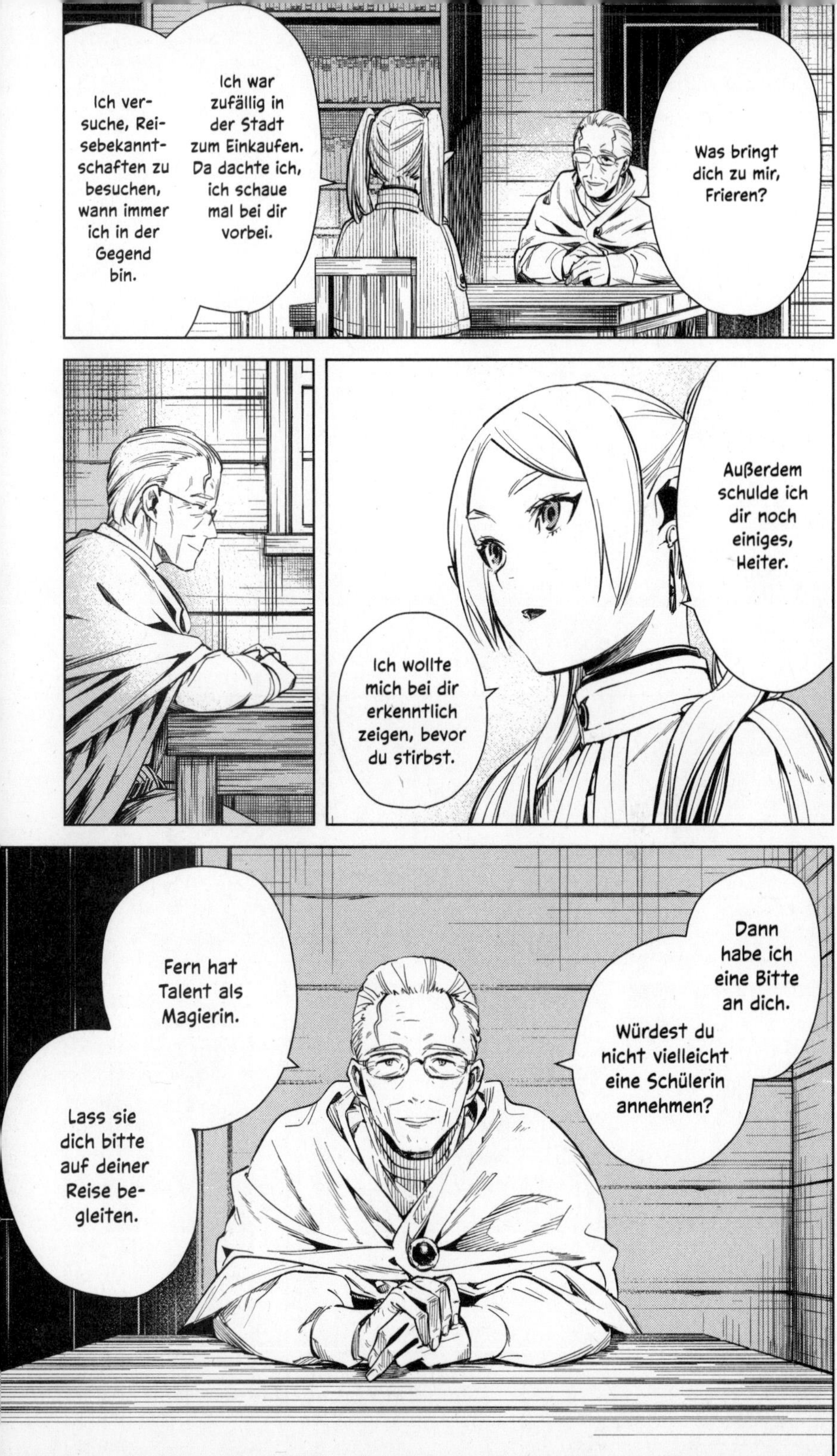
Was bringt dich zu mir, Frieren?
Ich war zufällig in der Stadt zum Einkaufen. Da dachte ich, ich schaue mal bei dir vorbei.
Ich versuche, Reisebekanntschaften zu besuchen, wann immer ich in der Gegend bin.
Außerdem schulde ich dir noch einiges, Heiter.
Ich wollte mich bei dir erkenntlich zeigen, bevor du stirbst.
Dann habe ich eine Bitte an dich.
Würdest du nicht vielleicht eine Schülerin annehmen?
Fern hat Talent als Magierin.
Lass sie dich bitte auf deiner Reise begleiten.

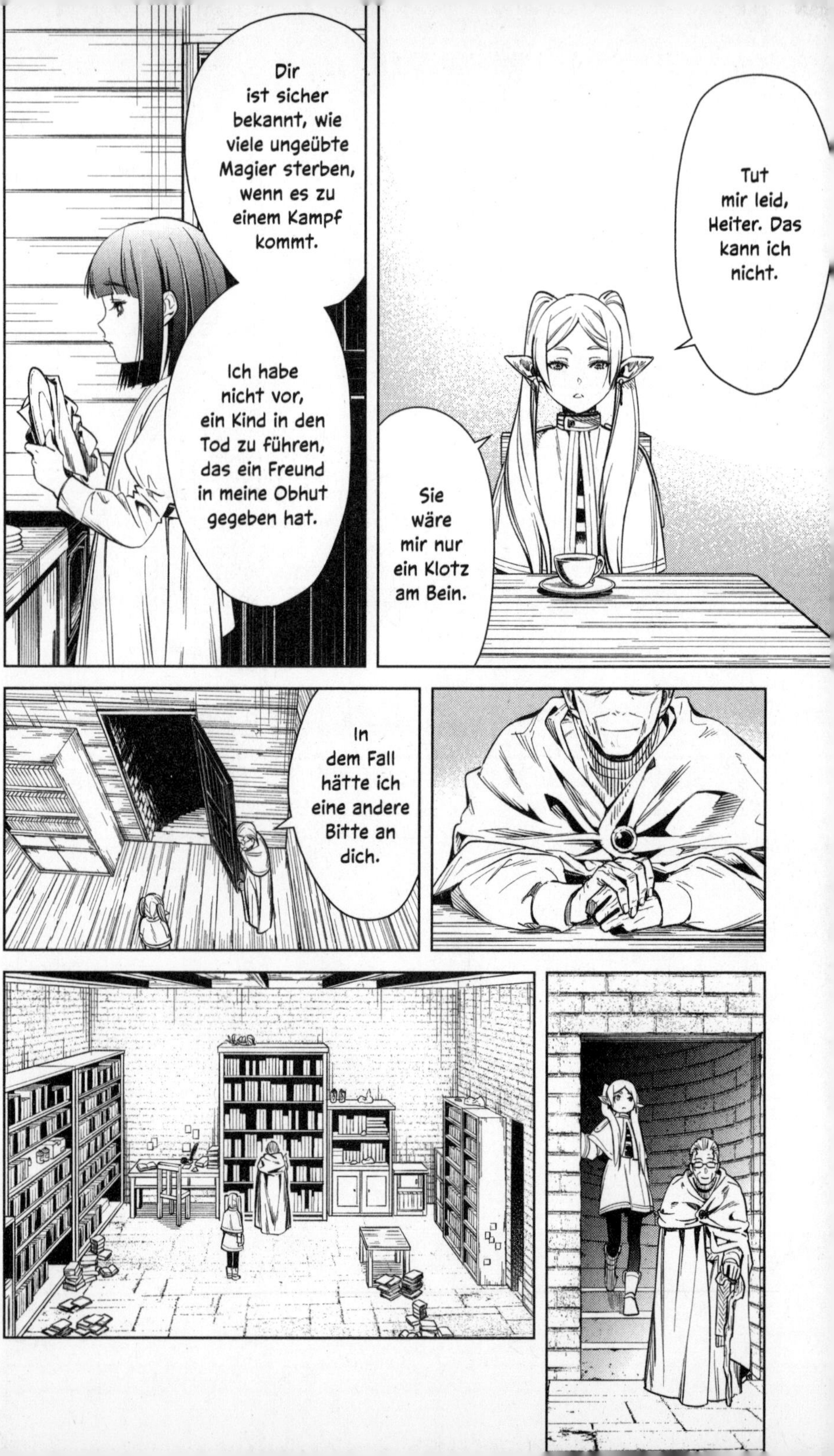
Tut mir leid, Heiter. Das kann ich nicht.
Sie wäre mir nur ein Klotz am Bein.
Dir ist sicher bekannt, wie viele ungeübte Magier sterben, wenn es zu einem Kampf kommt.
Ich habe nicht vor, ein Kind in den Tod zu führen, das ein Freund in meine Obhut gegeben hat.
In dem Fall hätte ich eine andere Bitte an dich.

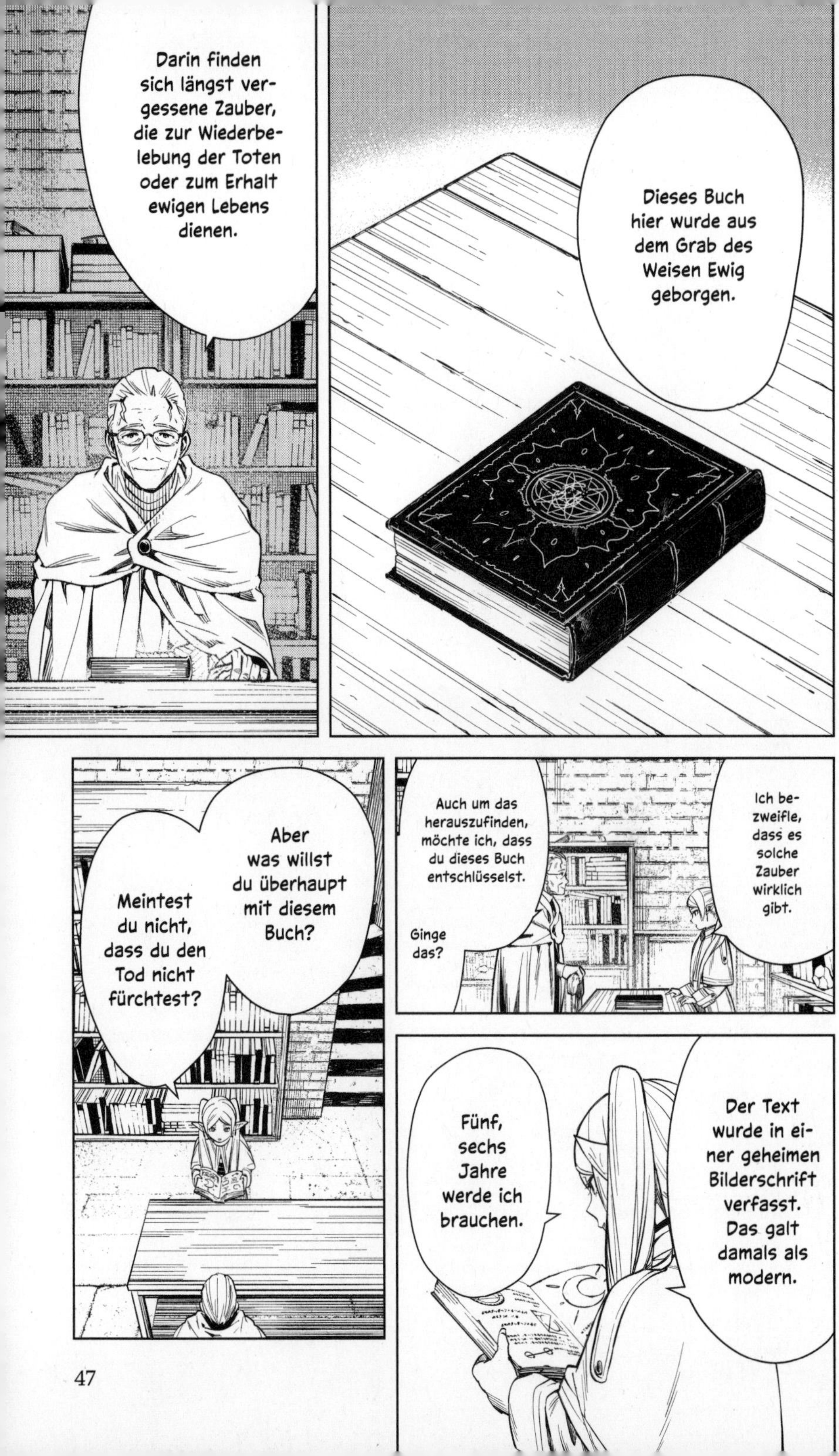

Dieses Buch hier wurde aus dem Grab des Weisen Ewig geborgen.
Darin finden sich längst vergessene Zauber, die zur Wiederbelebung der Toten oder zum Erhalt ewigen Lebens dienen.
Ich bezweifle, dass es solche Zauber wirklich gibt.
Auch um das herauszufinden, möchte ich, dass du dieses Buch entschlüsselst.
Ginge das?
Der Text wurde in einer geheimen Bilderschrift verfasst. Das galt damals als modern.
Fünf, sechs Jahre werde ich brauchen.
Aber was willst du überhaupt mit diesem Buch?
Meintest du nicht, dass du den Tod nicht fürchtest?

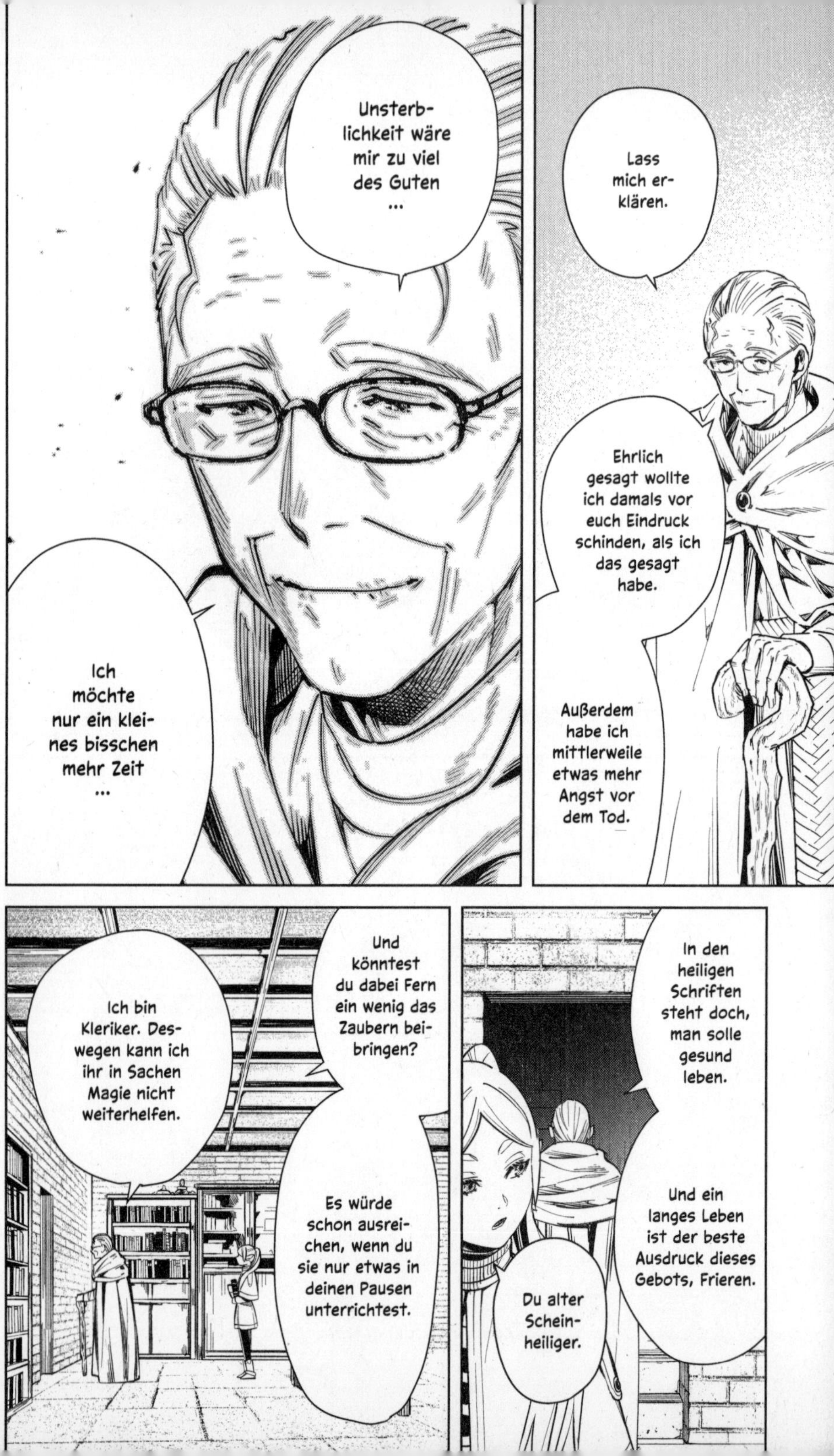
Lass mich erklären.
Ehrlich gesagt wollte ich damals vor euch Eindruck schinden, als ich das gesagt habe.
Außerdem habe ich mittlerweile etwas mehr Angst vor dem Tod.
Unsterblichkeit wäre mir zu viel des Guten …
Ich möchte nur ein kleines bisschen mehr Zeit …
In den heiligen Schriften steht doch, man solle gesund leben.
Und ein langes Leben ist der beste Ausdruck dieses Gebots, Frieren.
Du alter Scheinheiliger.
Und könntest du dabei Fern ein wenig das Zaubern beibringen?
Ich bin Kleriker. Deswegen kann ich ihr in Sachen Magie nicht weiterhelfen.
Es würde schon ausreichen, wenn du sie nur etwas in deinen Pausen unterrichtest.

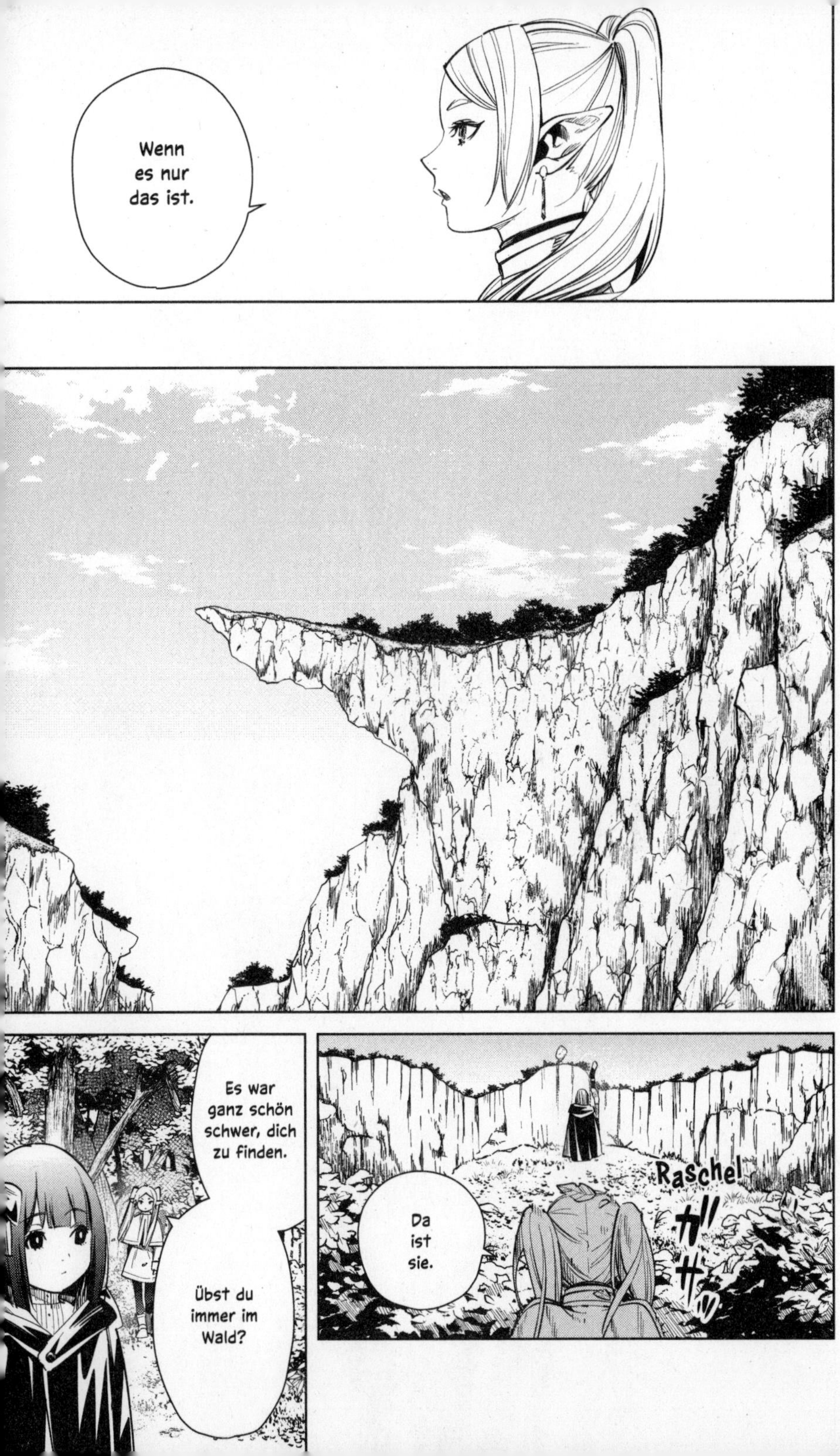
Wenn es nur das ist.
Raschel
Da ist sie.
Es war ganz schön schwer, dich zu finden.
Übst du immer im Wald?

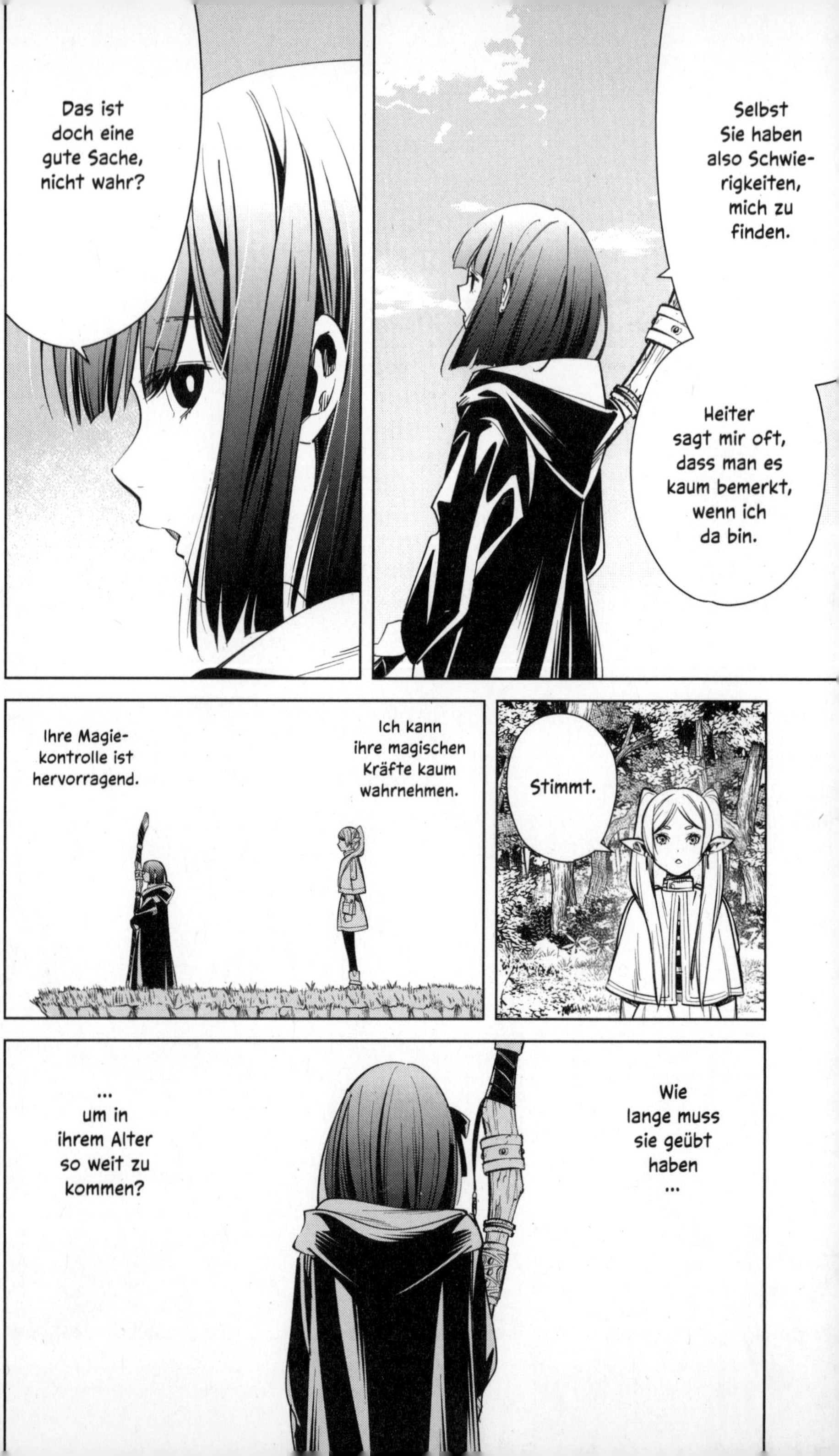
Selbst Sie haben also Schwie-rigkeiten, mich zu finden.
Heiter sagt mir oft, dass man es kaum bemerkt, wenn ich da bin.
Das ist doch eine gute Sache, nicht wahr?
Stimmt.
Ich kann ihre magischen Kräfte kaum wahrnehmen.
Ihre Magie-kontrolle ist hervorragend.
Wie lange muss sie geübt haben ...
... um in ihrem Alter so weit zu kommen?

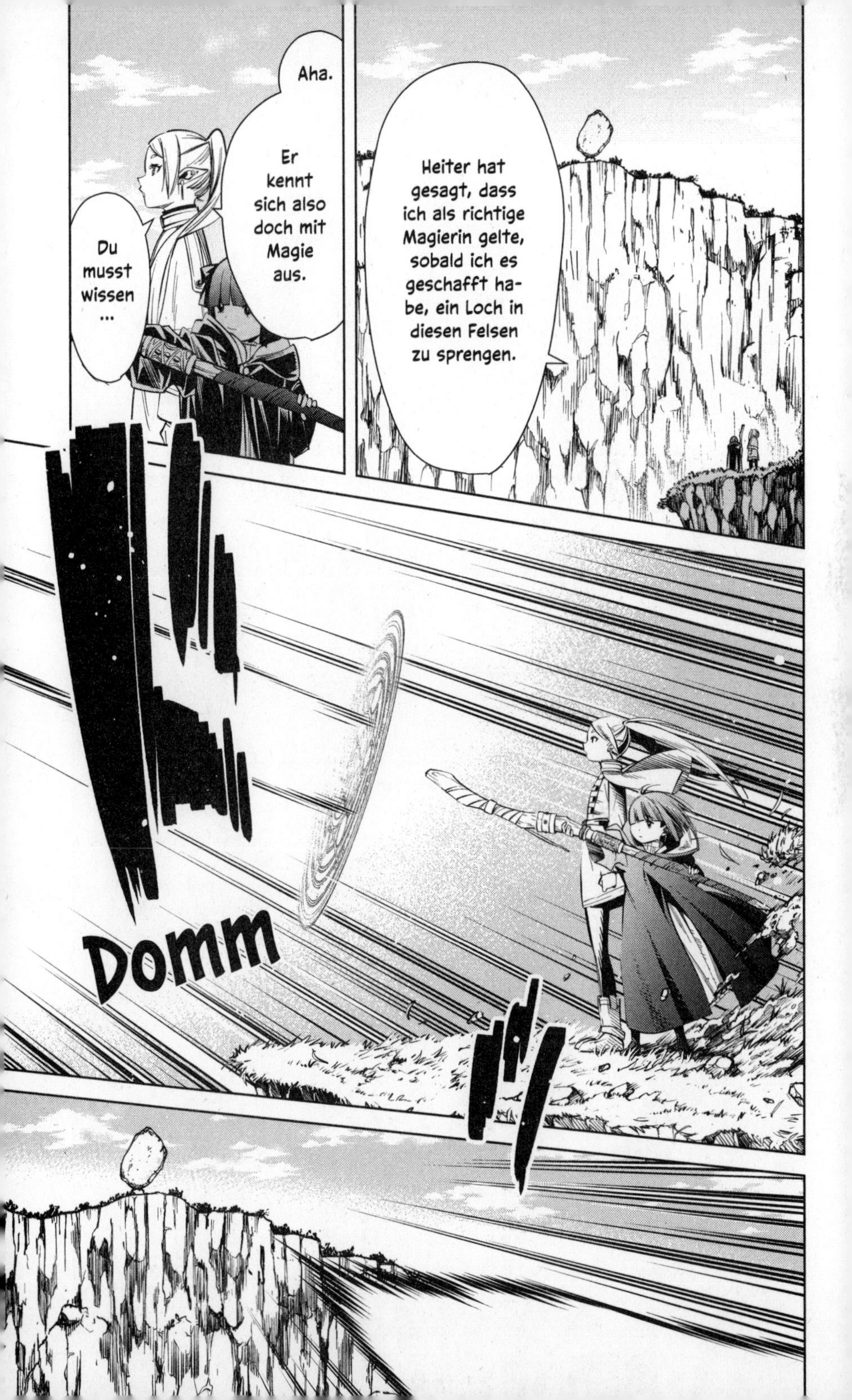
Heiter hat gesagt, dass ich als richtige Magierin gelte, sobald ich es geschafft habe, ein Loch in diesen Felsen zu sprengen.
Aha.
Er kennt sich also doch mit Magie aus.
Du musst wissen ...
Domm

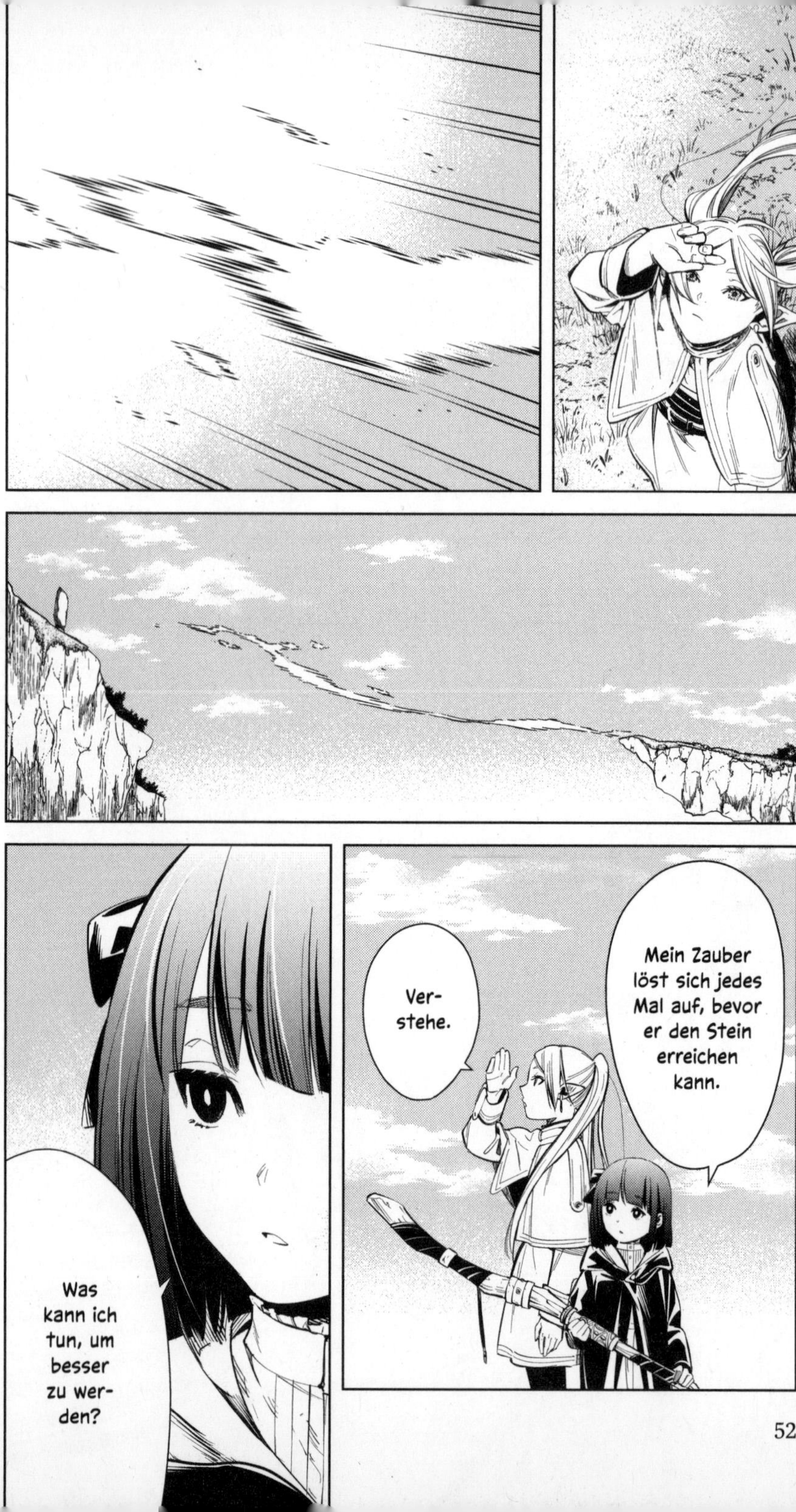
Mein Zauber löst sich jedes Mal auf, bevor er den Stein erreichen kann.
Ver-stehe.
Was kann ich tun, um besser zu wer-den?

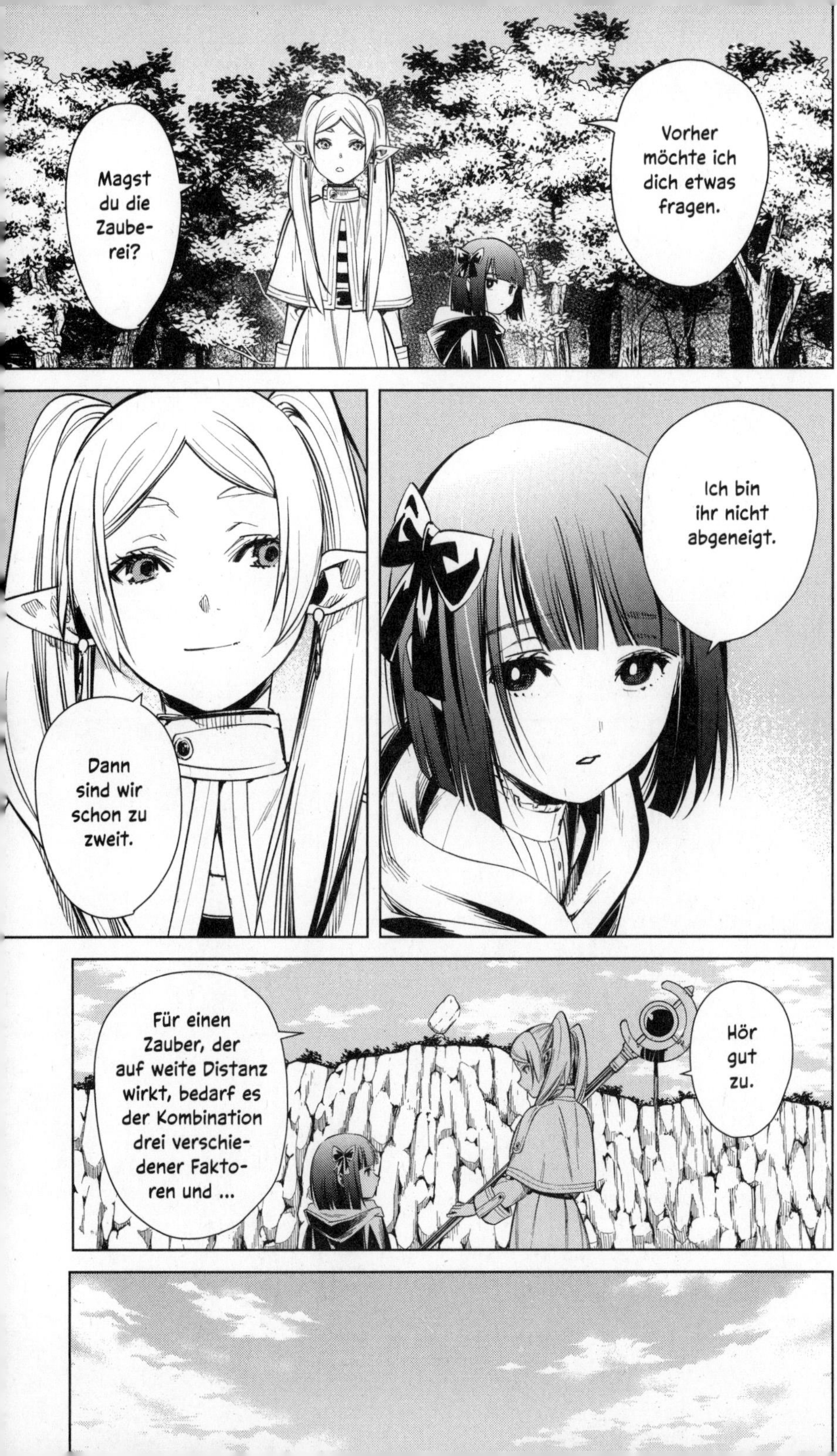
Vorher möchte ich dich etwas fragen.
Magst du die Zauberei?
Ich bin ihr nicht abgeneigt.
Dann sind wir schon zu zweit.
Hör gut zu.
Für einen Zauber, der auf weite Distanz wirkt, bedarf es der Kombination drei verschiedener Faktoren und ...

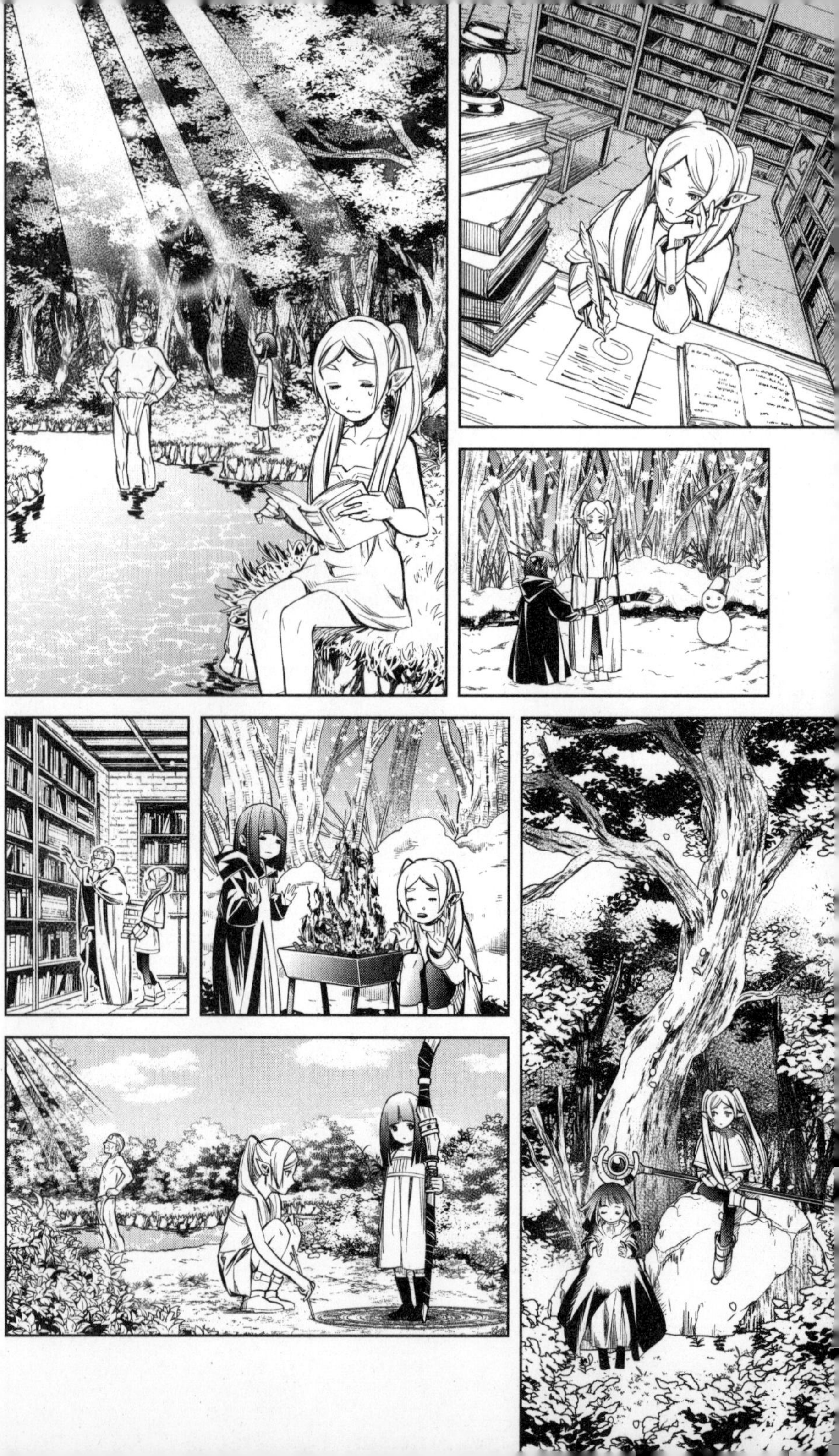

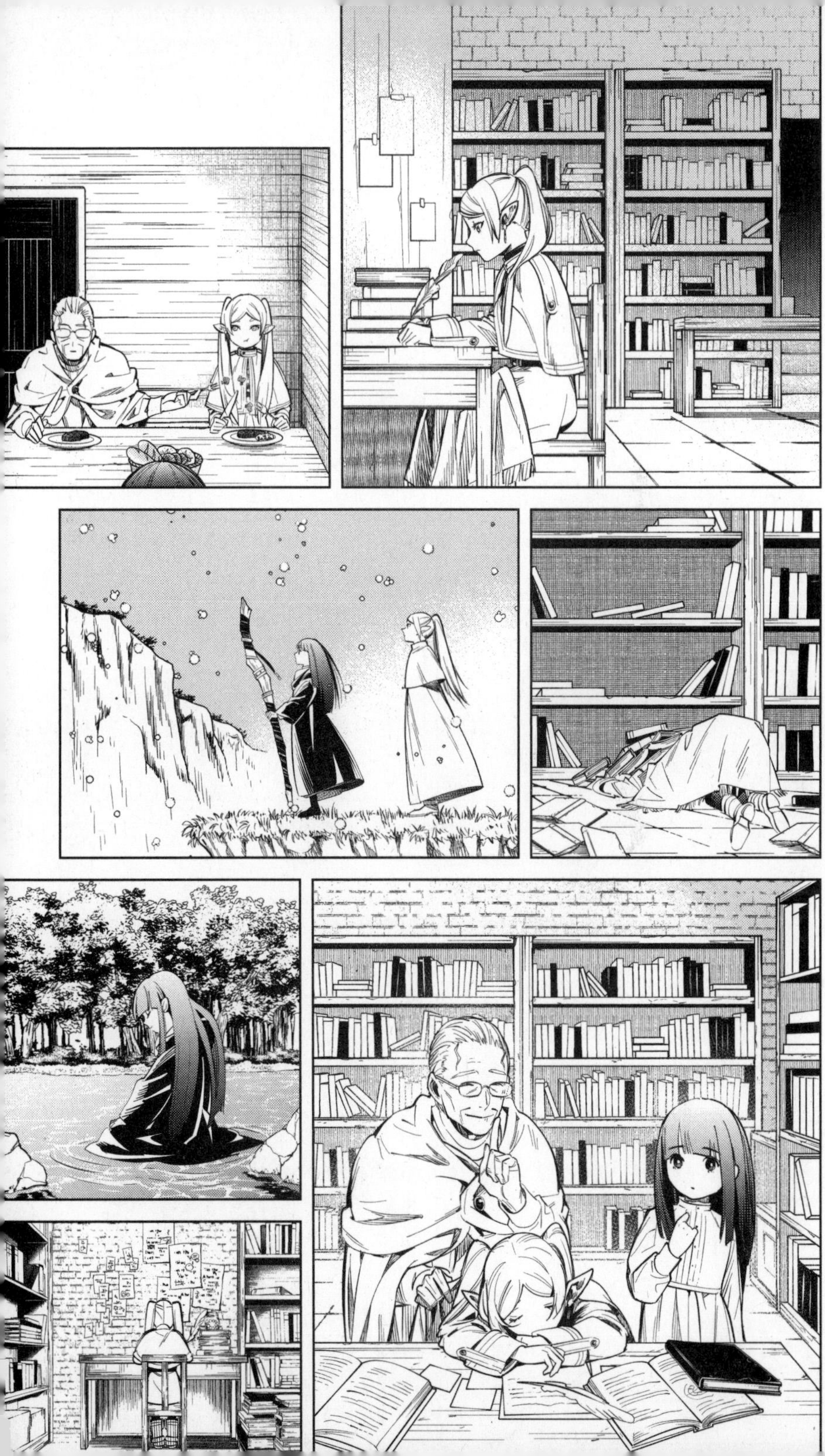

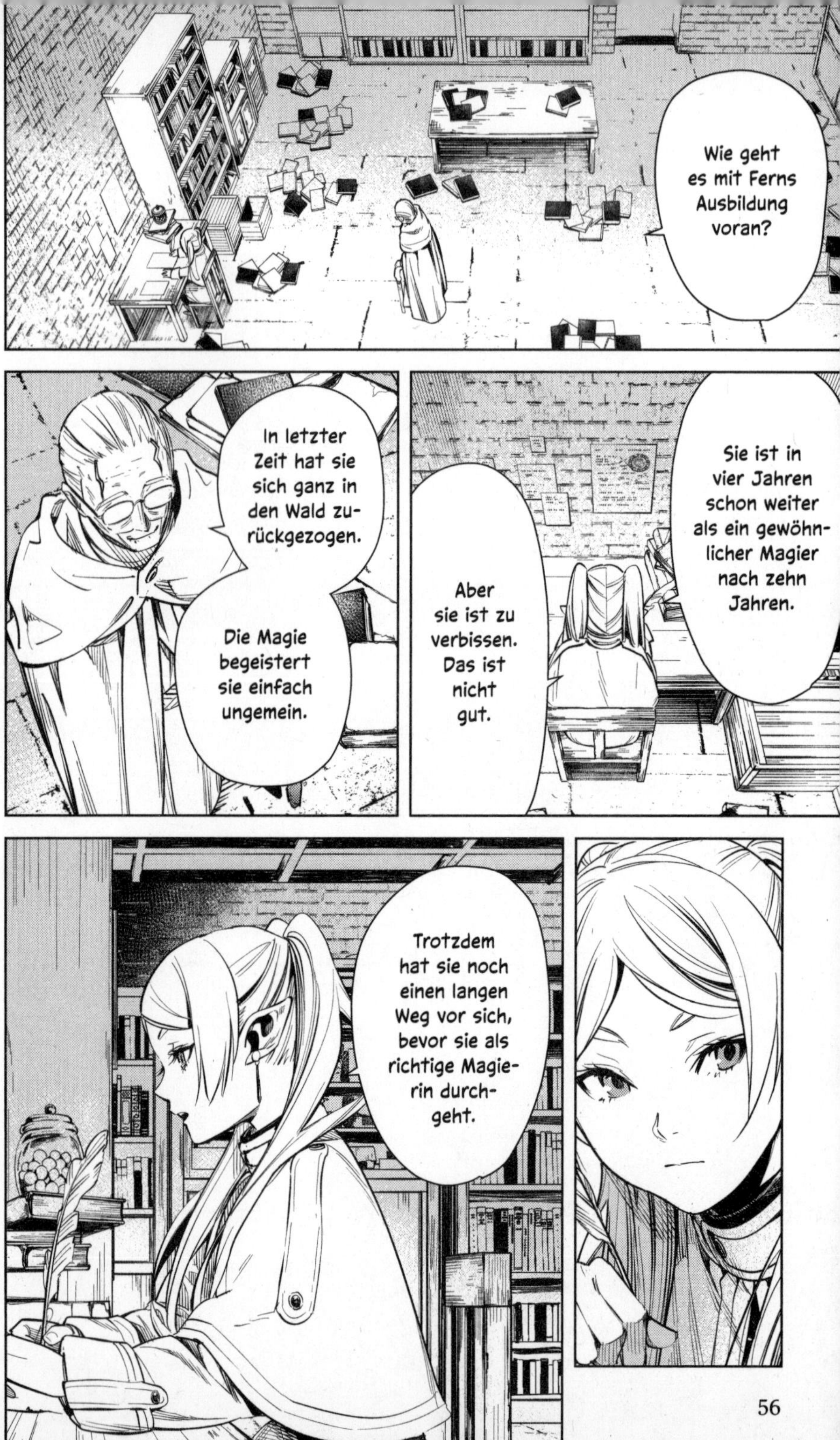
Wie geht es mit Ferns Ausbildung voran?
Sie ist in vier Jahren schon weiter als ein gewöhnlicher Magier nach zehn Jahren.
Aber sie ist zu verbissen. Das ist nicht gut.
In letzter Zeit hat sie sich ganz in den Wald zurückgezogen.
Die Magie begeistert sie einfach ungemein.
Trotzdem hat sie noch einen langen Weg vor sich, bevor sie als richtige Magierin durchgeht.

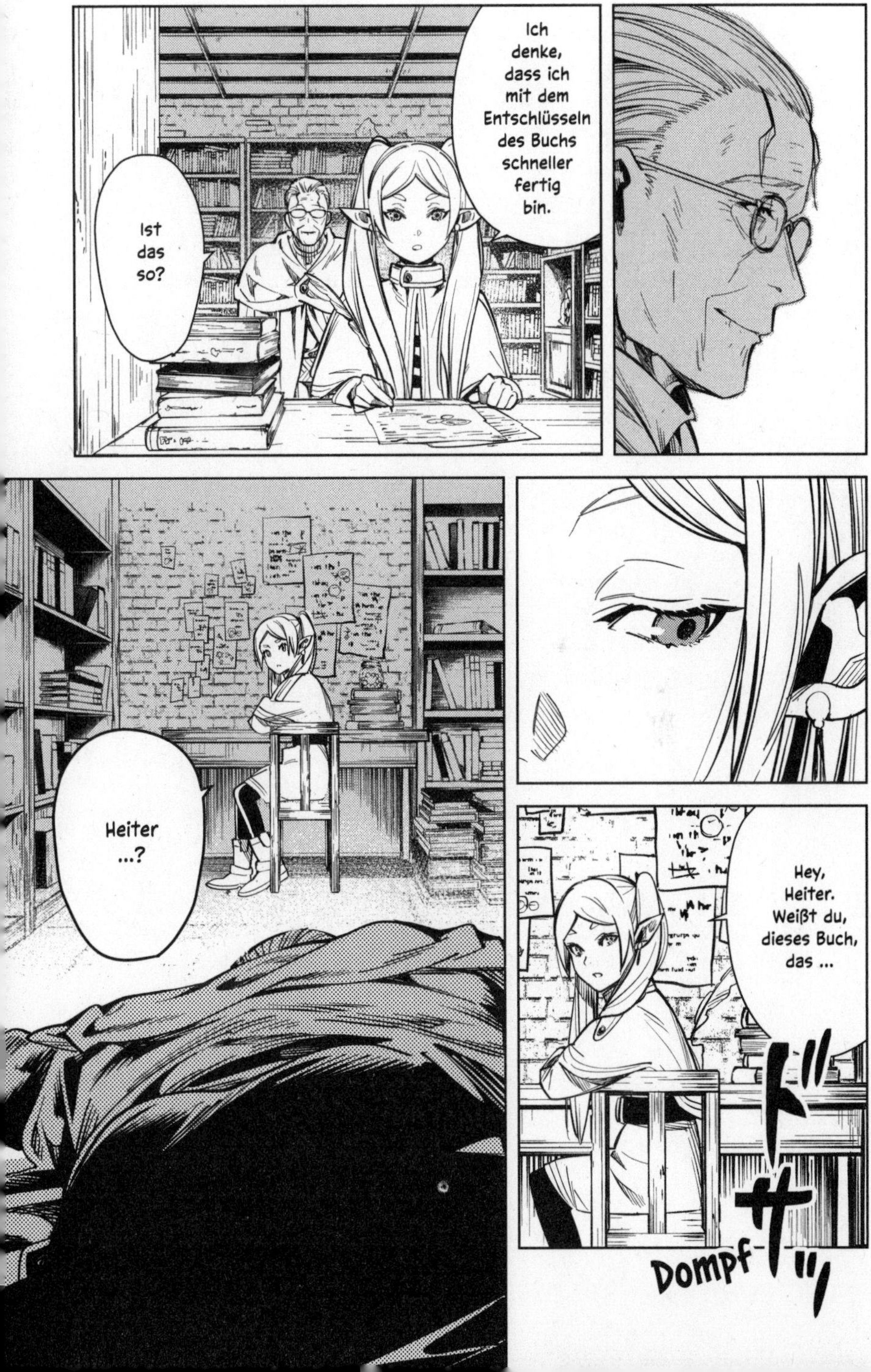
Ich denke, dass ich mit dem Entschlüsseln des Buchs schneller fertig bin.
Ist das so?
Hey, Heiter. Weißt du, dieses Buch, das ...
Dompf
Heiter ...?

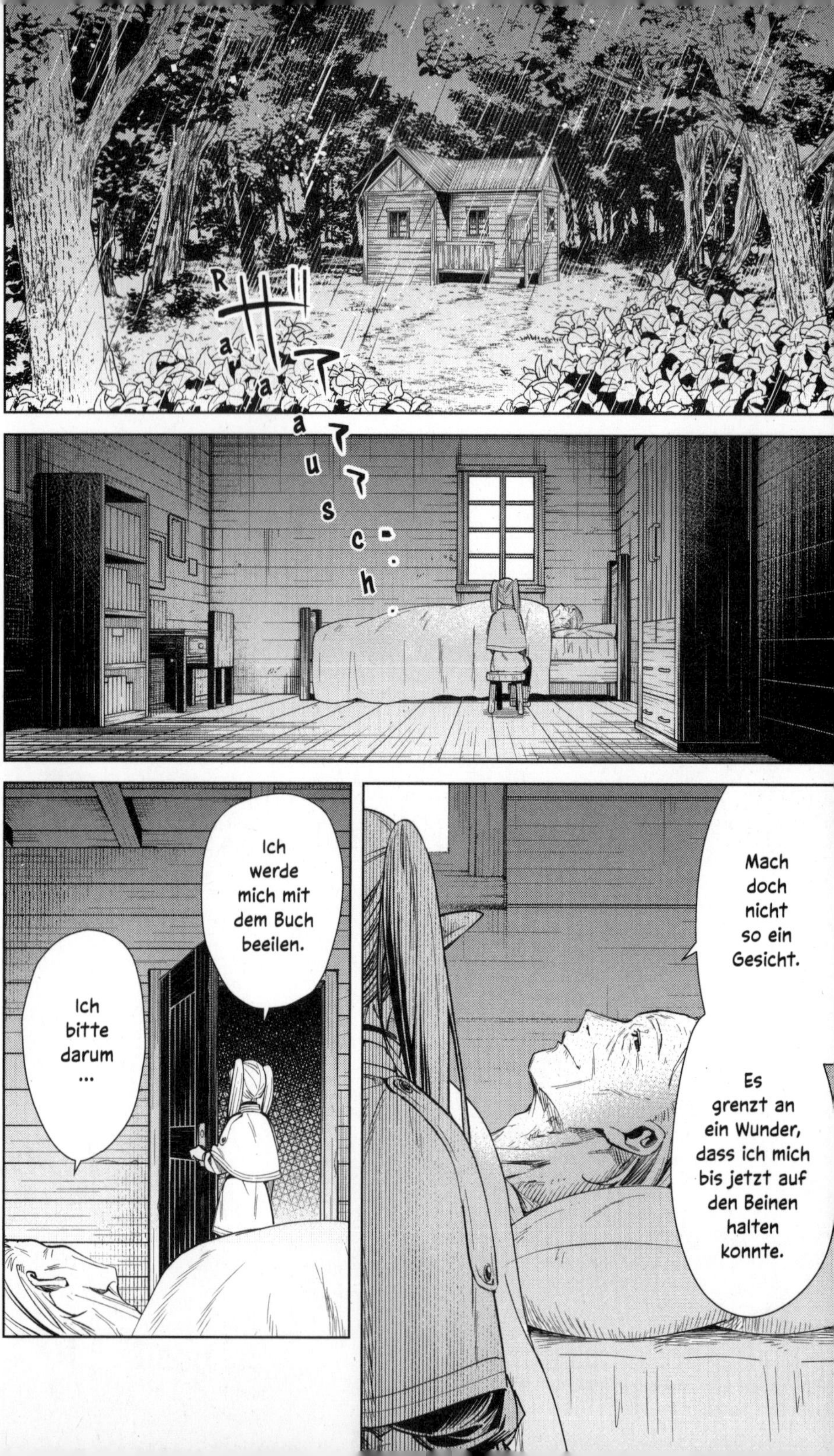
Raaausch...
Mach doch nicht so ein Gesicht.
Es grenzt an ein Wunder, dass ich mich bis jetzt auf den Beinen halten konnte.
Ich werde mich mit dem Buch beeilen.
Ich bitte darum ...

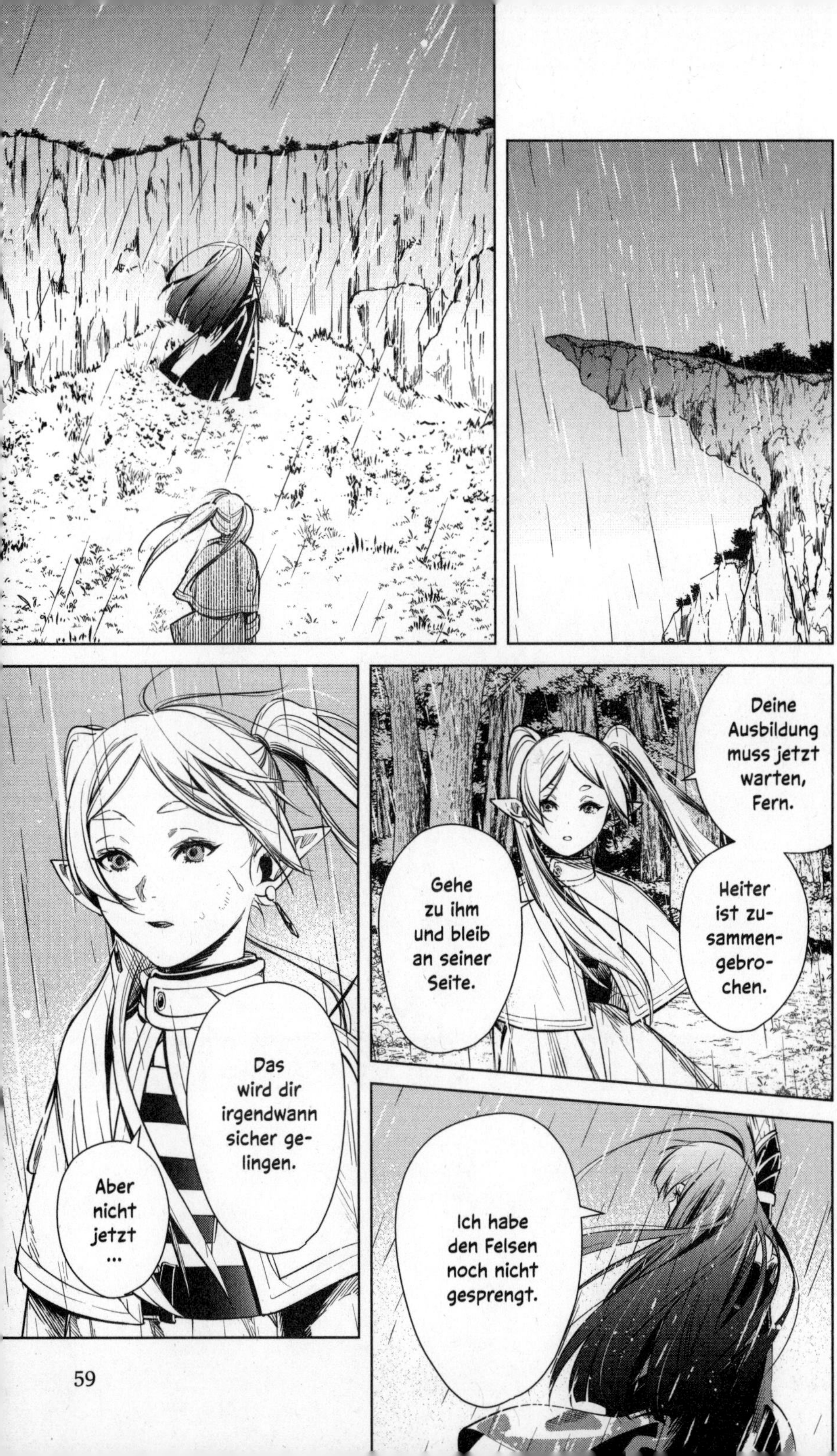
Deine Ausbildung muss jetzt warten, Fern.
Heiter ist zusammengebrochen.
Gehe zu ihm und bleib an seiner Seite.
Ich habe den Felsen noch nicht gesprengt.
Das wird dir irgendwann sicher gelingen.
Aber nicht jetzt ...

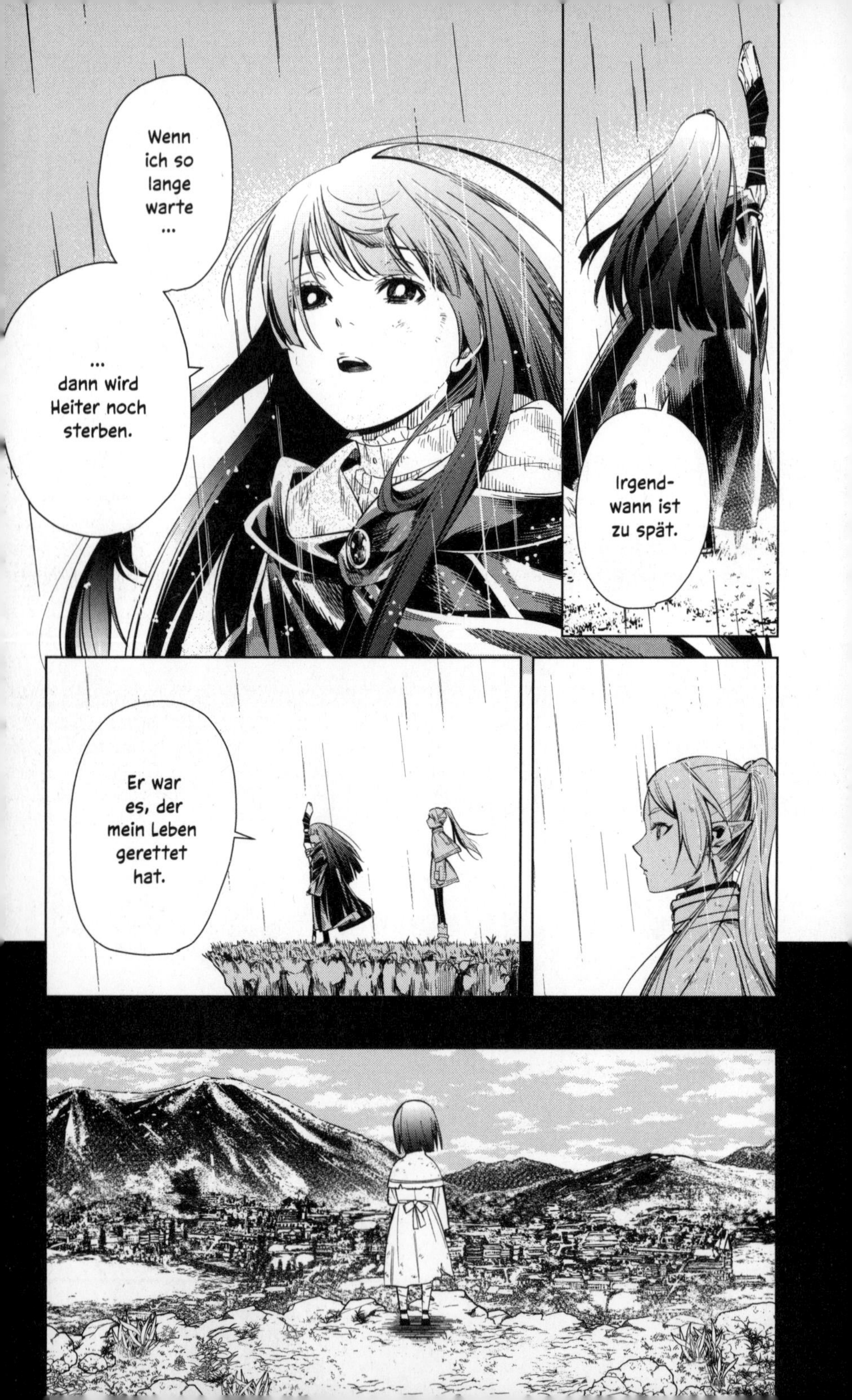

Irgend-wann ist zu spät.
Wenn ich so lange warte ...
... dann wird Heiter noch sterben.
Er war es, der mein Leben gerettet hat.

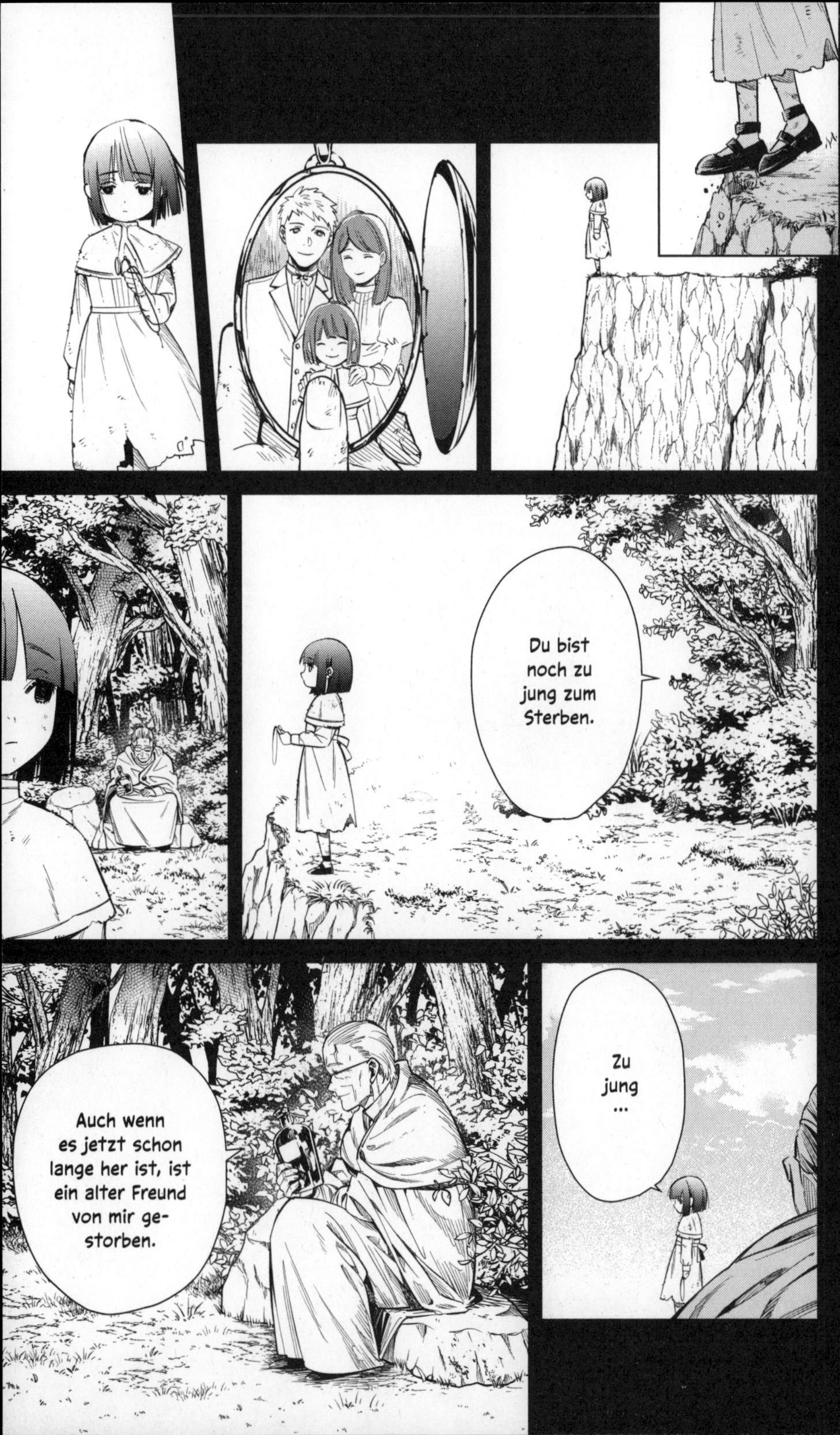
Du bist noch zu jung zum Sterben.
Zu jung ...
Auch wenn es jetzt schon lange her ist, ist ein alter Freund von mir gestorben.

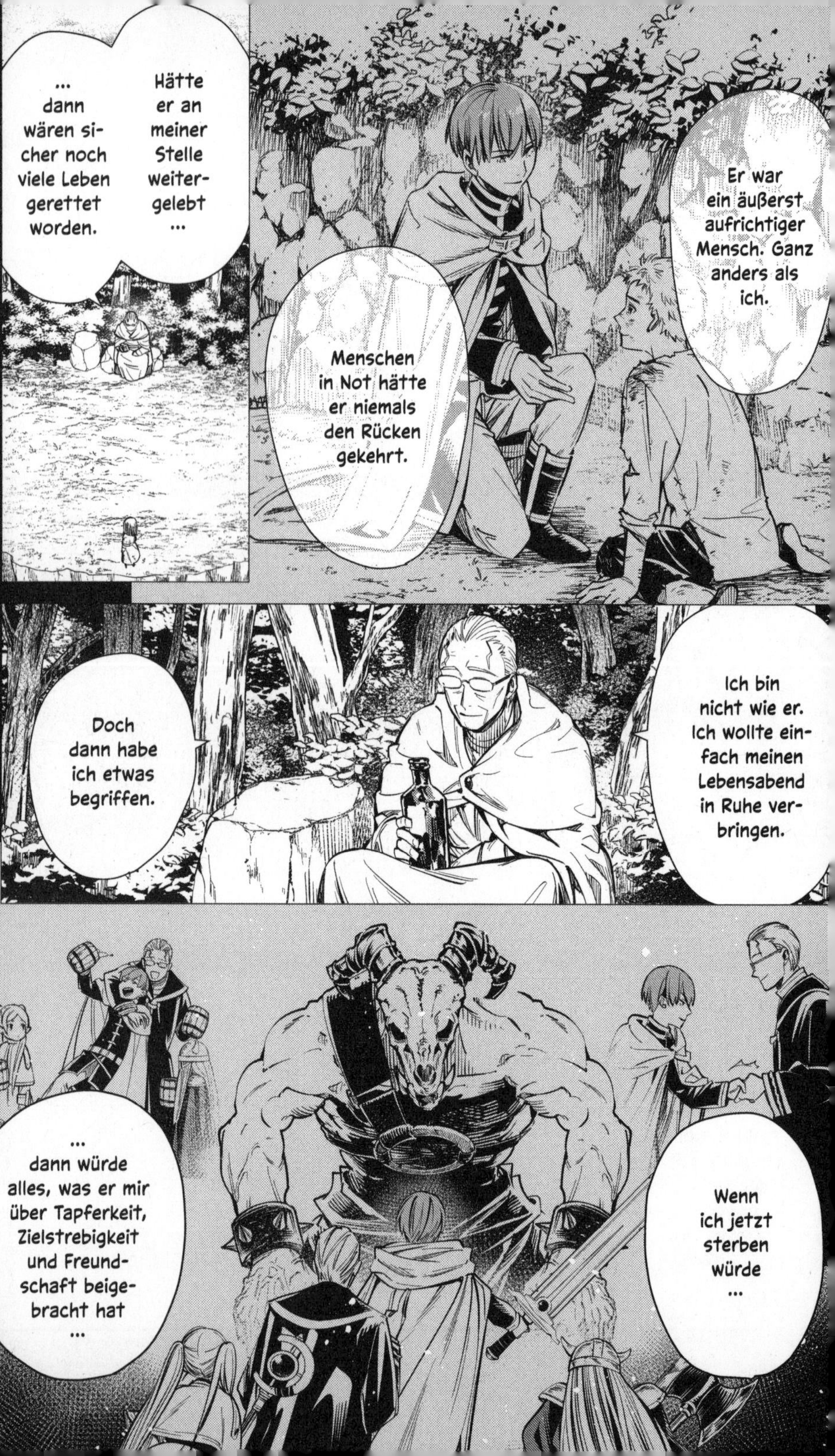
Er war ein äußerst aufrichtiger Mensch. Ganz anders als ich.
Menschen in Not hätte er niemals den Rücken gekehrt.
Hätte er an meiner Stelle weitergelebt ...
... dann wären sicher noch viele Leben gerettet worden.
Ich bin nicht wie er. Ich wollte einfach meinen Lebensabend in Ruhe verbringen.
Doch dann habe ich etwas begriffen.
Wenn ich jetzt sterben würde ...
... dann würde alles, was er mir über Tapferkeit, Zielstrebigkeit und Freundschaft beigebracht hat ...

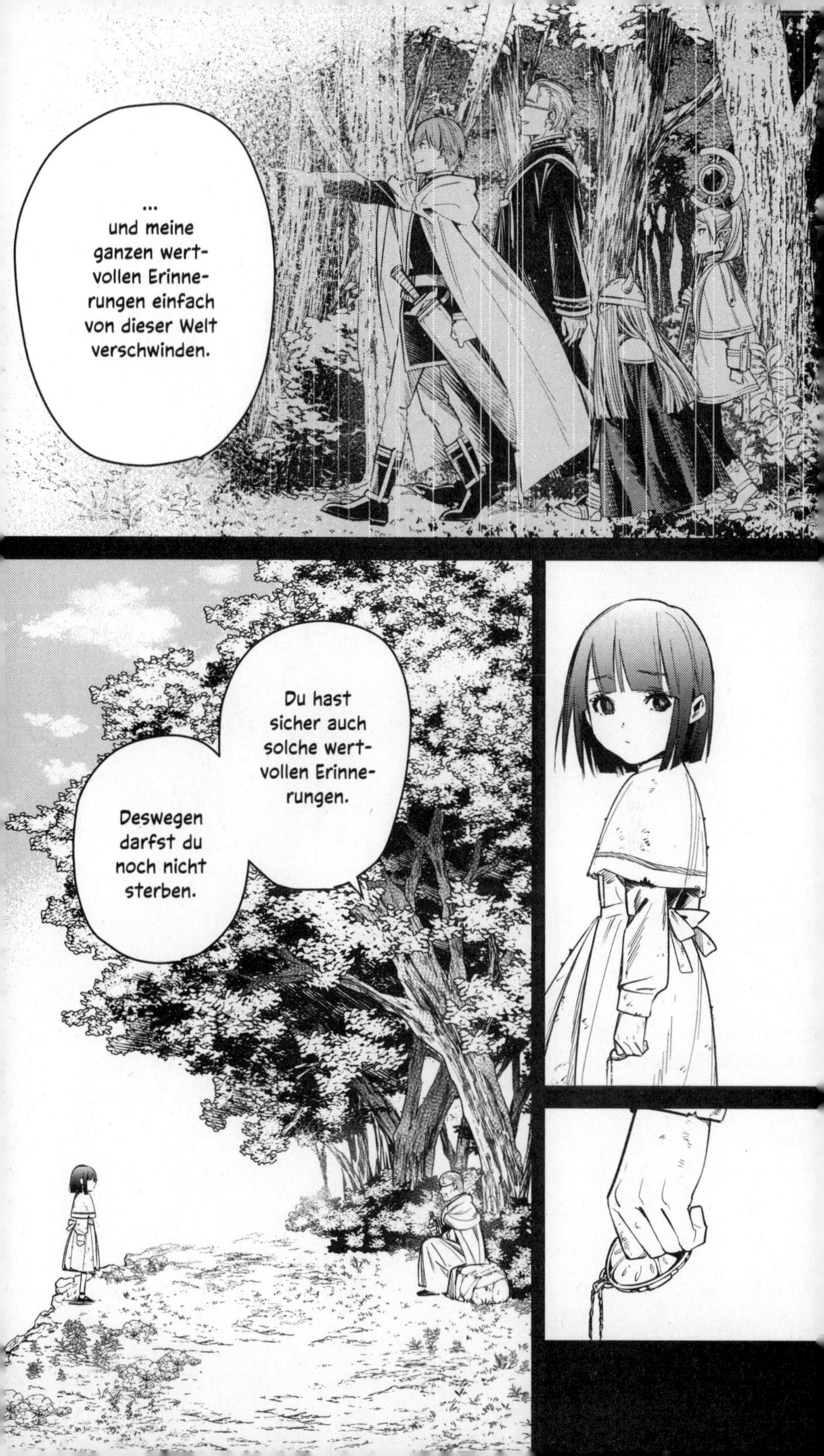
... und meine ganzen wertvollen Erinnerungen einfach von dieser Welt verschwinden.
Du hast sicher auch solche wertvollen Erinnerungen.
Deswegen darfst du noch nicht sterben.

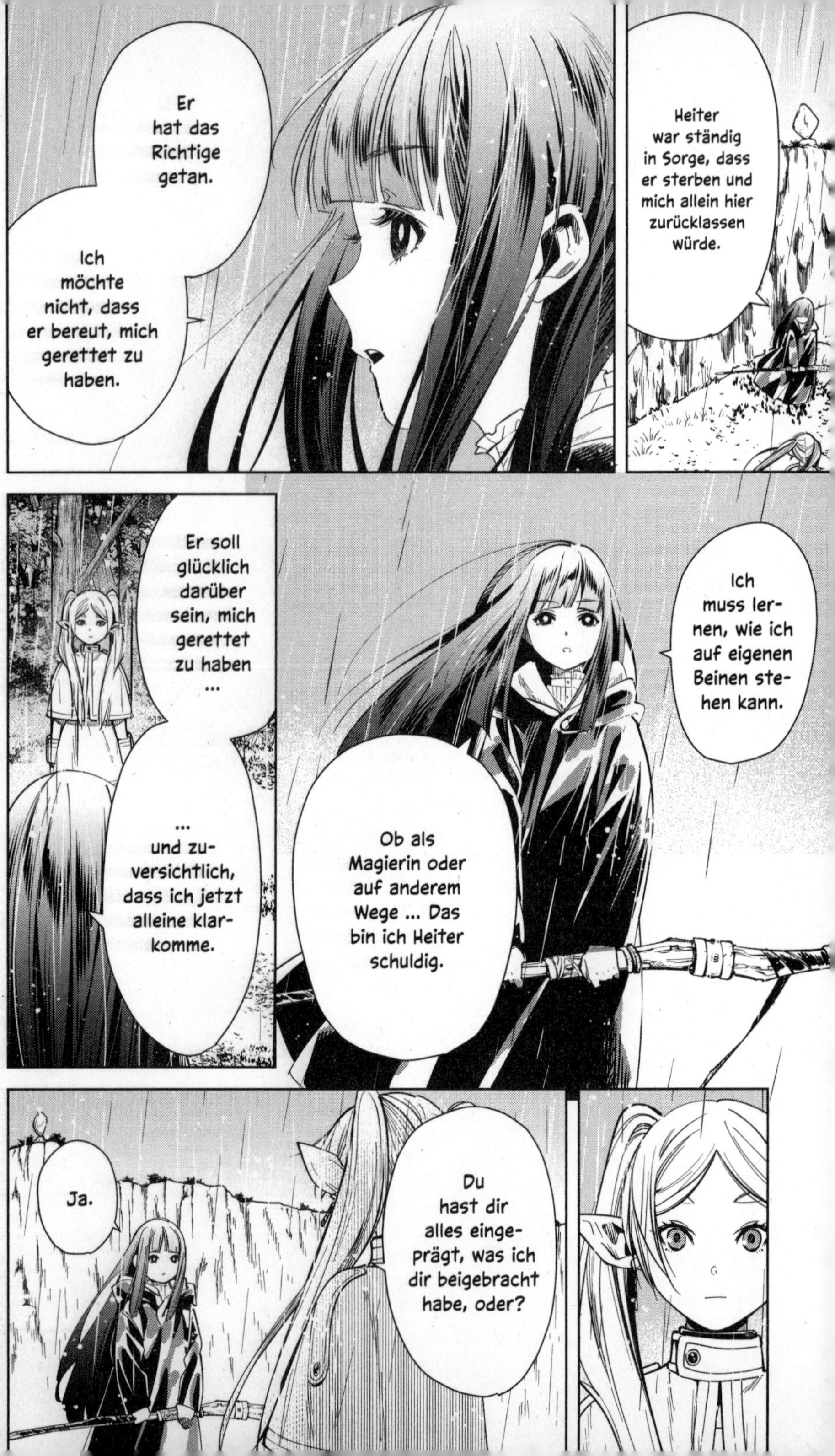
Heiter war ständig in Sorge, dass er sterben und mich allein hier zurücklassen würde.
Er hat das Richtige getan.
Ich möchte nicht, dass er bereut, mich gerettet zu haben.
Ich muss lernen, wie ich auf eigenen Beinen stehen kann.
Ob als Magierin oder auf anderem Wege ... Das bin ich Heiter schuldig.
Er soll glücklich darüber sein, mich gerettet zu haben ...
... und zuversichtlich, dass ich jetzt alleine klarkomme.
Du hast dir alles eingeprägt, was ich dir beigebracht habe, oder?
Ja.

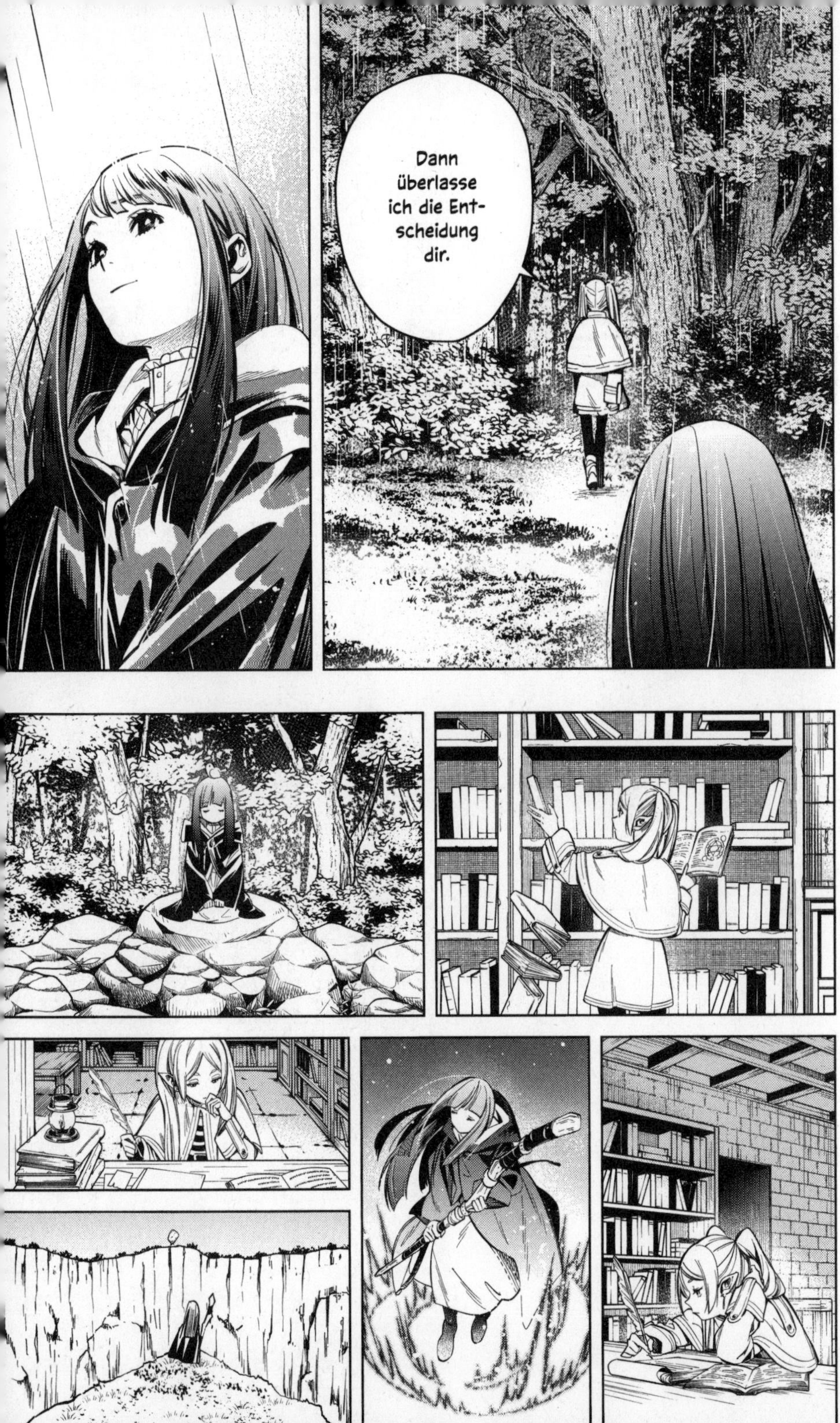
Dann überlasse ich die Entscheidung dir.

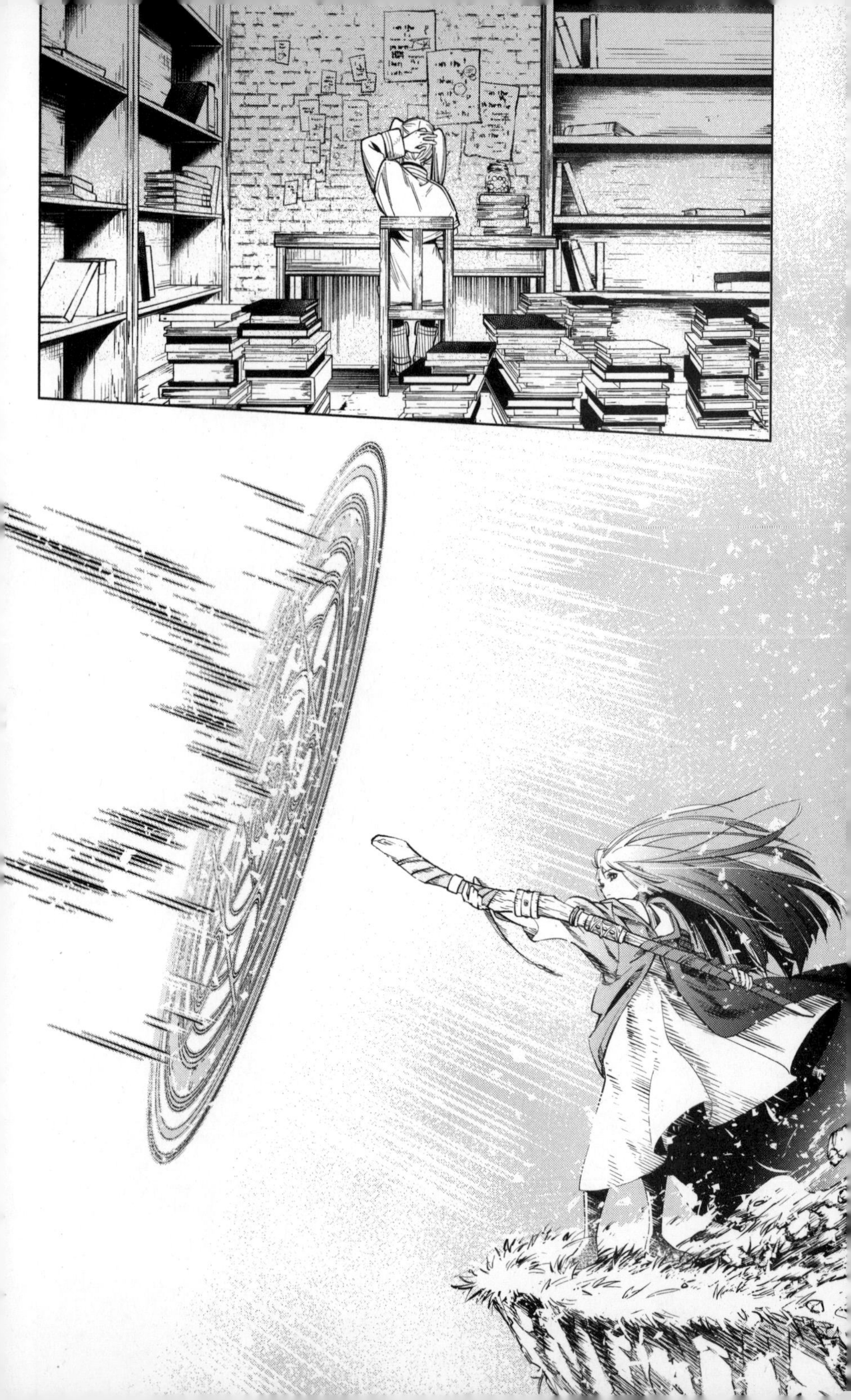

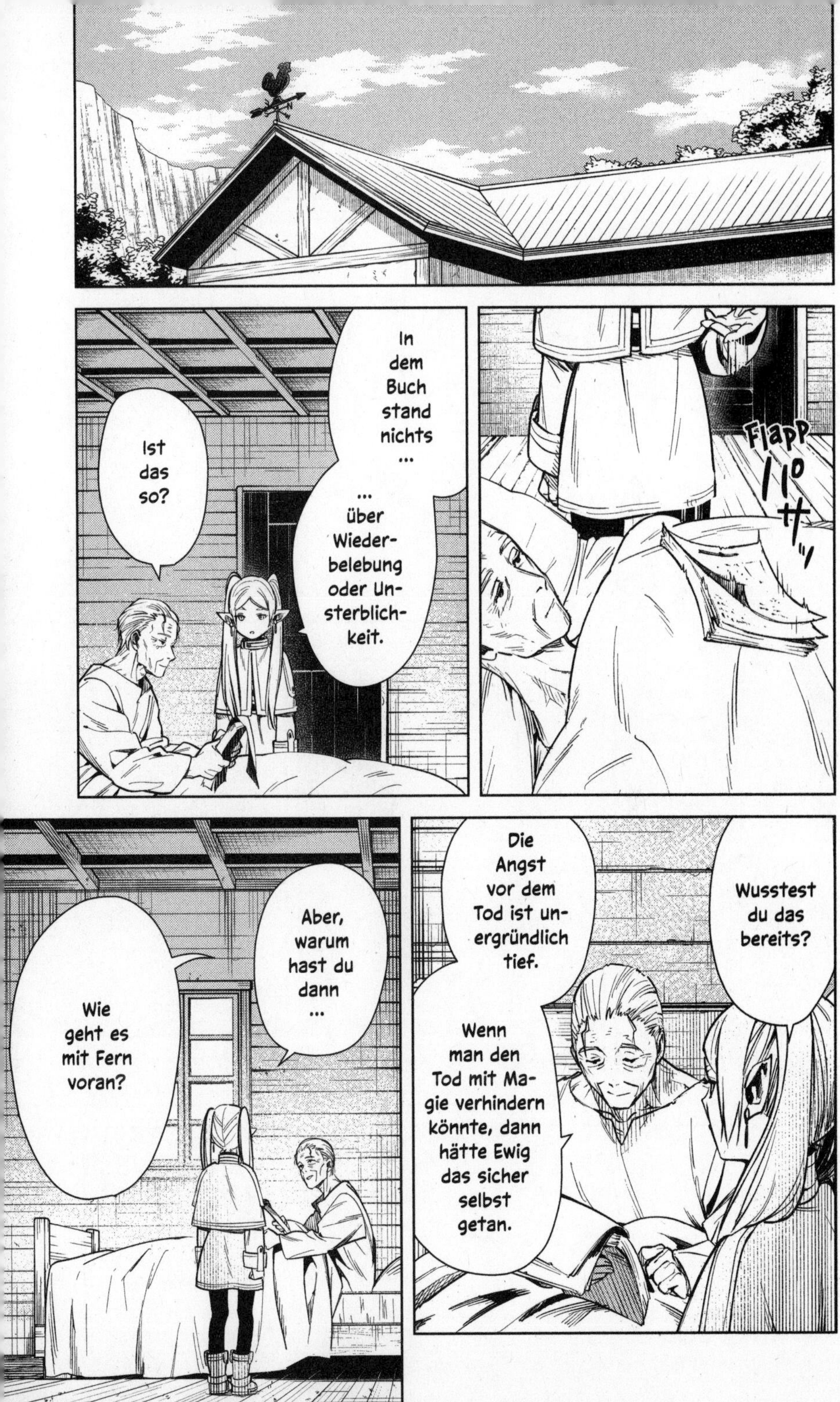
Flapp
In dem Buch stand nichts ...
... über Wiederbelebung oder Unsterblichkeit.
Ist das so?
Wusstest du das bereits?
Die Angst vor dem Tod ist unergründlich tief.
Wenn man den Tod mit Magie verhindern könnte, dann hätte Ewig das sicher selbst getan.
Aber, warum hast du dann ...
Wie geht es mit Fern voran?

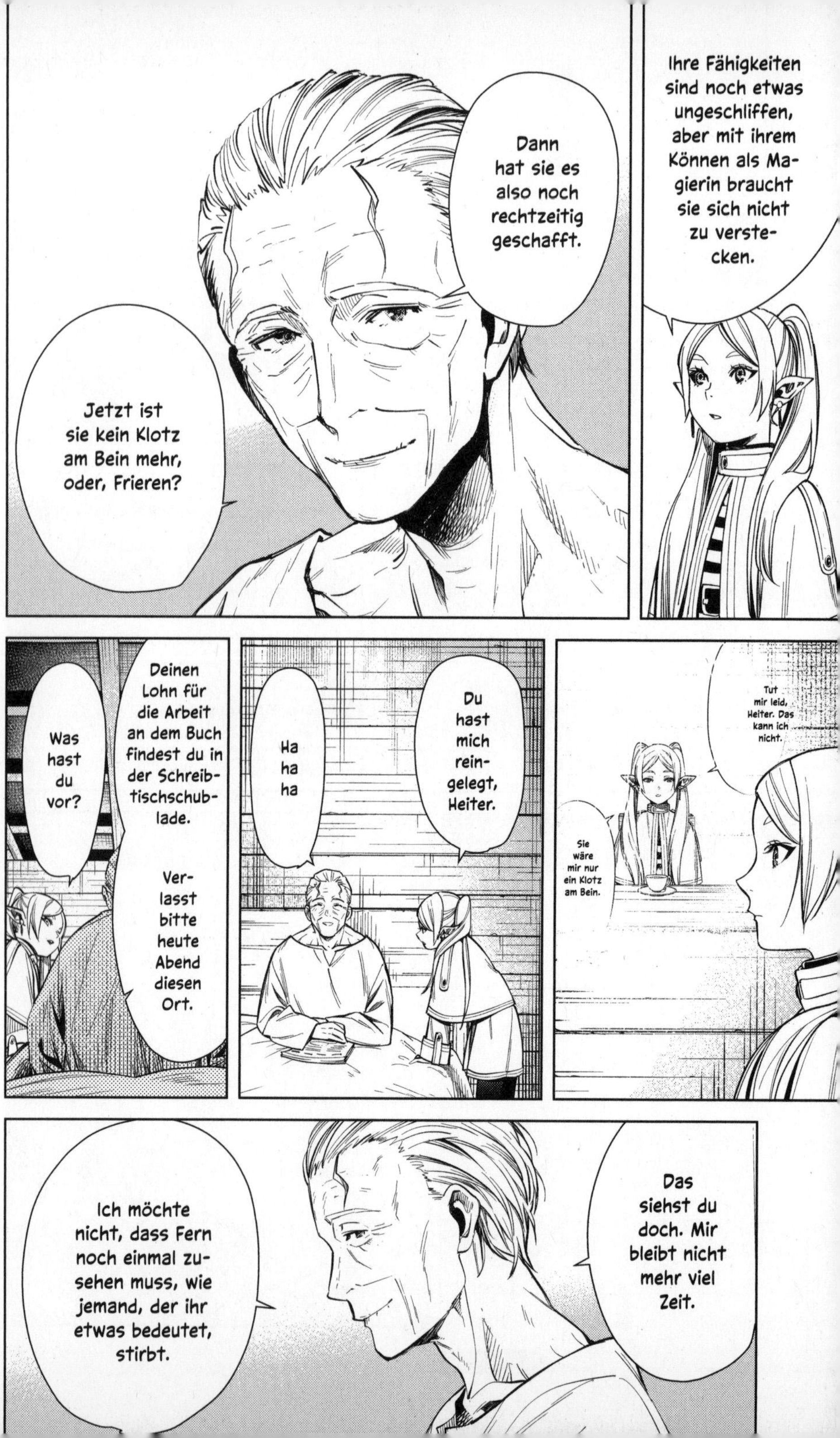
Ihre Fähigkeiten sind noch etwas ungeschliffen, aber mit ihrem Können als Magierin braucht sie sich nicht zu verstecken.
Dann hat sie es also noch rechtzeitig geschafft.
Jetzt ist sie kein Klotz am Bein mehr, oder, Frieren?
Tut mir leid, Heiter. Das kann ich nicht.
Sie wäre mir nur ein Klotz am Bein.
Du hast mich reingelegt, Heiter.
Ha ha ha
Deinen Lohn für die Arbeit an dem Buch findest du in der Schreibtischschublade.
Verlasst bitte heute Abend diesen Ort.
Was hast du vor?
Das siehst du doch. Mir bleibt nicht mehr viel Zeit.
Ich möchte nicht, dass Fern noch einmal zusehen muss, wie jemand, der ihr etwas bedeutet, stirbt.

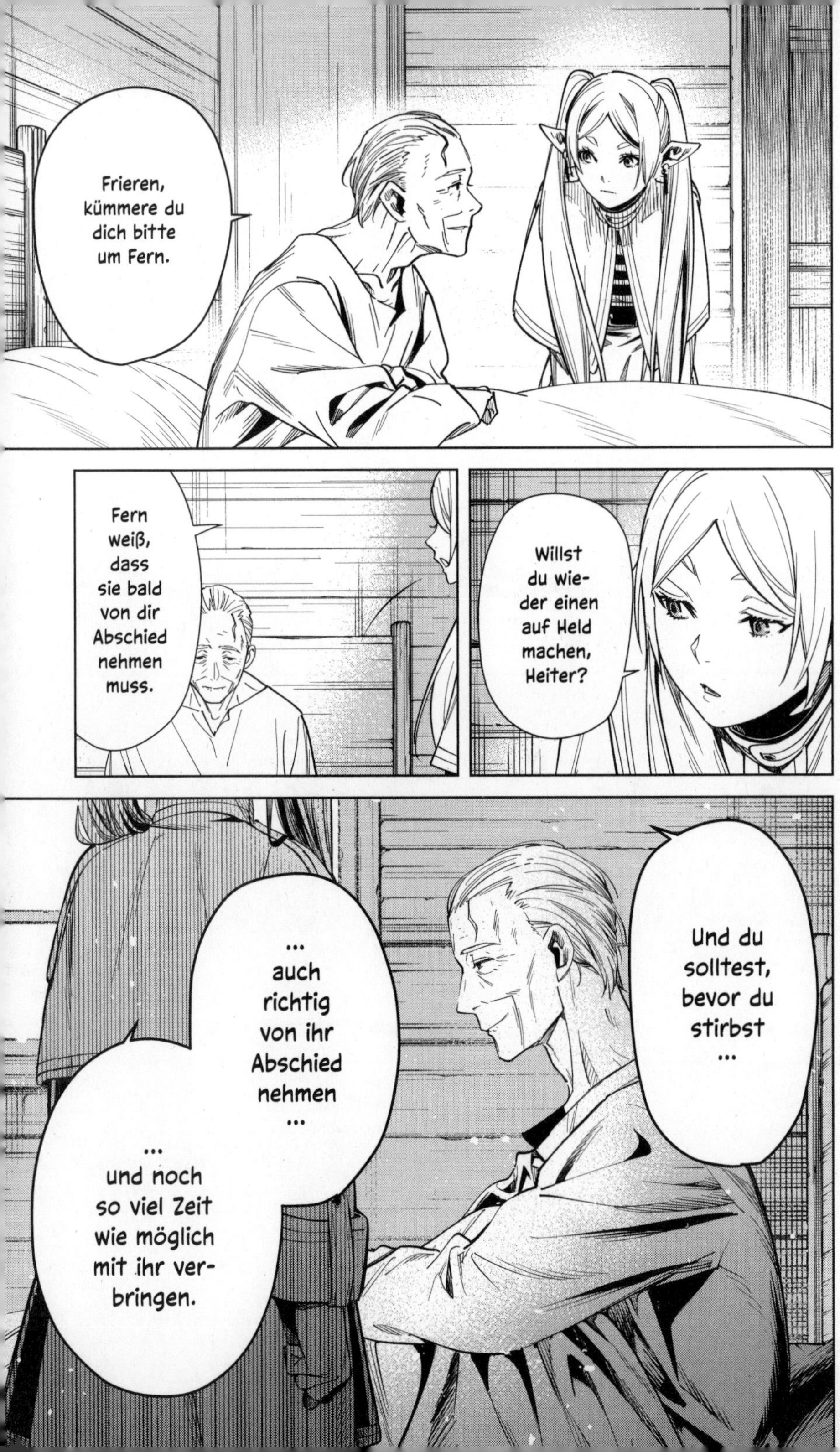
Frieren, kümmere du dich bitte um Fern.
Fern weiß, dass sie bald von dir Abschied nehmen muss.
Willst du wieder einen auf Held machen, Heiter?
Und du solltest, bevor du stirbst ...
... auch richtig von ihr Abschied nehmen ...
... und noch so viel Zeit wie möglich mit ihr verbringen.

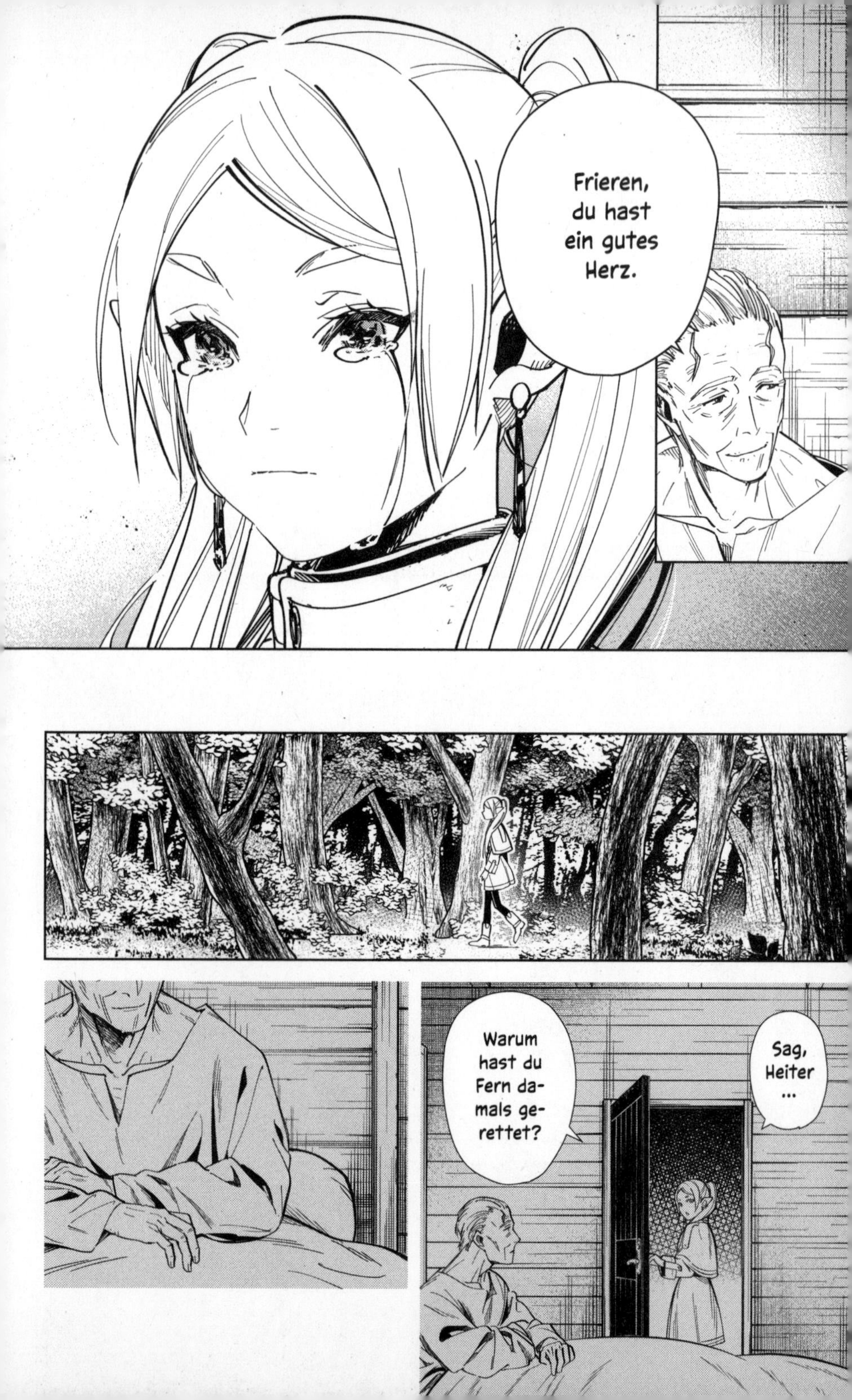
Frieren, du hast ein gutes Herz.
Sag, Heiter ...
Warum hast du Fern damals gerettet?

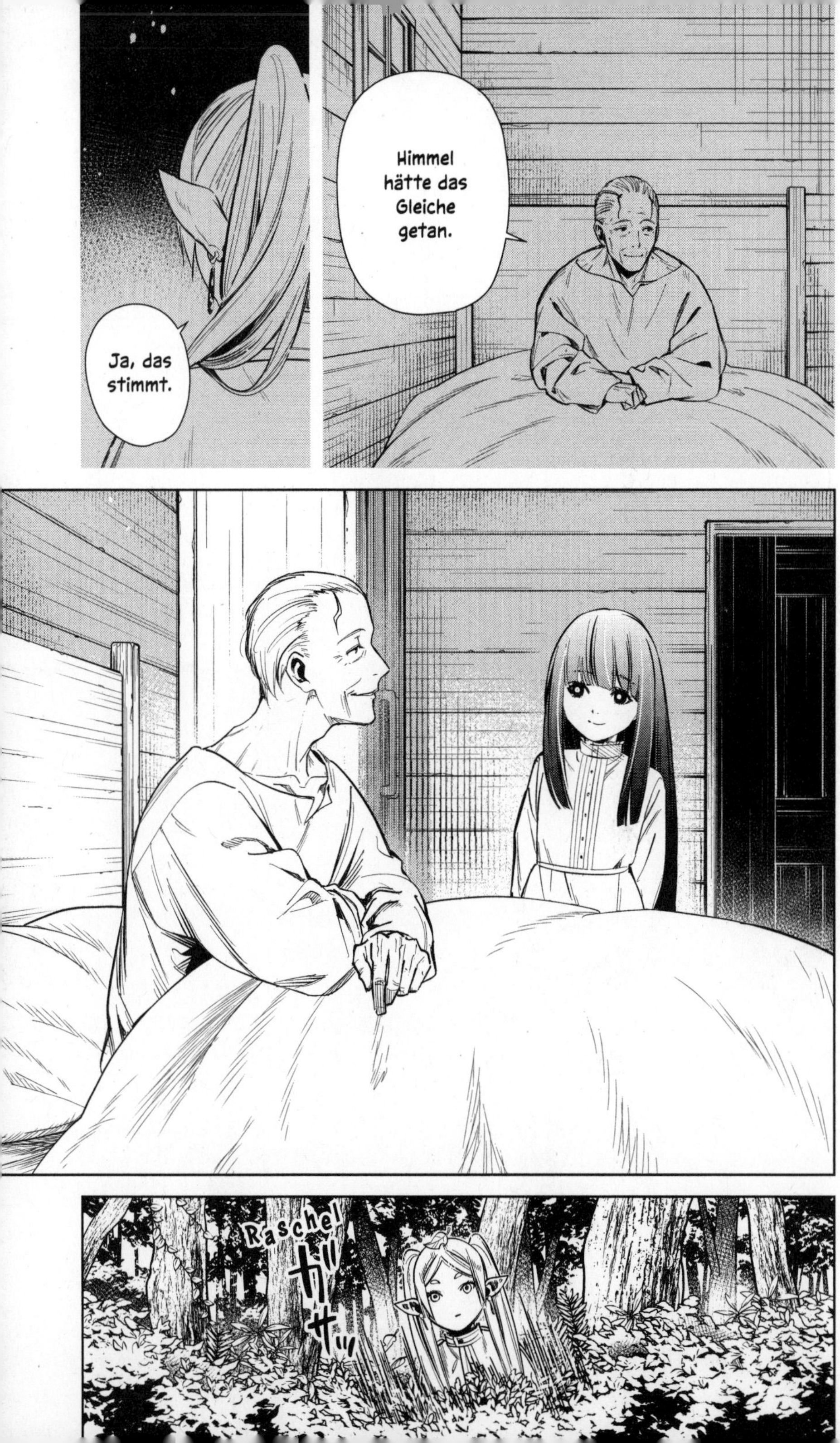
Himmel hätte das Gleiche getan.
Ja, das stimmt.
Raschel
ガサッ

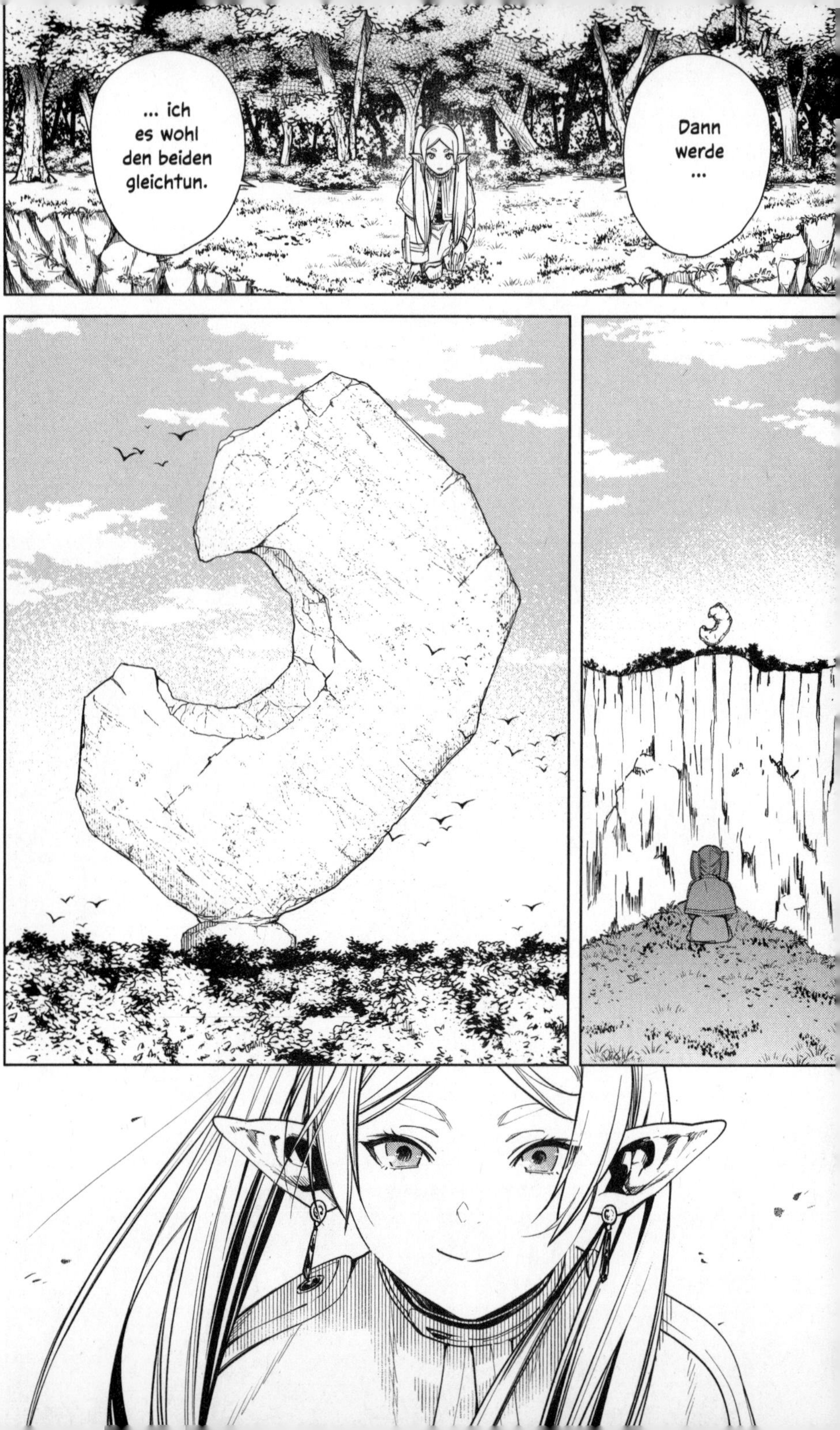
Dann werde ...
... ich es wohl den beiden gleichtun.

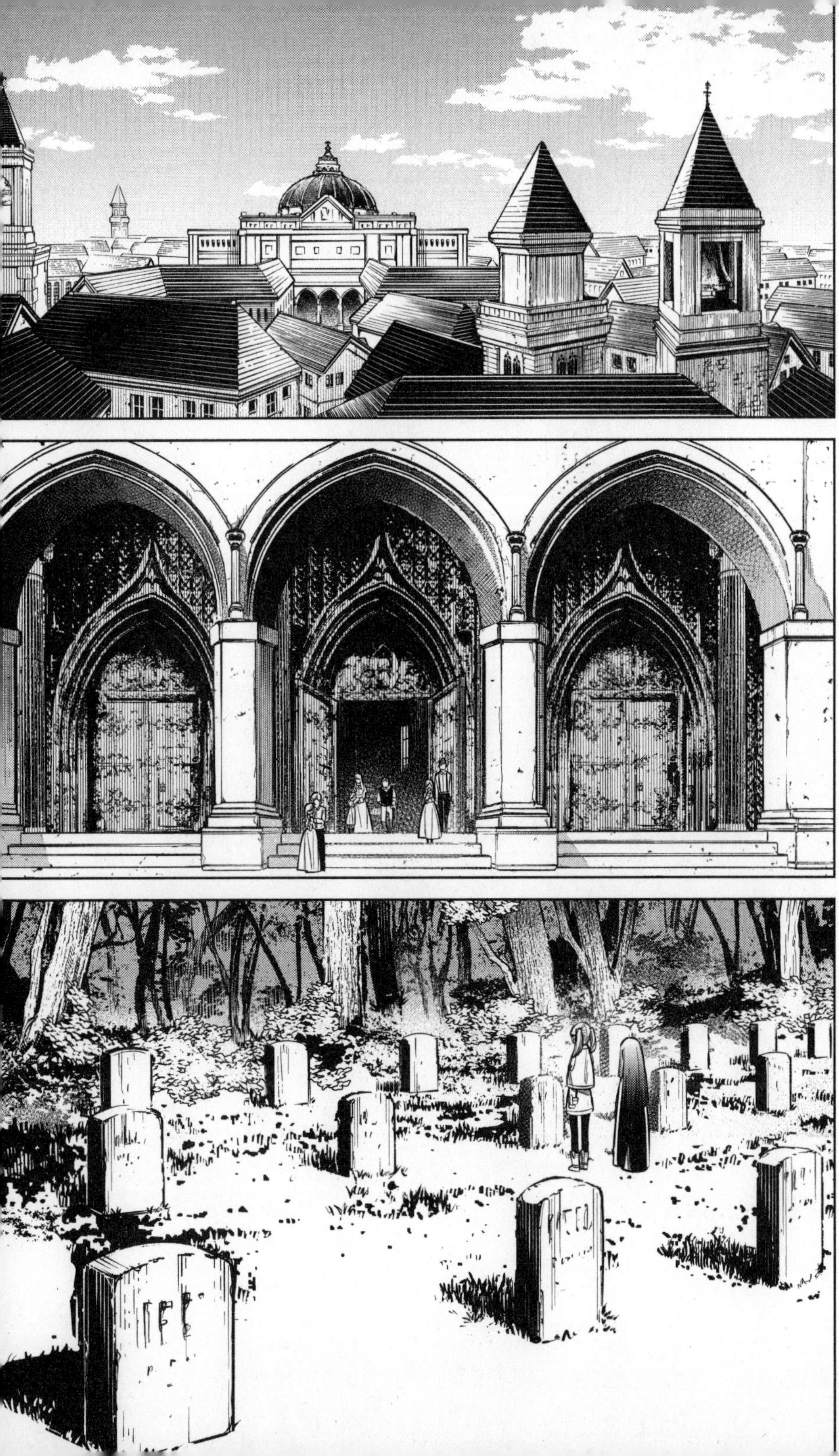

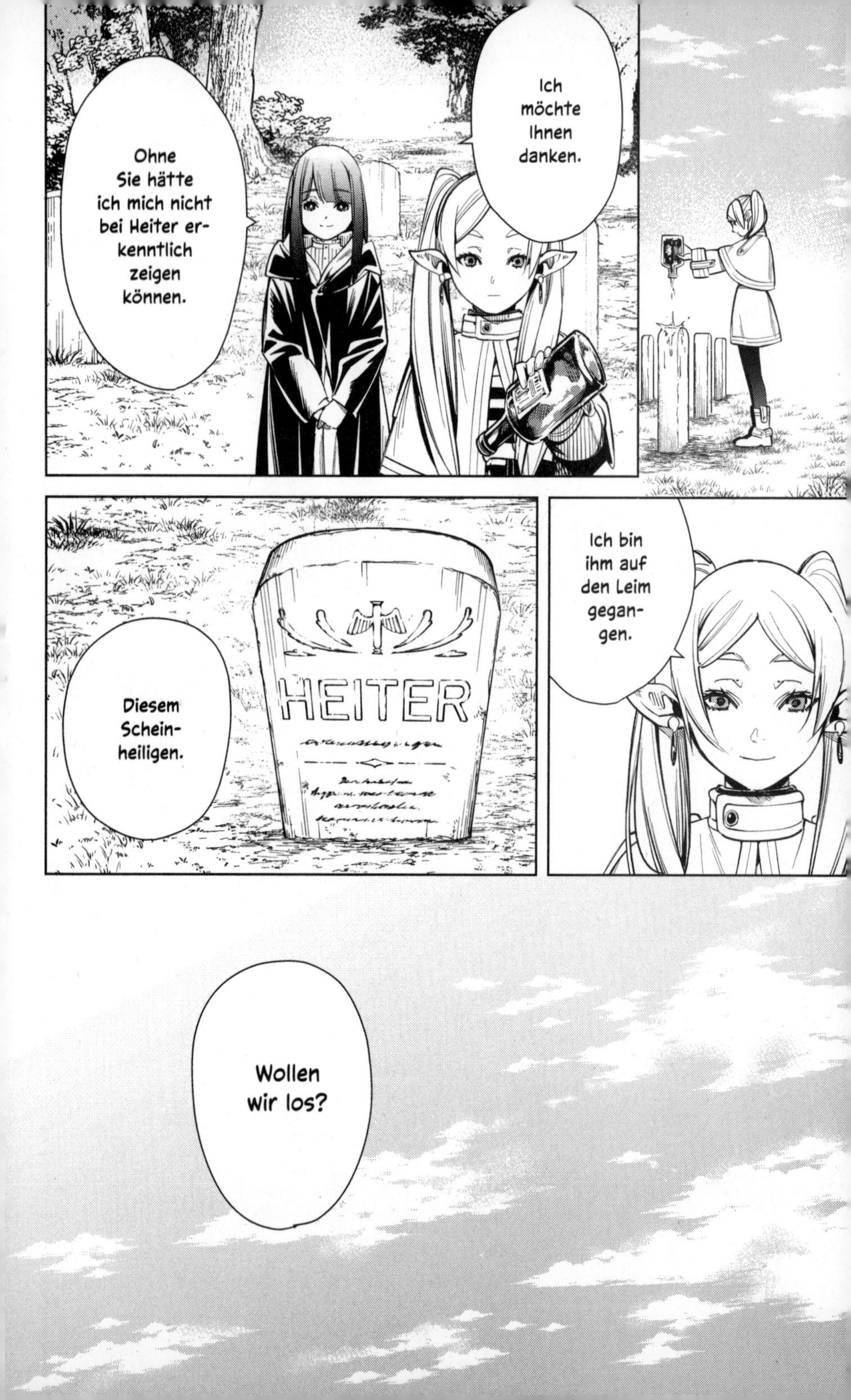
Ich möchte Ihnen danken.
Ohne Sie hätte ich mich nicht bei Heiter erkenntlich zeigen können.
Ich bin ihm auf den Leim gegangen.
HEITER
Diesem Scheinheiligen.
Wollen wir los?

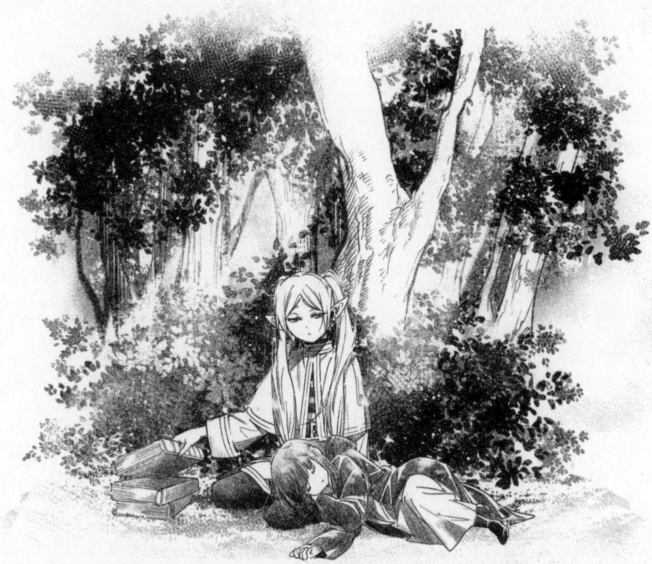

FRIEREN

NACH DEM ENDE DER REISE

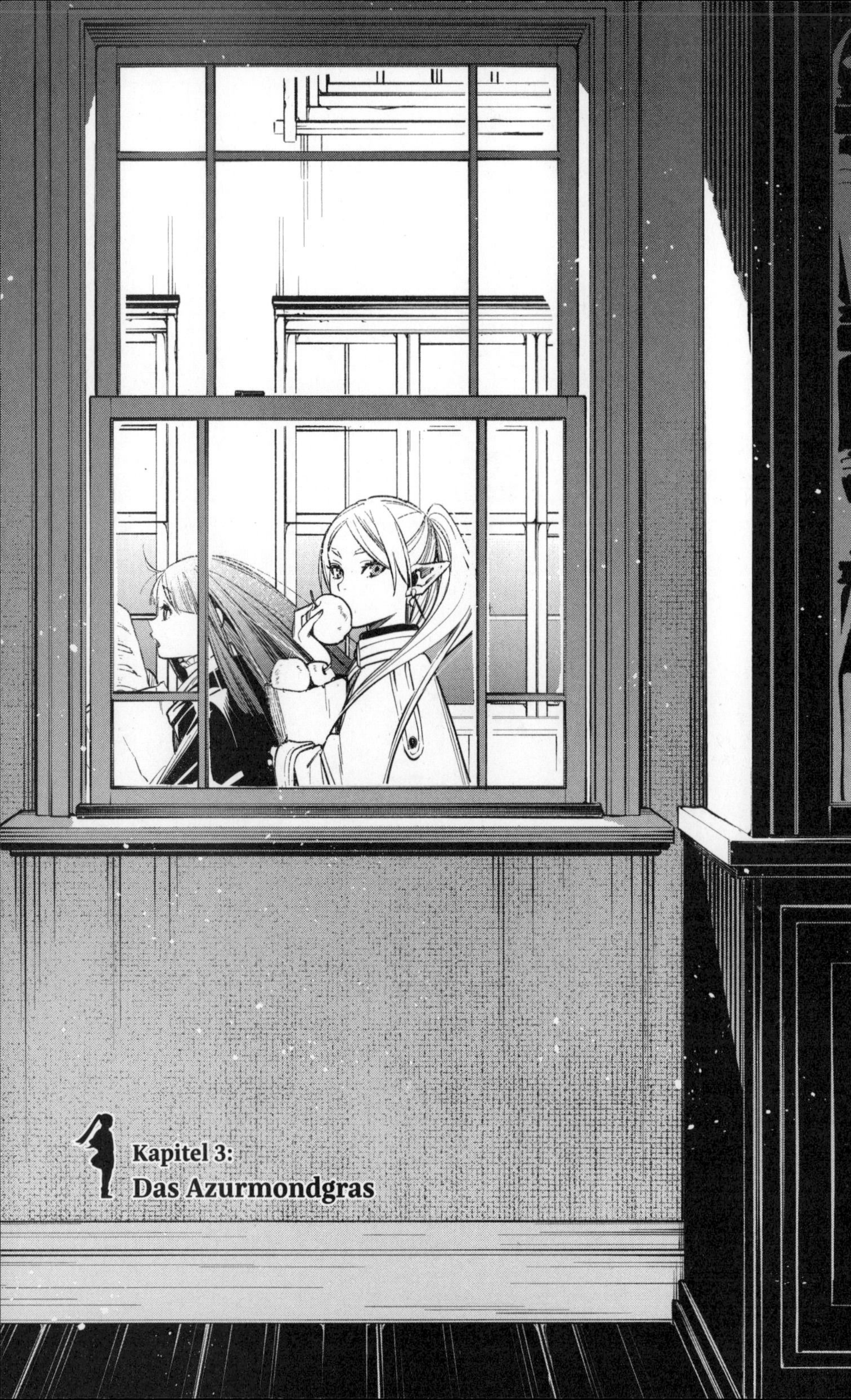
Kapitel 3:
Das Azurmondgras

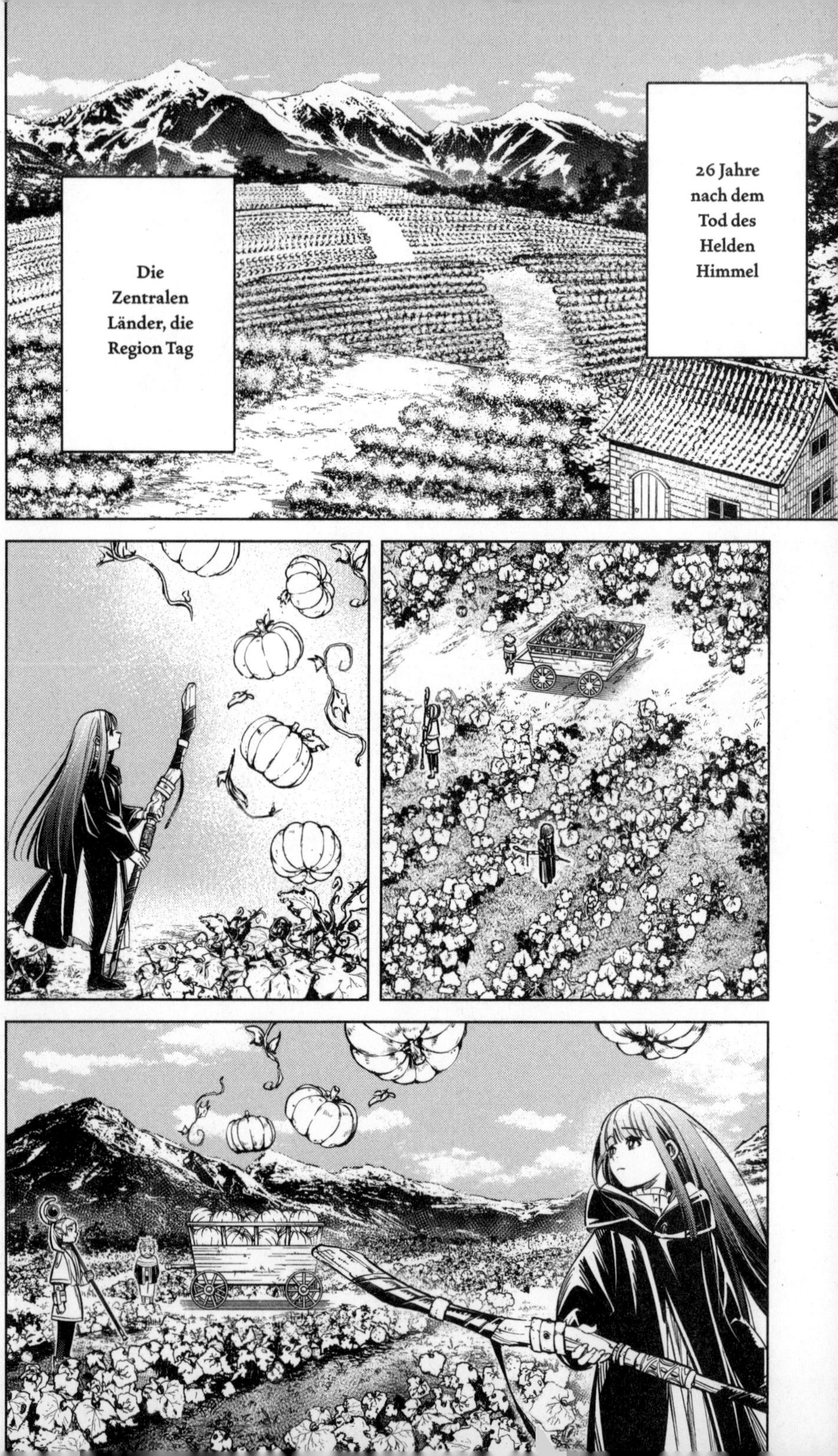
26 Jahre nach dem Tod des Helden Himmel
Die Zentralen Länder, die Region Tag

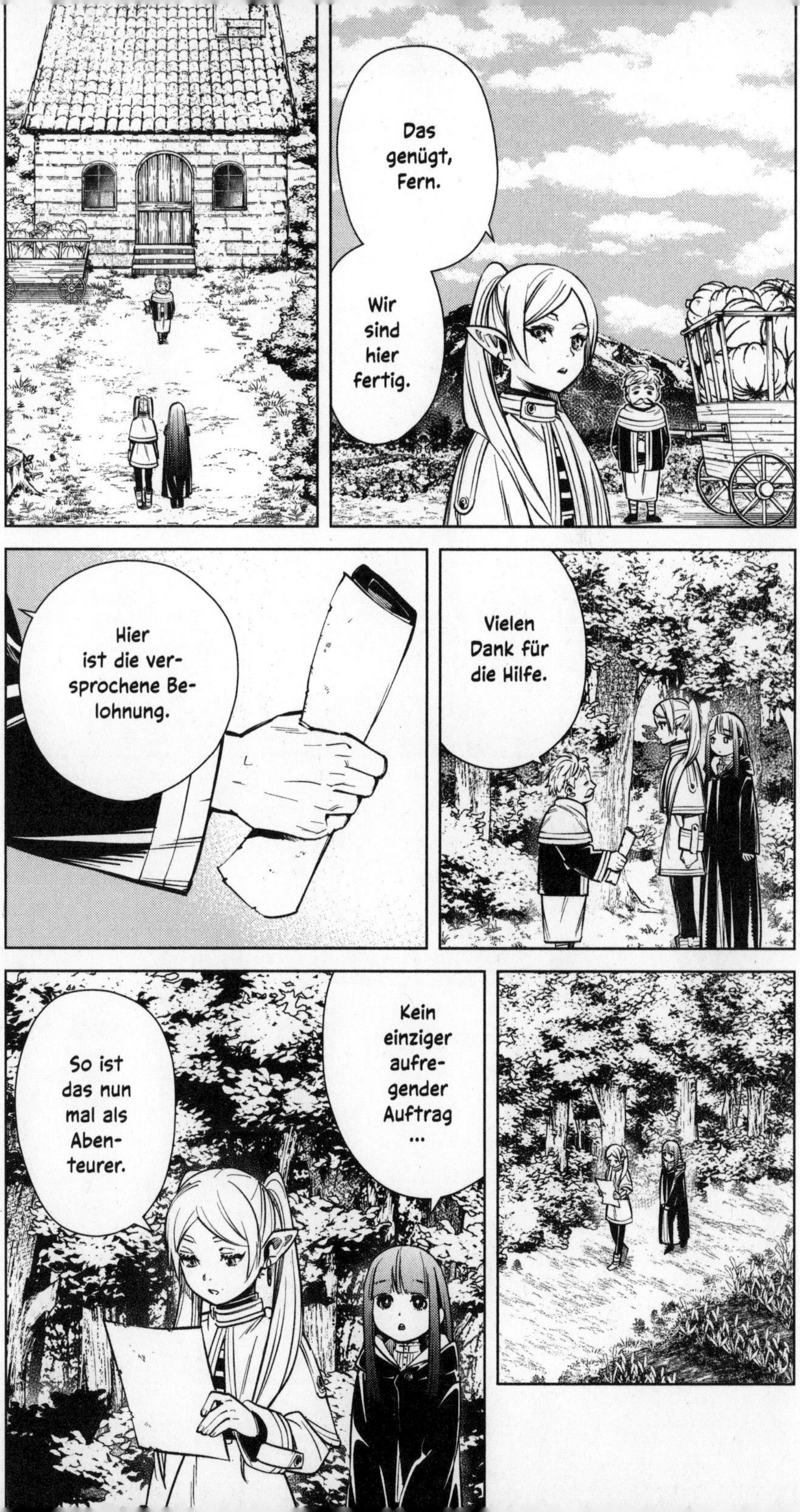
Das genügt, Fern.
Wir sind hier fertig.
Vielen Dank für die Hilfe.
Hier ist die versprochene Belohnung.
Kein einziger aufregender Auftrag ...
So ist das nun mal als Abenteurer.

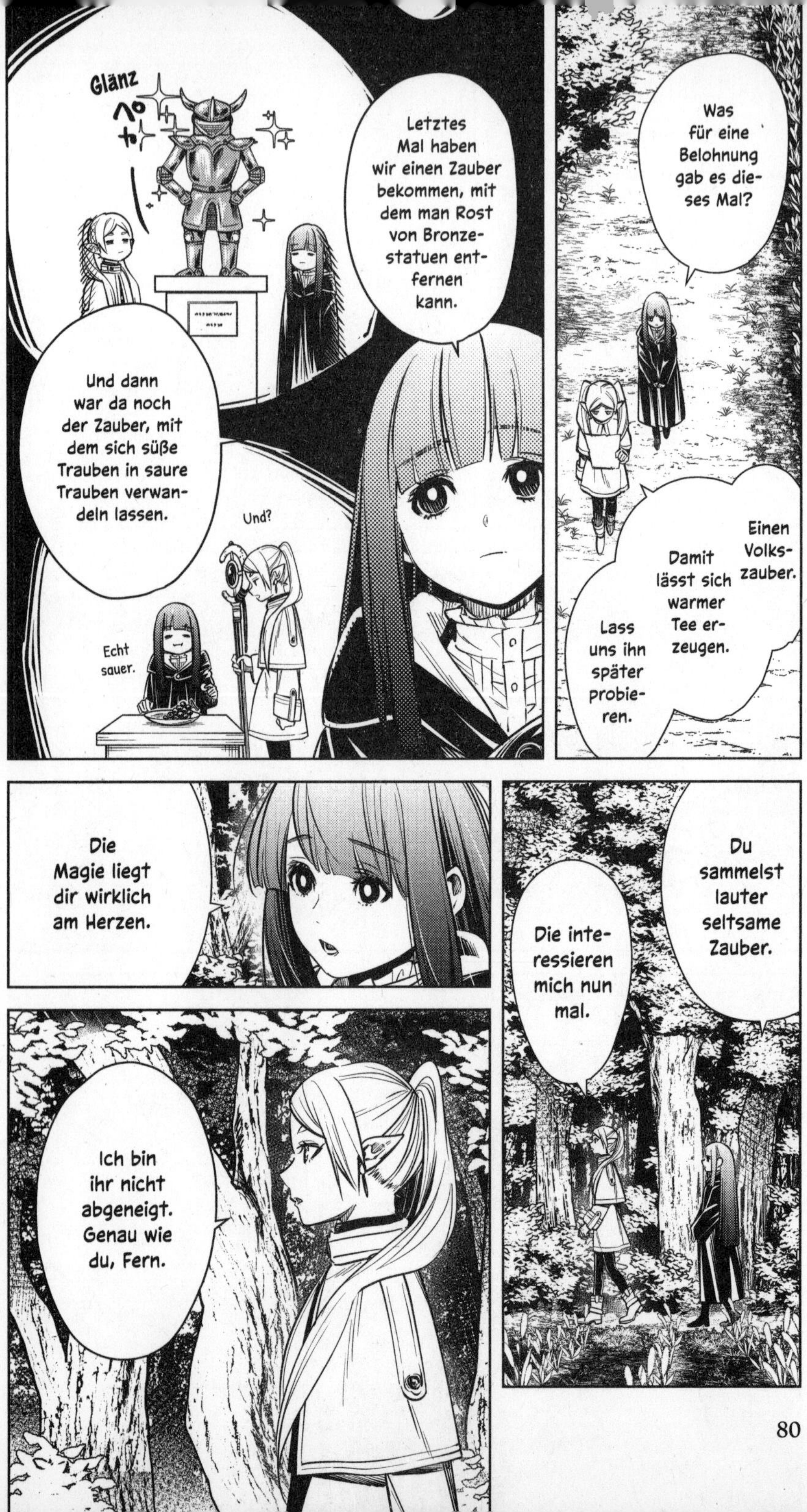
Was für eine Belohnung gab es dieses Mal?
Einen Volkszauber.
Damit lässt sich warmer Tee erzeugen.
Lass uns ihn später probieren.
Letztes Mal haben wir einen Zauber bekommen, mit dem man Rost von Bronzestatuen entfernen kann.
Glänz
Und dann war da noch der Zauber, mit dem sich süße Trauben in saure Trauben verwandeln lassen.
Und?
Echt sauer.
Du sammelst lauter seltsame Zauber.
Die interessieren mich nun mal.
Die Magie liegt dir wirklich am Herzen.
Ich bin ihr nicht abgeneigt. Genau wie du, Fern.

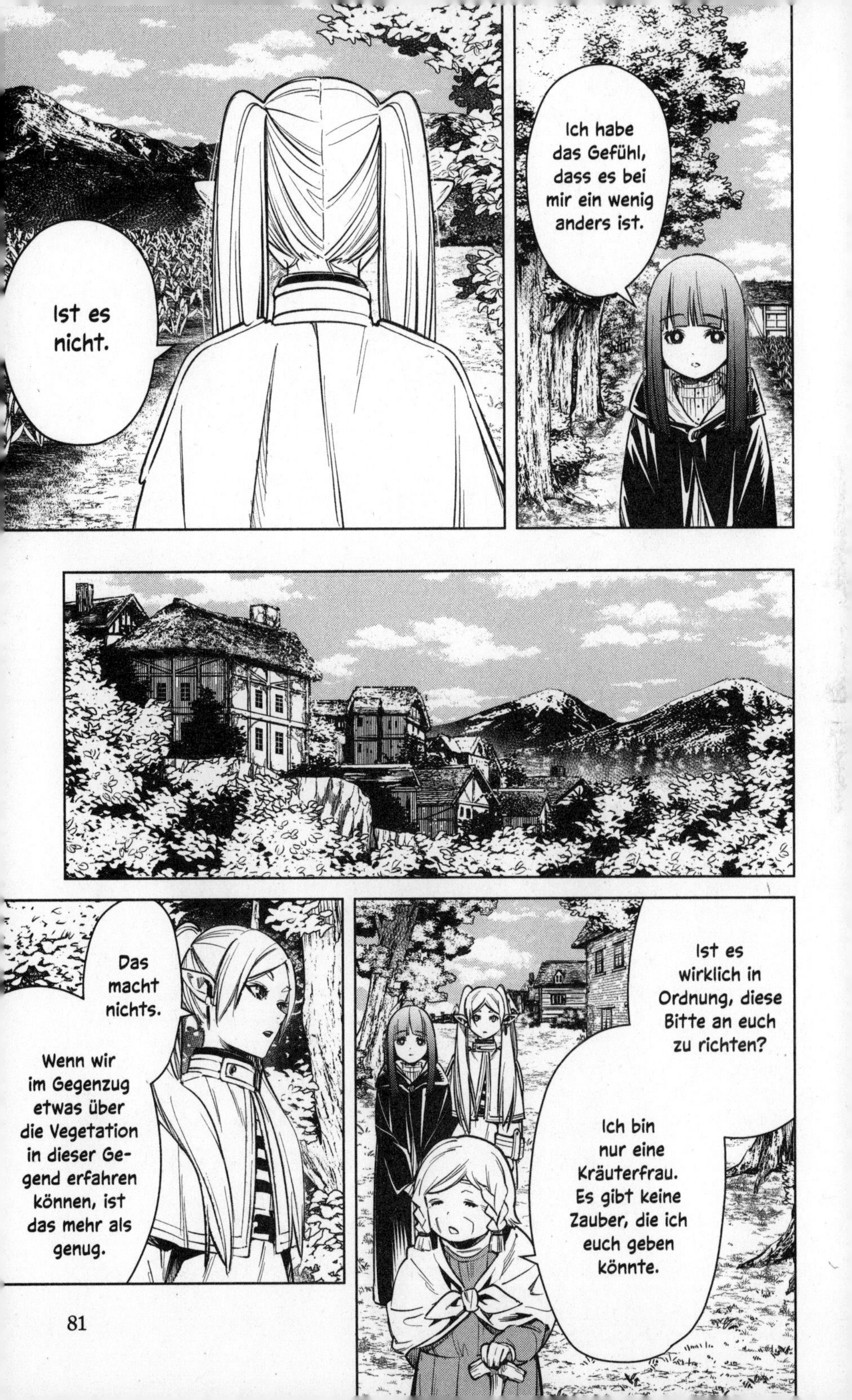
Ich habe das Gefühl, dass es bei mir ein wenig anders ist.
Ist es nicht.
Ist es wirklich in Ordnung, diese Bitte an euch zu richten?
Ich bin nur eine Kräuterfrau. Es gibt keine Zauber, die ich euch geben könnte.
Das macht nichts.
Wenn wir im Gegenzug etwas über die Vegetation in dieser Gegend erfahren können, ist das mehr als genug.

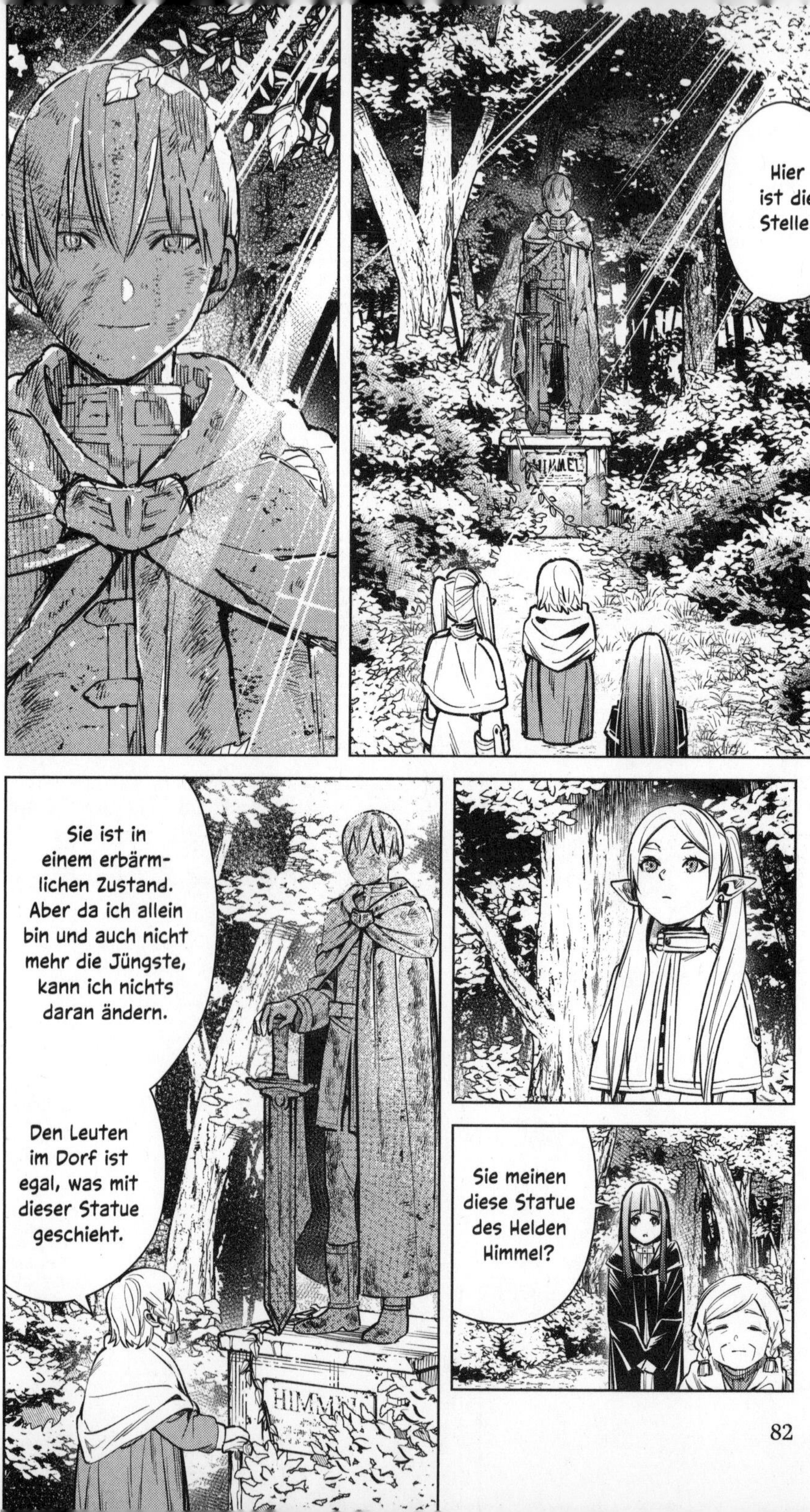
Hier ist die Stelle.
Sie ist in einem erbärmlichen Zustand. Aber da ich allein bin und auch nicht mehr die Jüngste, kann ich nichts daran ändern.
Den Leuten im Dorf ist egal, was mit dieser Statue geschieht.
Sie meinen diese Statue des Helden Himmel?
HIMMEL

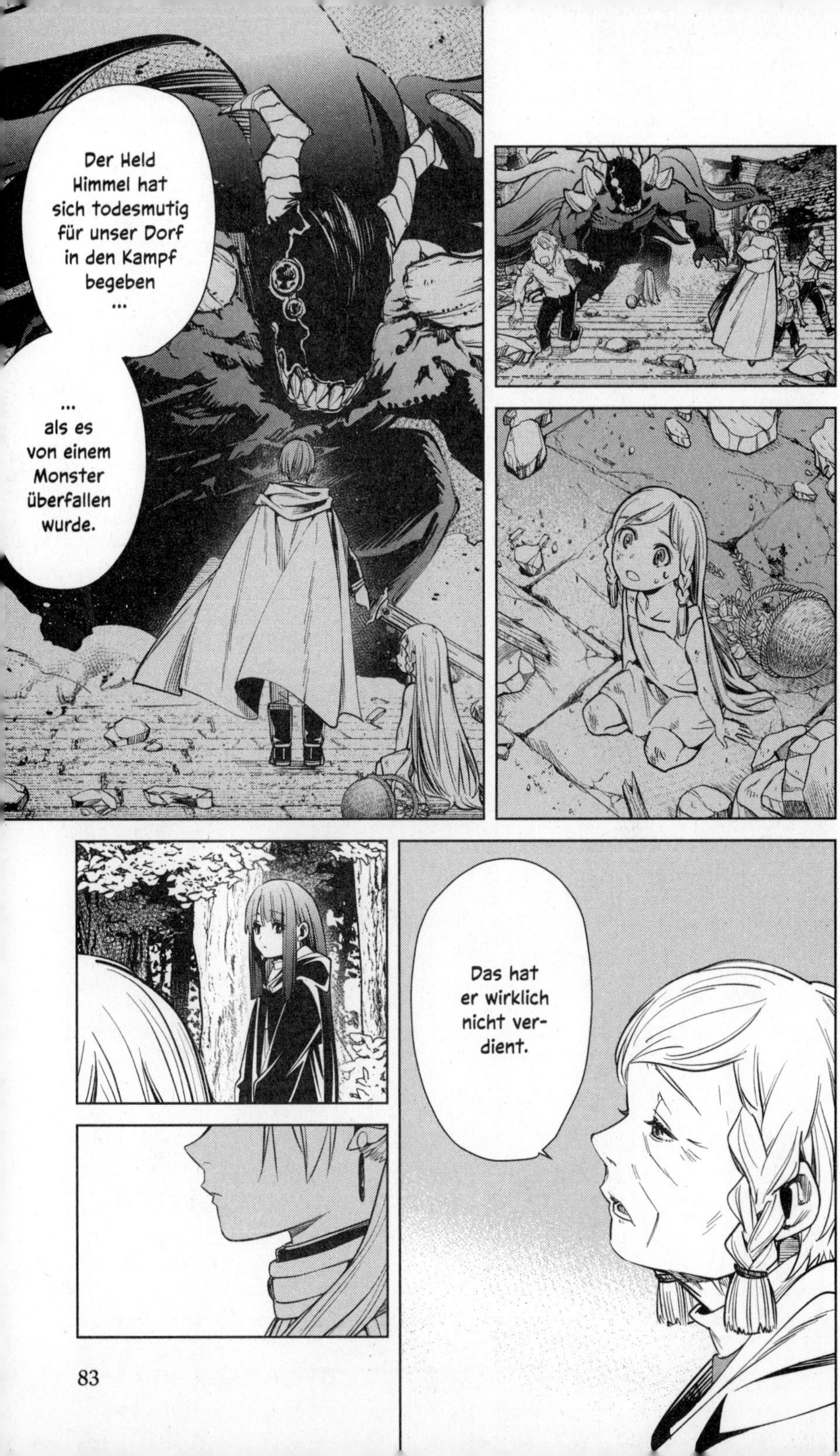
Der Held Himmel hat sich todesmutig für unser Dorf in den Kampf begeben ...
... als es von einem Monster überfallen wurde.
Das hat er wirklich nicht ver-dient.

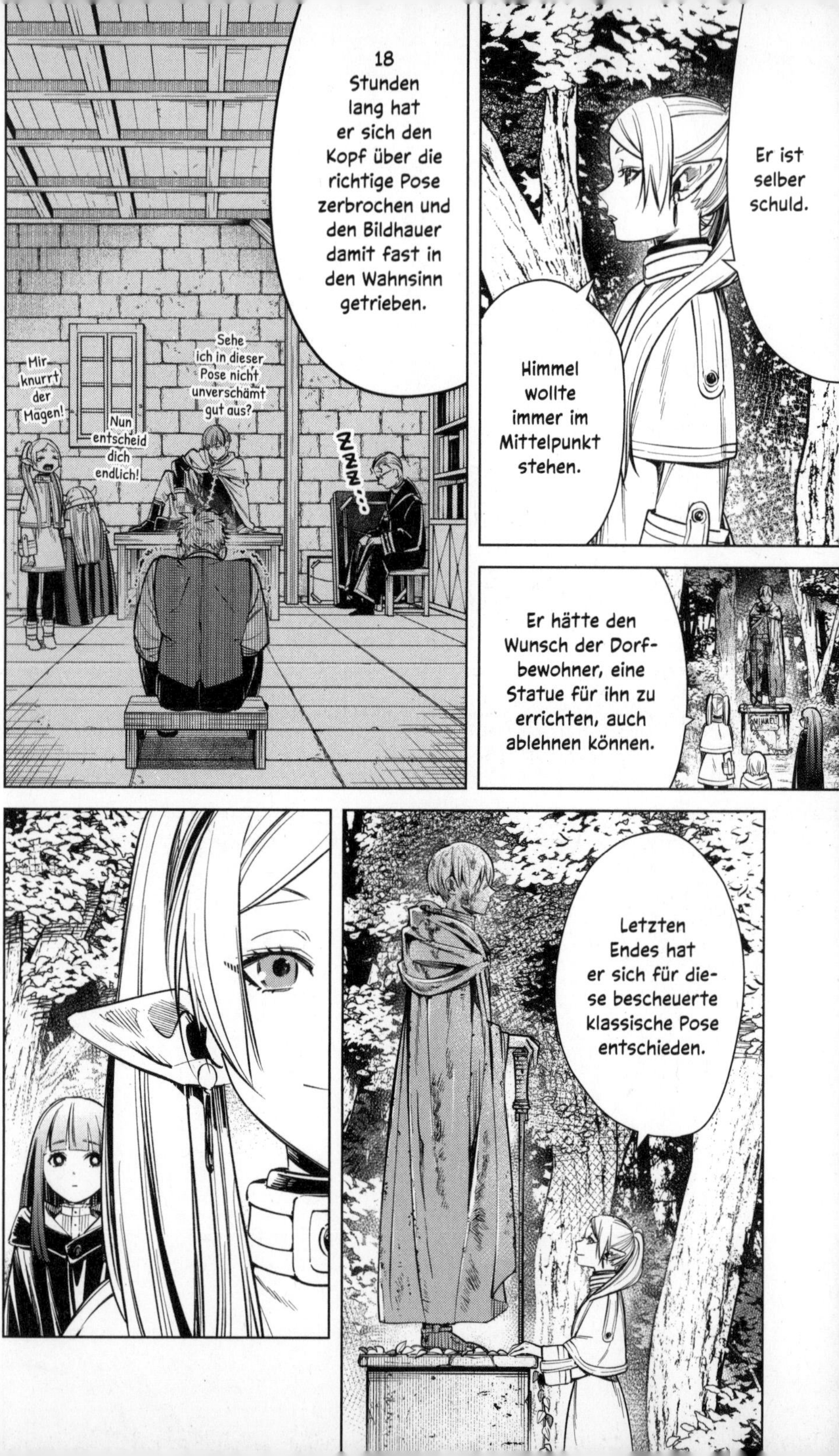
Er ist selber schuld.
Himmel wollte immer im Mittelpunkt stehen.
18 Stunden lang hat er sich den Kopf über die richtige Pose zerbrochen und den Bildhauer damit fast in den Wahnsinn getrieben.
Sehe ich in dieser Pose nicht unverschämt gut aus?
Nun entscheid dich endlich!
Mir knurrt der Magen!
ZZZ...
Er hätte den Wunsch der Dorfbewohner, eine Statue für ihn zu errichten, auch ablehnen können.
Letzten Endes hat er sich für diese bescheuerte klassische Pose entschieden.

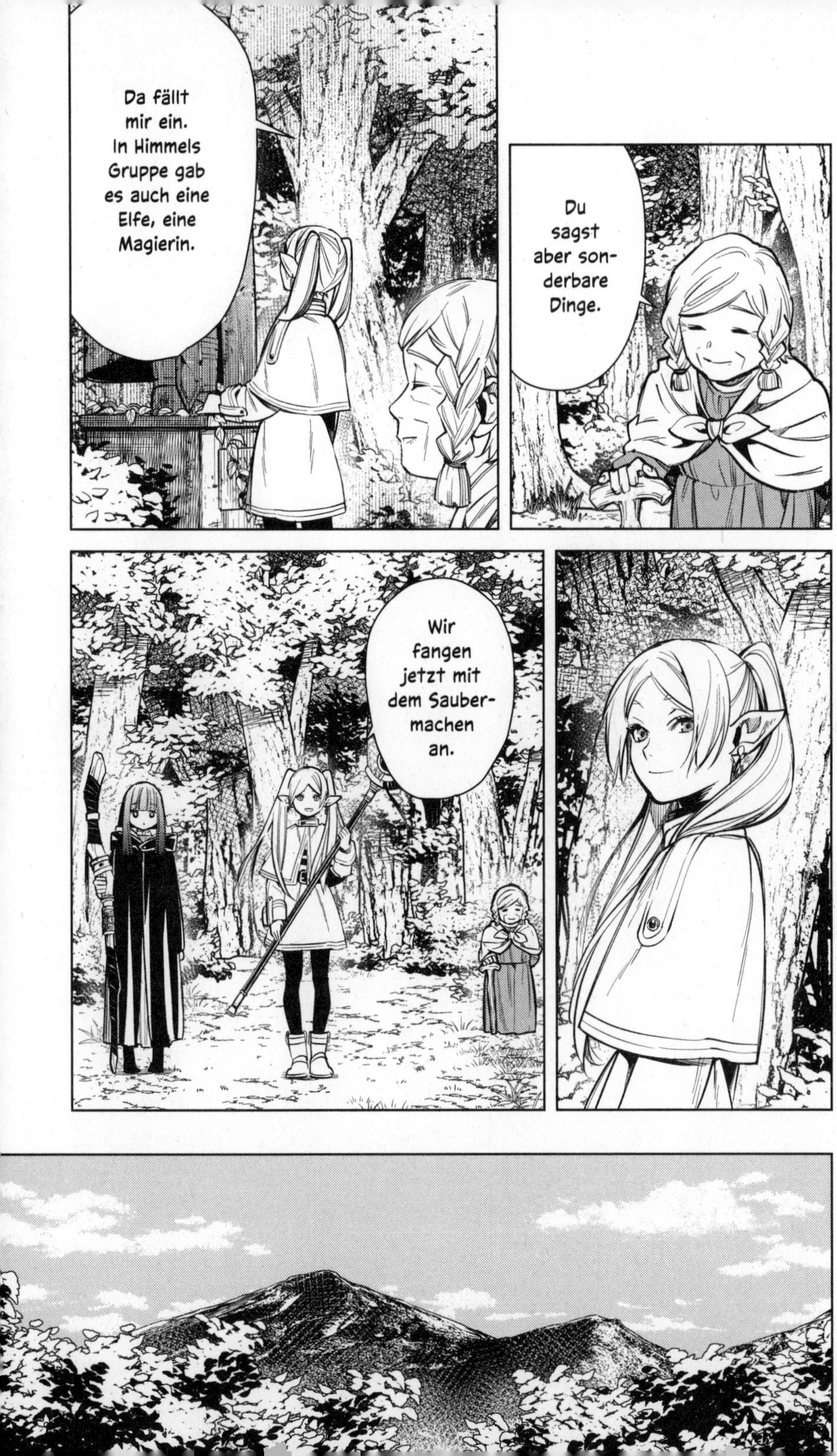
Du sagst aber sonderbare Dinge.
Da fällt mir ein. In Himmels Gruppe gab es auch eine Elfe, eine Magierin.
Wir fangen jetzt mit dem Saubermachen an.

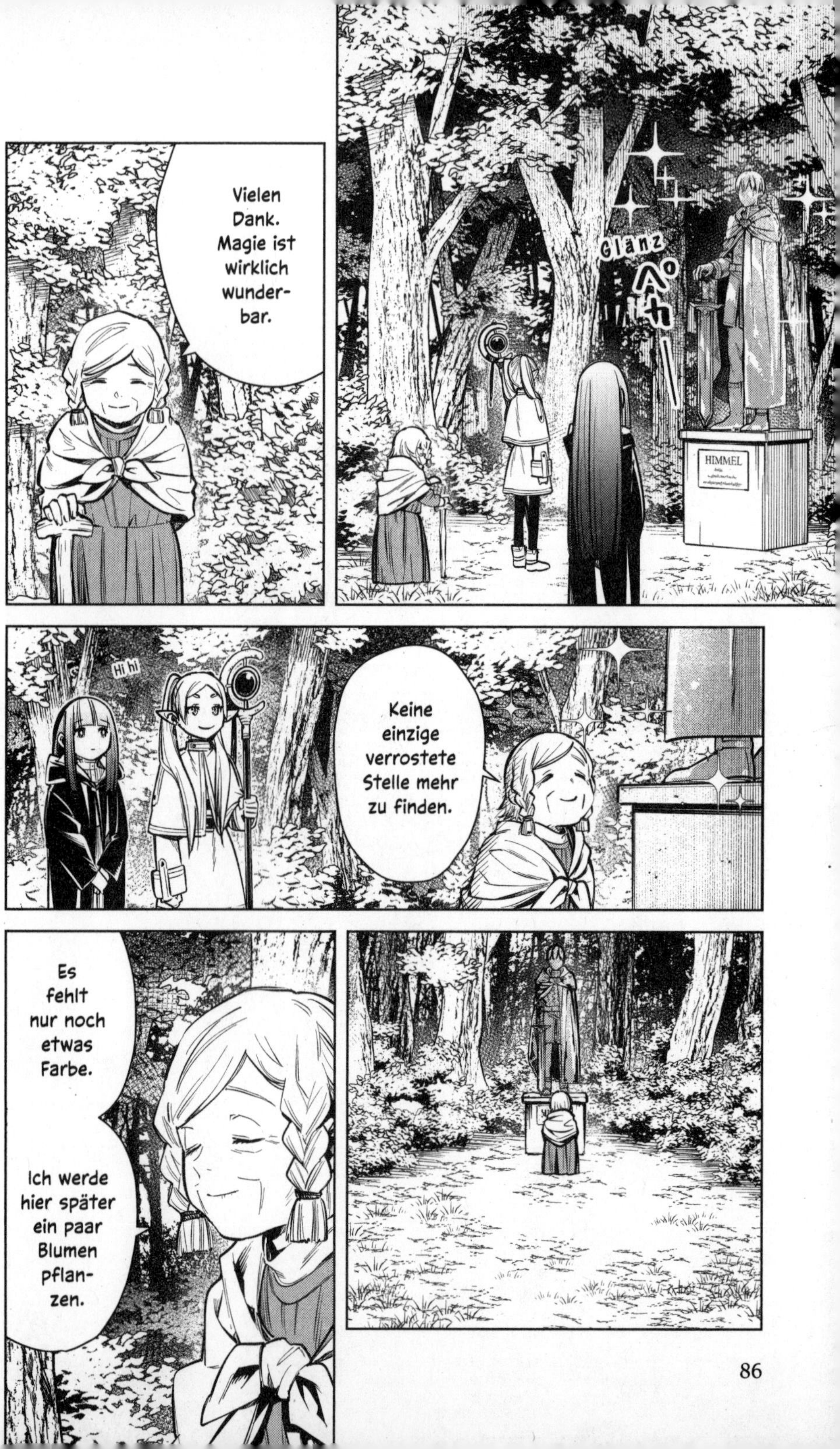
Glänz
HIMMEL
Vielen Dank. Magie ist wirklich wunderbar.
Hi hi
Keine einzige verrostete Stelle mehr zu finden.
Es fehlt nur noch etwas Farbe.
Ich werde hier später ein paar Blumen pflanzen.

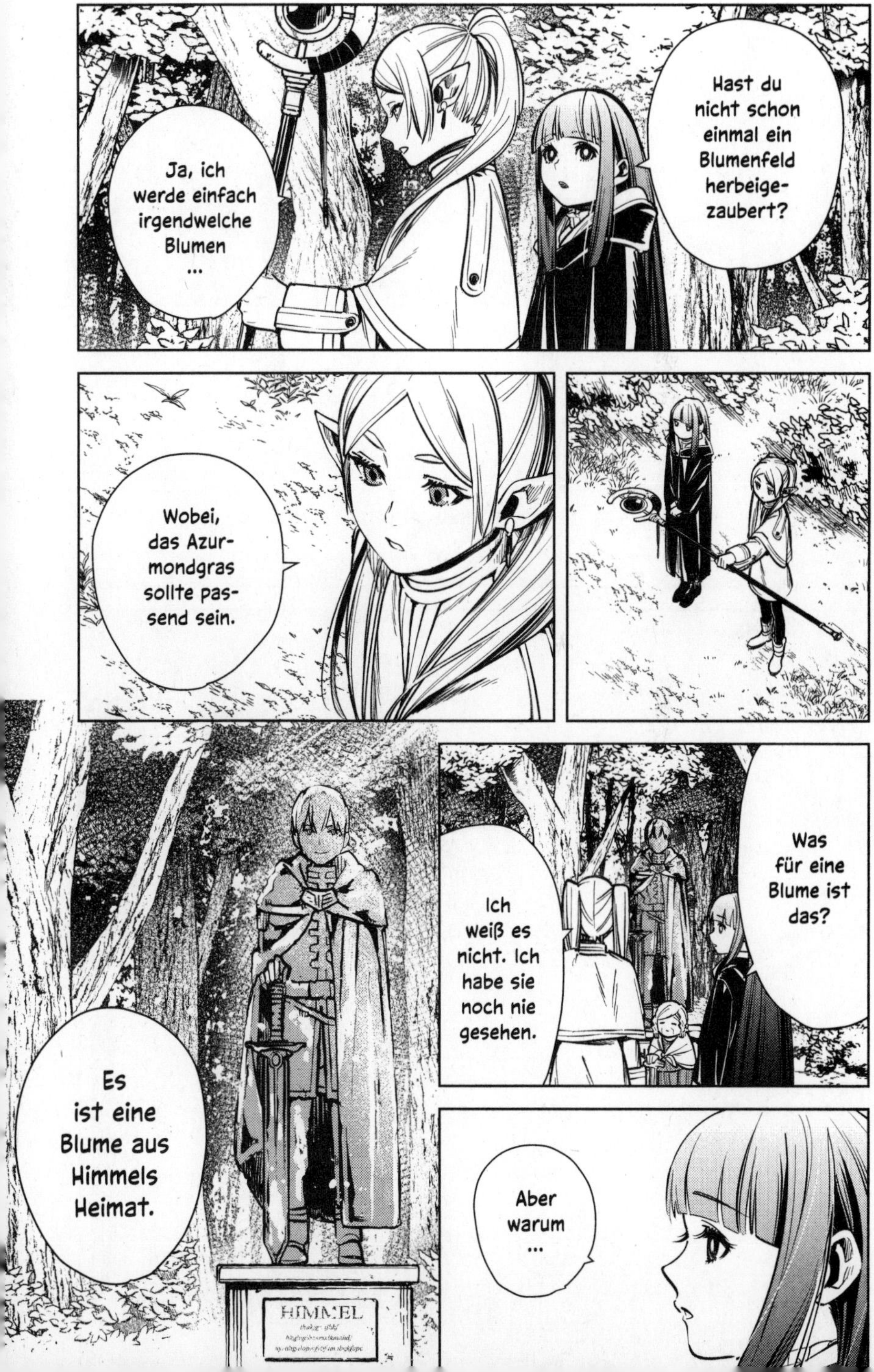
Hast du nicht schon einmal ein Blumenfeld herbeigezaubert?
Ja, ich werde einfach irgendwelche Blumen ...
Wobei, das Azurmondgras sollte passend sein.
Was für eine Blume ist das?
Ich weiß es nicht. Ich habe sie noch nie gesehen.
Aber warum ...
Es ist eine Blume aus Himmels Heimat.
HIMMEL

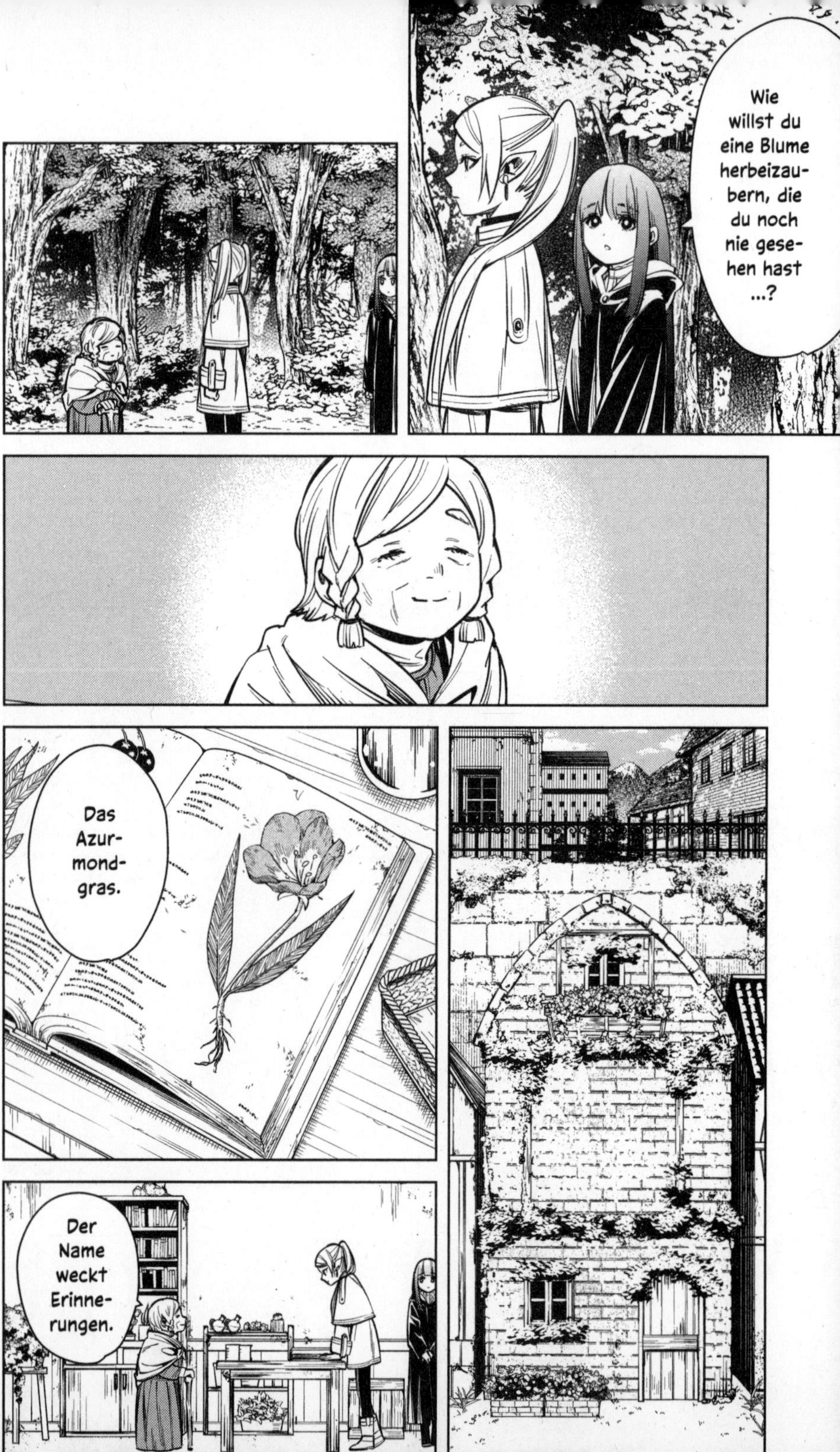
Wie willst du eine Blume herbeizaubern, die du noch nie gesehen hast ...?
Das Azurmondgras.
Der Name weckt Erinnerungen.

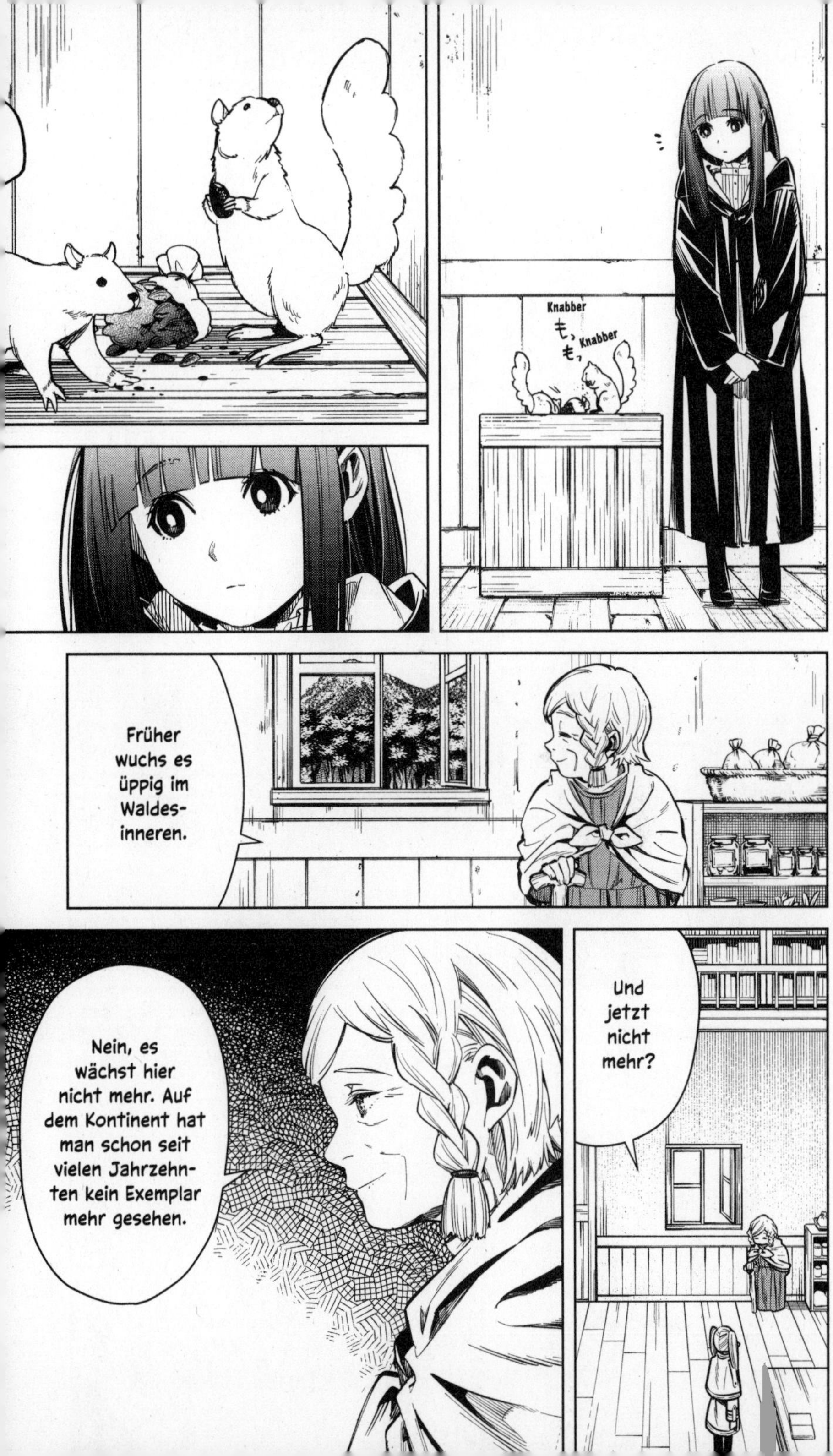
Knabber
も、
Knabber
もっ
Früher wuchs es üppig im Waldes-inneren.
Und jetzt nicht mehr?
Nein, es wächst hier nicht mehr. Auf dem Kontinent hat man schon seit vielen Jahrzehn-ten kein Exemplar mehr gesehen.

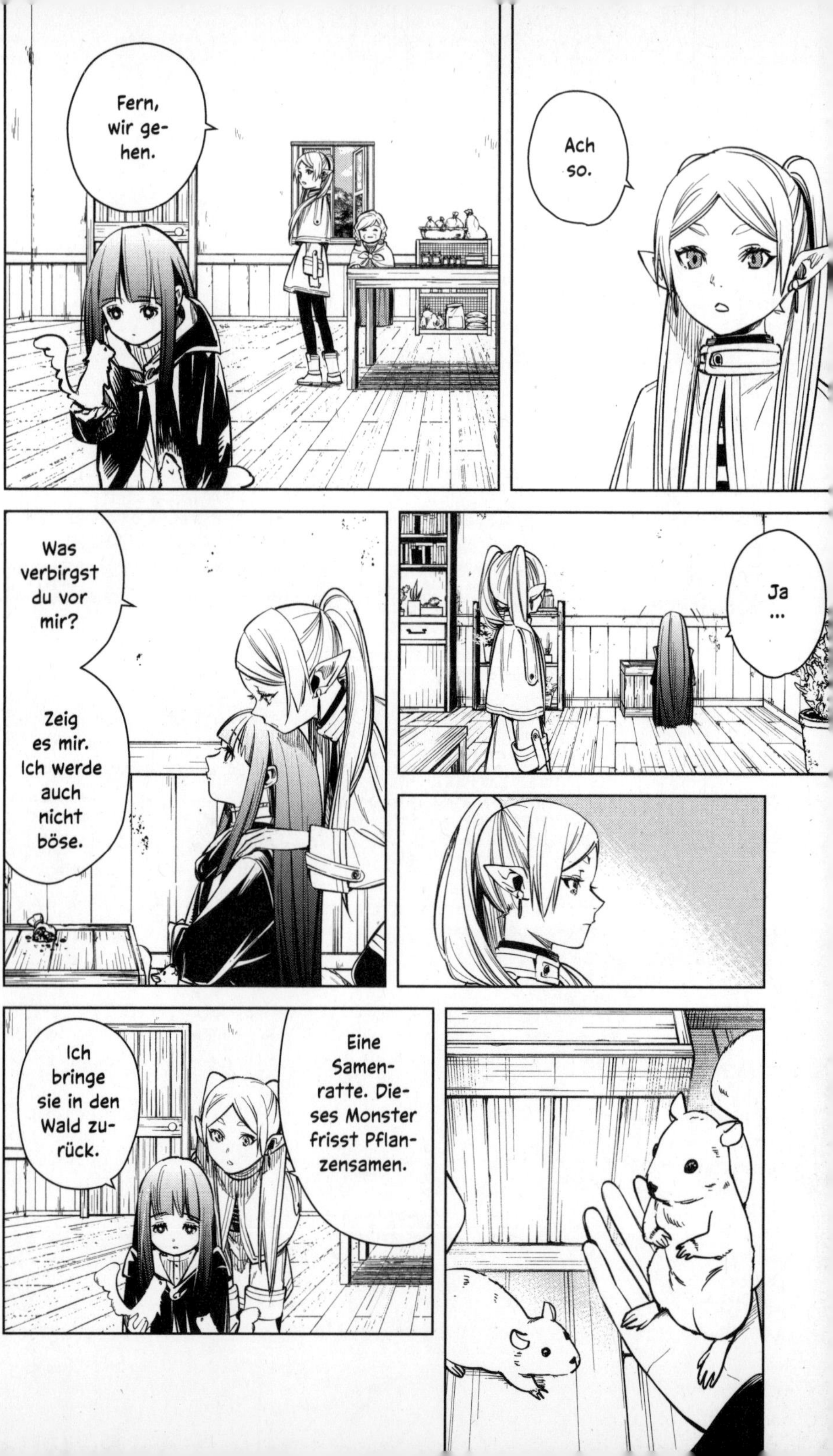
Fern, wir gehen.
Ach so.
Was verbirgst du vor mir?
Zeig es mir. Ich werde auch nicht böse.
Ja …
Ich bringe sie in den Wald zurück.
Eine Samenratte. Dieses Monster frisst Pflanzensamen.

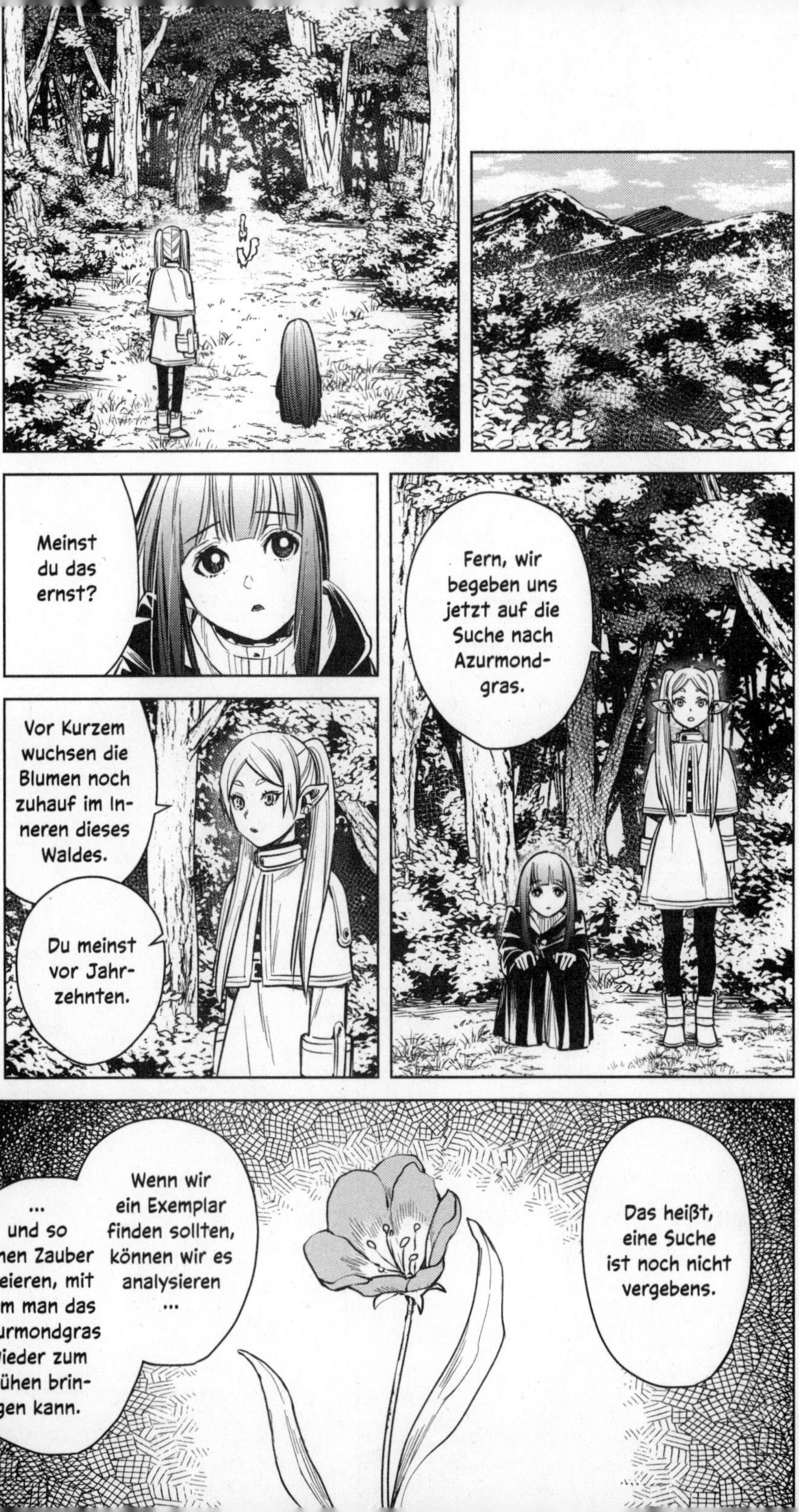
Fern, wir begeben uns jetzt auf die Suche nach Azurmond-gras.
Meinst du das ernst?
Vor Kurzem wuchsen die Blumen noch zuhauf im Inneren dieses Waldes.
Du meinst vor Jahr-zehnten.
Das heißt, eine Suche ist noch nicht vergebens.
Wenn wir ein Exemplar finden sollten, können wir es analysieren …
… und so einen Zauber kreieren, mit dem man das Azurmondgras wieder zum Blühen brin-gen kann.

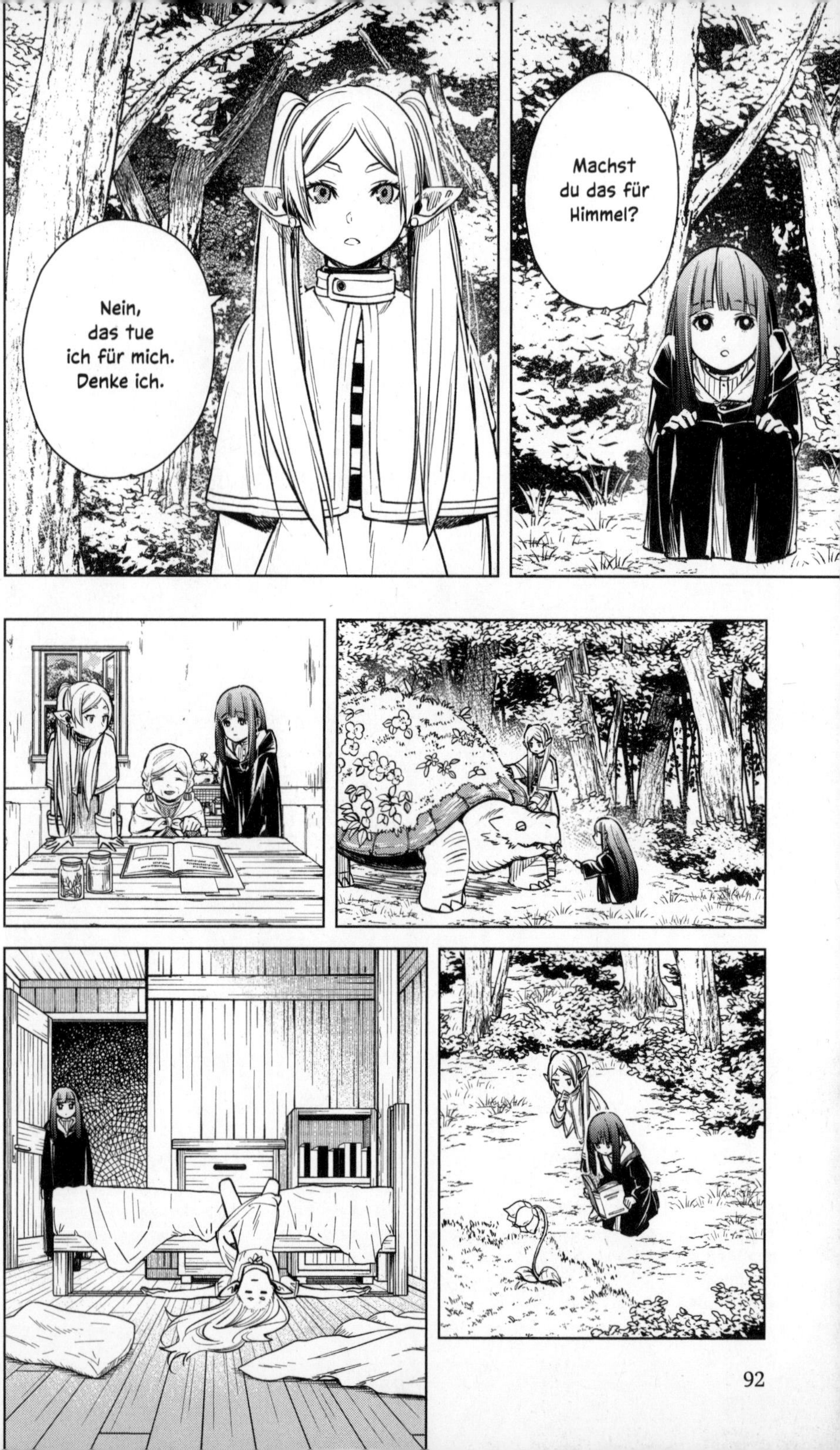
Machst du das für Himmel?
Nein, das tue ich für mich. Denke ich.

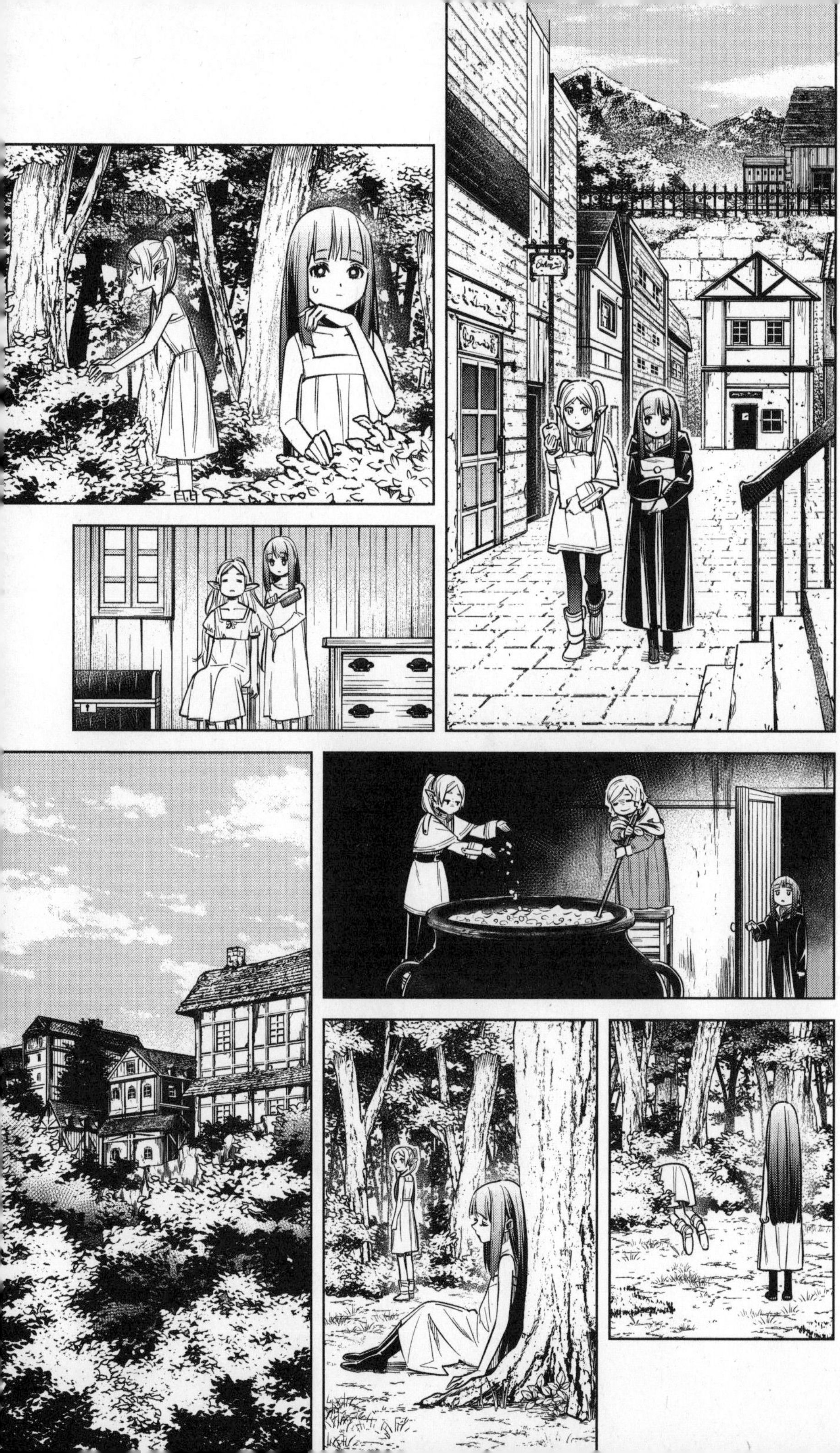

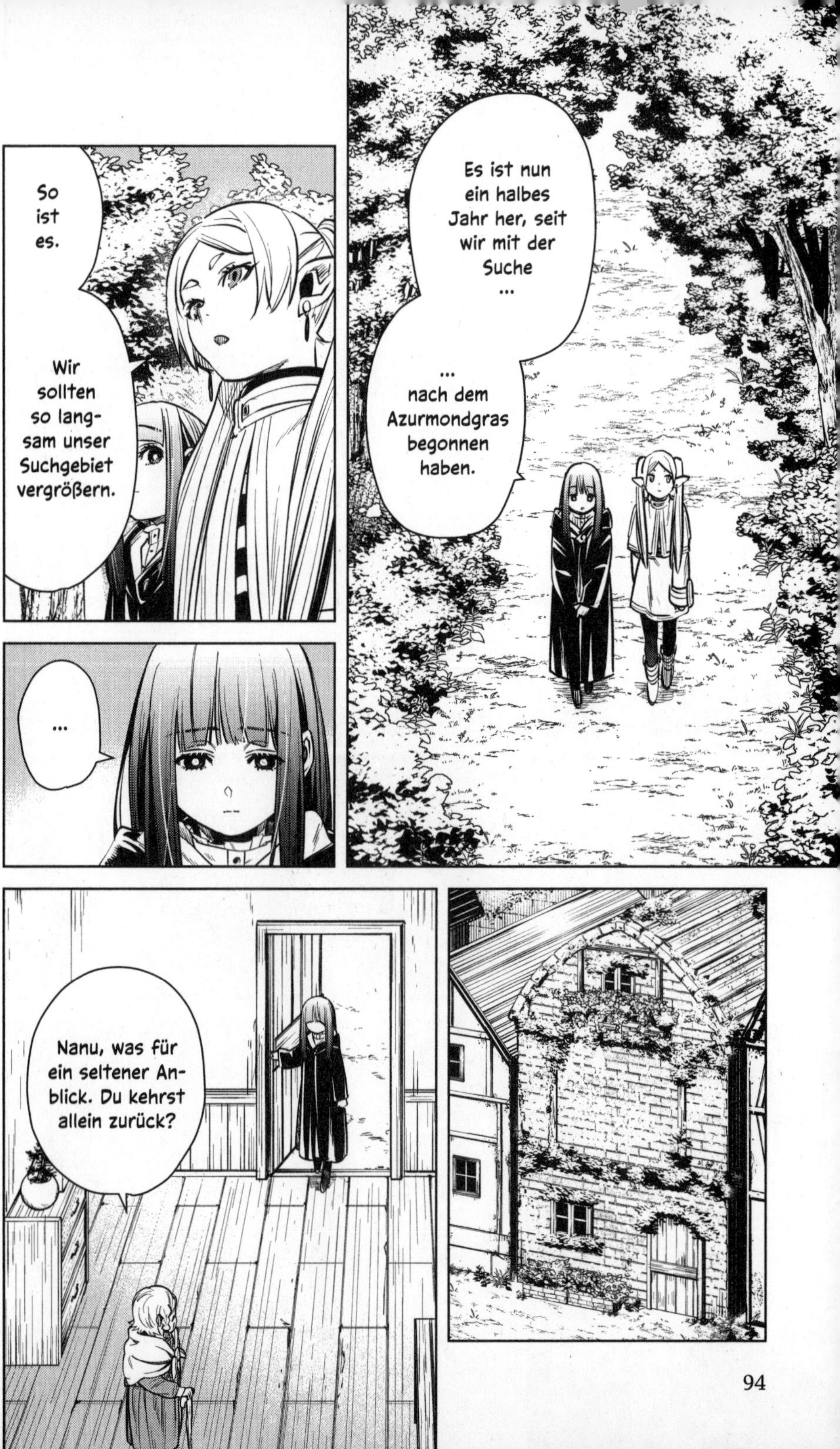
Es ist nun ein halbes Jahr her, seit wir mit der Suche ...
... nach dem Azurmondgras begonnen haben.
So ist es.
Wir sollten so lang- sam unser Suchgebiet vergrößern.
...
Nanu, was für ein seltener An- blick. Du kehrst allein zurück?

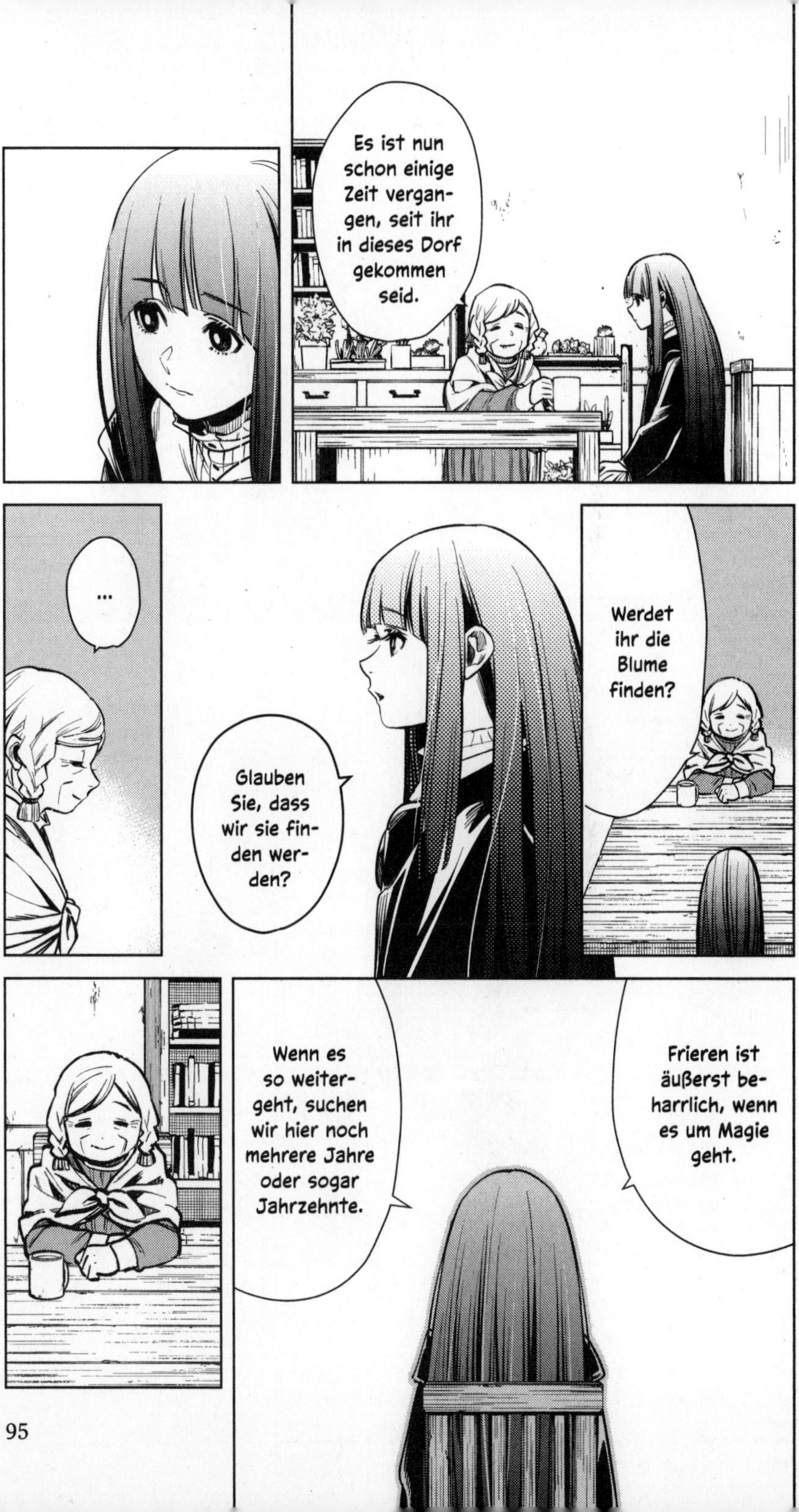
Es ist nun schon einige Zeit vergangen, seit ihr in dieses Dorf gekommen seid.
Werdet ihr die Blume finden?
Glauben Sie, dass wir sie finden werden?
...
Frieren ist äußerst beharrlich, wenn es um Magie geht.
Wenn es so weitergeht, suchen wir hier noch mehrere Jahre oder sogar Jahrzehnte.

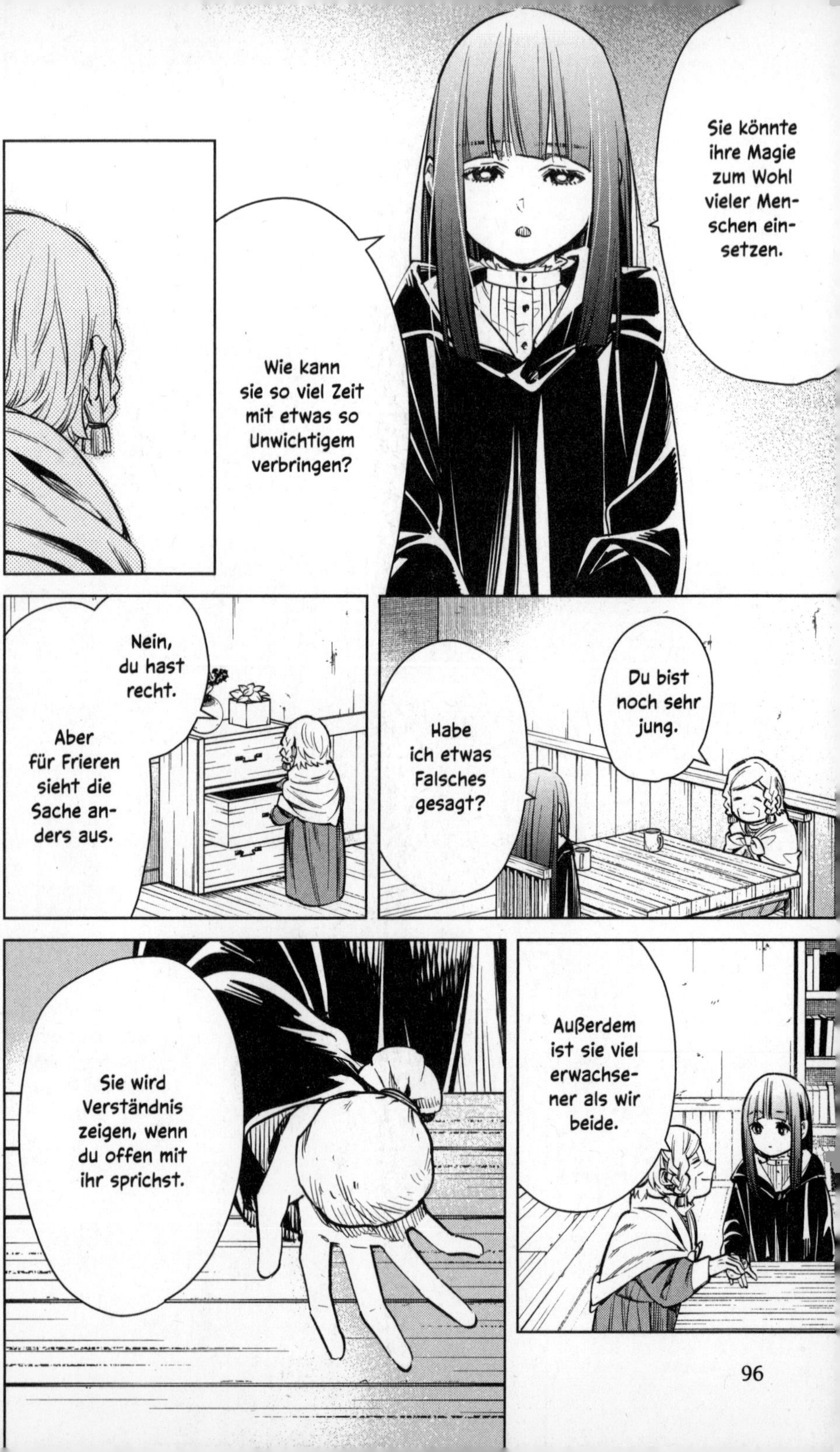
Sie könnte ihre Magie zum Wohl vieler Menschen einsetzen.
Wie kann sie so viel Zeit mit etwas so Unwichtigem verbringen?
Du bist noch sehr jung.
Habe ich etwas Falsches gesagt?
Nein, du hast recht.
Aber für Frieren sieht die Sache anders aus.
Außerdem ist sie viel erwachsener als wir beide.
Sie wird Verständnis zeigen, wenn du offen mit ihr sprichst.

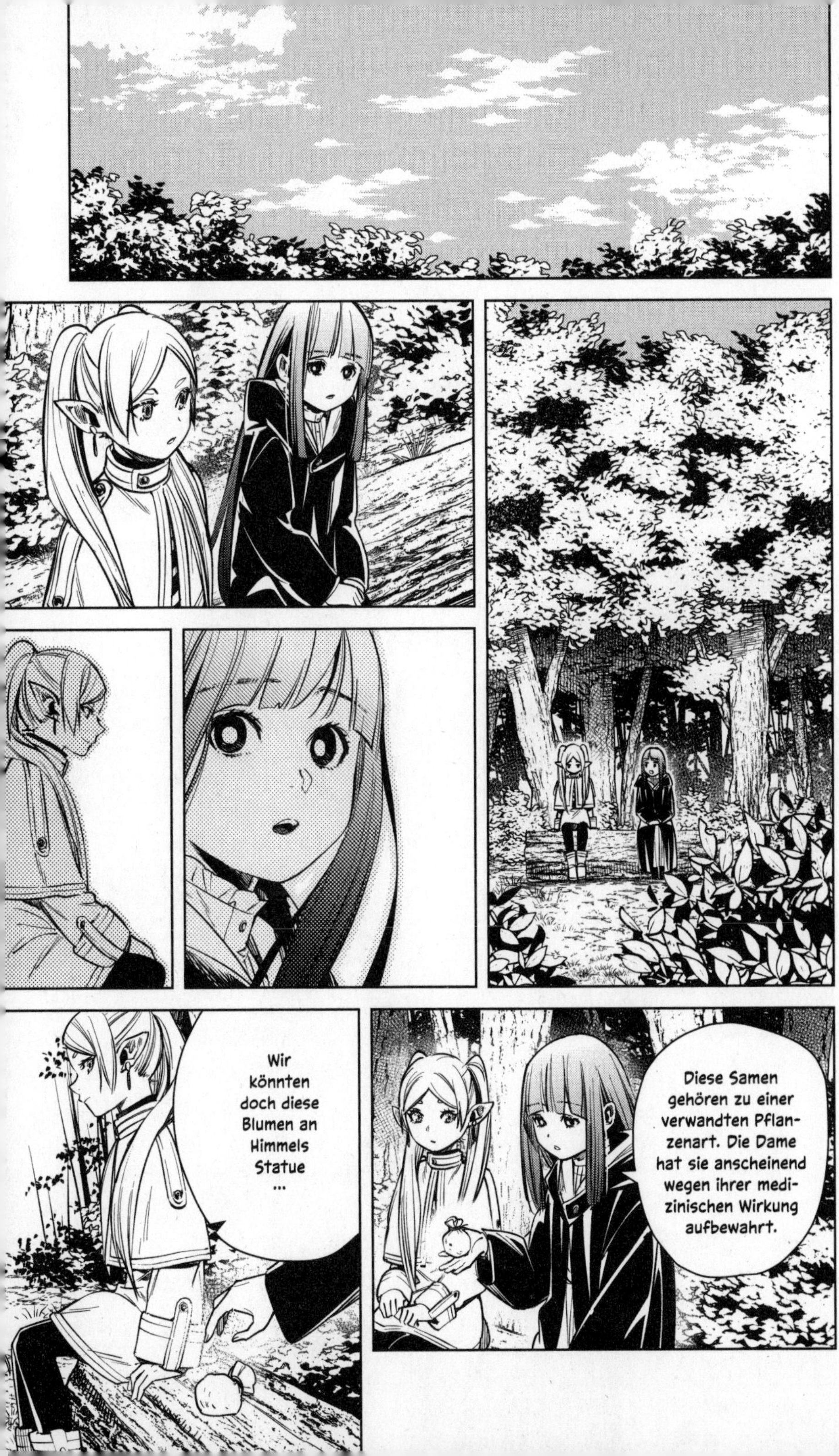
Diese Samen gehören zu einer verwandten Pflanzenart. Die Dame hat sie anscheinend wegen ihrer medizinischen Wirkung aufbewahrt.
Wir könnten doch diese Blumen an Himmels Statue ...

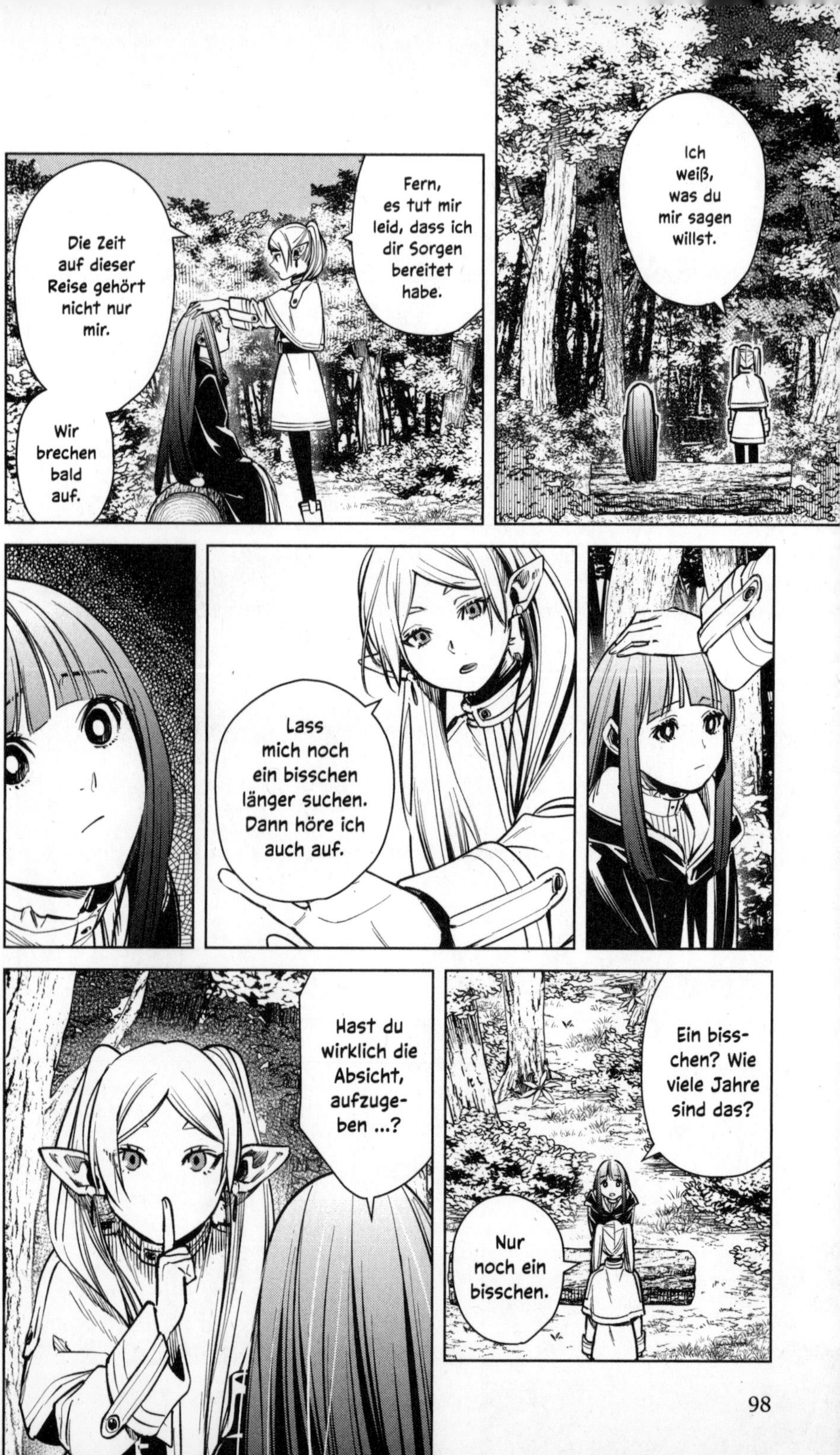

Ich weiß, was du mir sagen willst.
Fern, es tut mir leid, dass ich dir Sorgen bereitet habe.
Die Zeit auf dieser Reise gehört nicht nur mir.
Wir brechen bald auf.
Lass mich noch ein bisschen länger suchen. Dann höre ich auch auf.
Ein bisschen? Wie viele Jahre sind das?
Nur noch ein bisschen.
Hast du wirklich die Absicht, aufzugeben ...?

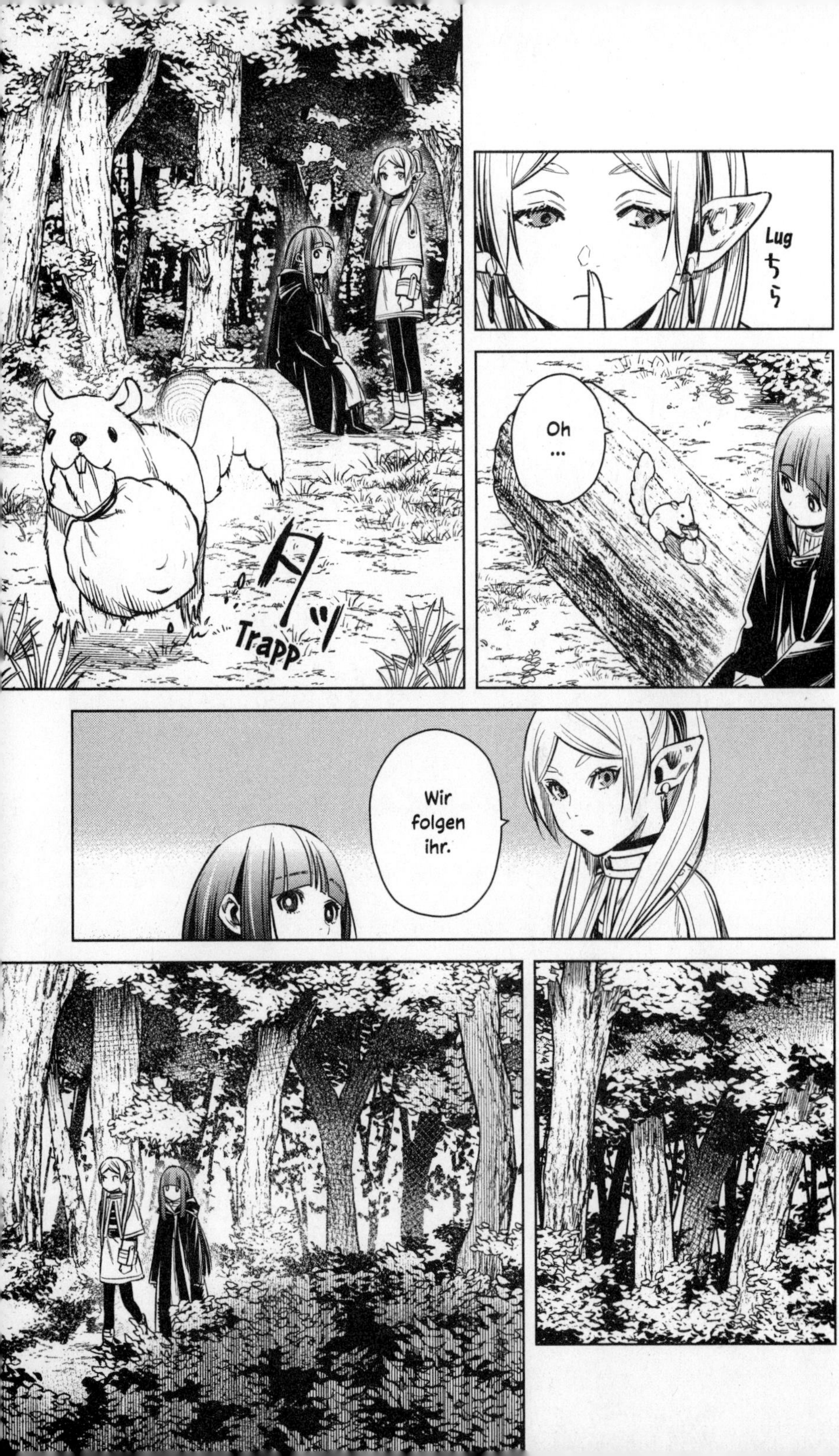
Lug
ちら
Trapp
Oh ...
Wir folgen ihr.

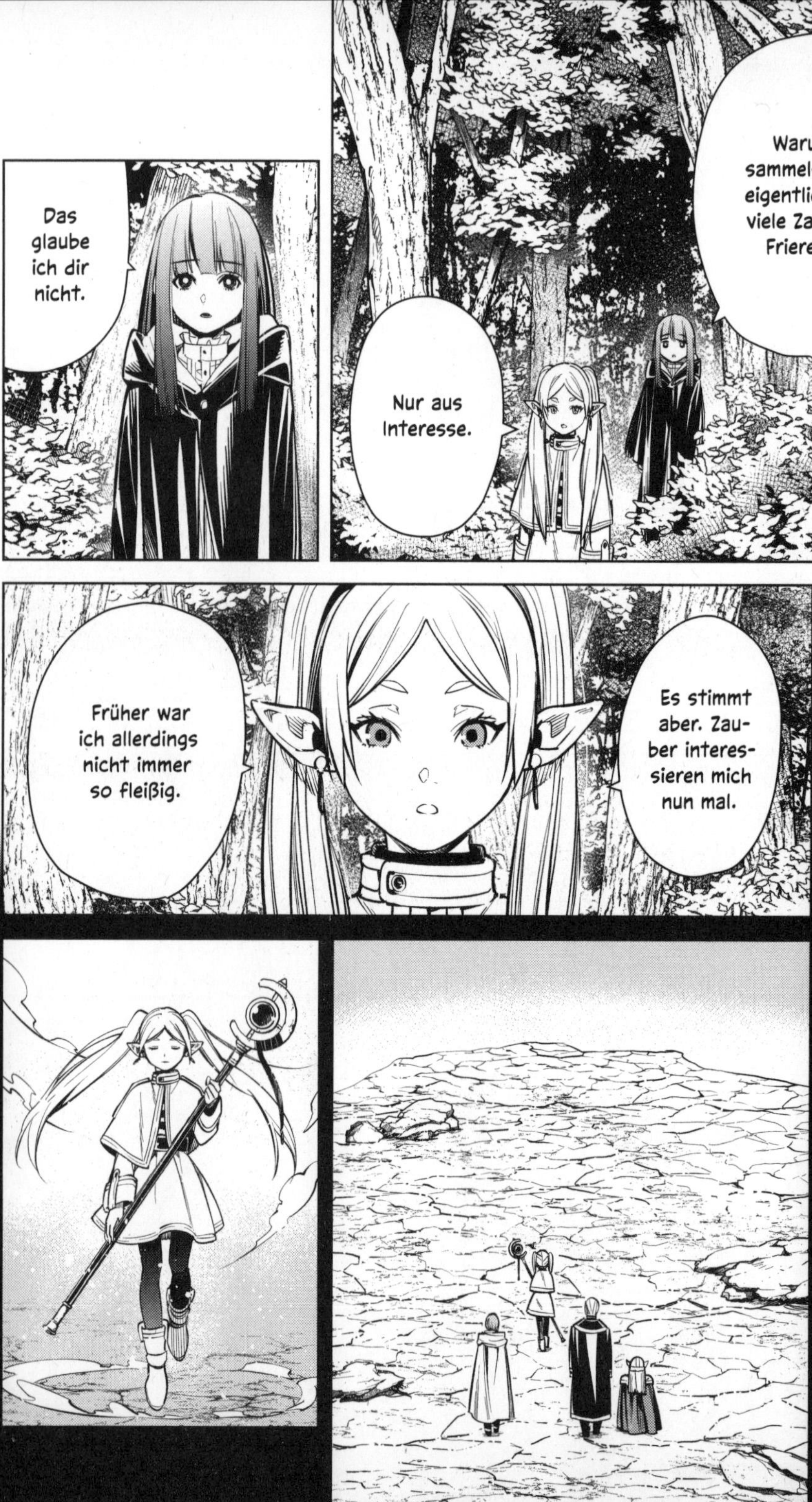
Warum sammelst du eigentlich so viele Zauber, Frieren?
Nur aus Interesse.
Das glaube ich dir nicht.
Es stimmt aber. Zauber interessieren mich nun mal.
Früher war ich allerdings nicht immer so fleißig.

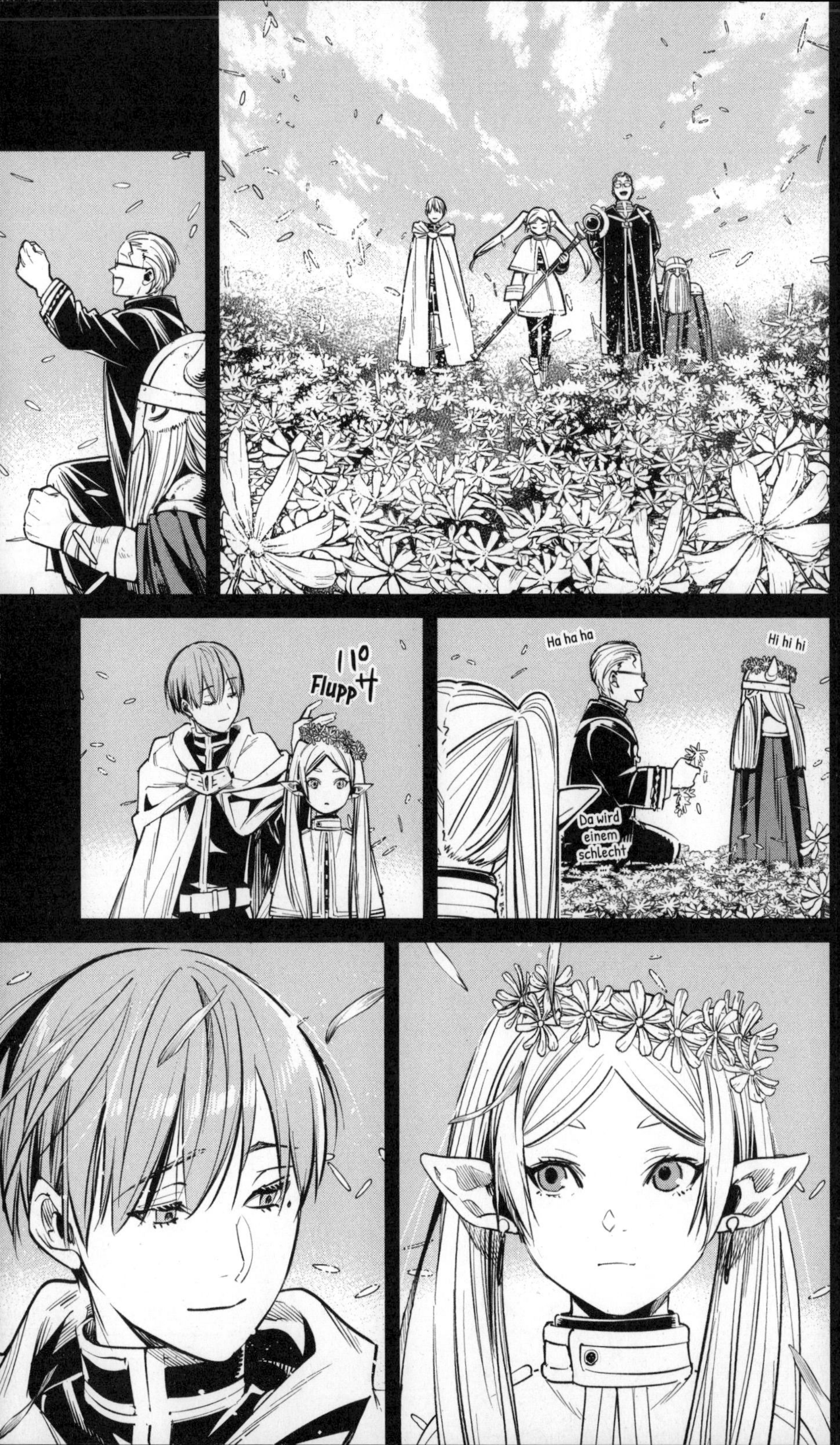
Hi hi hi
Ha ha ha
Da wird einem schlecht ...
Flupp

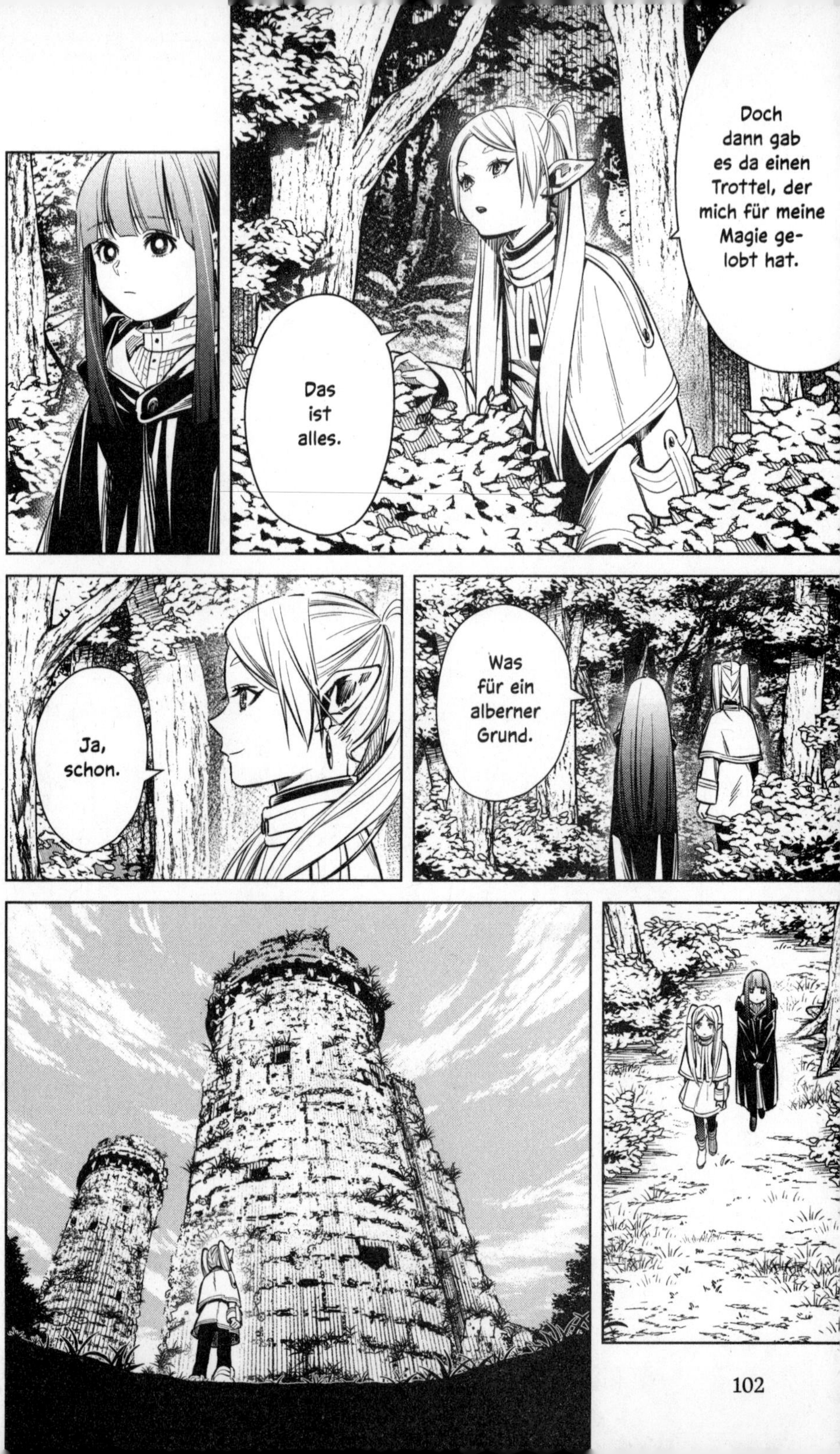
Doch dann gab es da einen Trottel, der mich für meine Magie gelobt hat.
Das ist alles.
Was für ein alberner Grund.
Ja, schon.

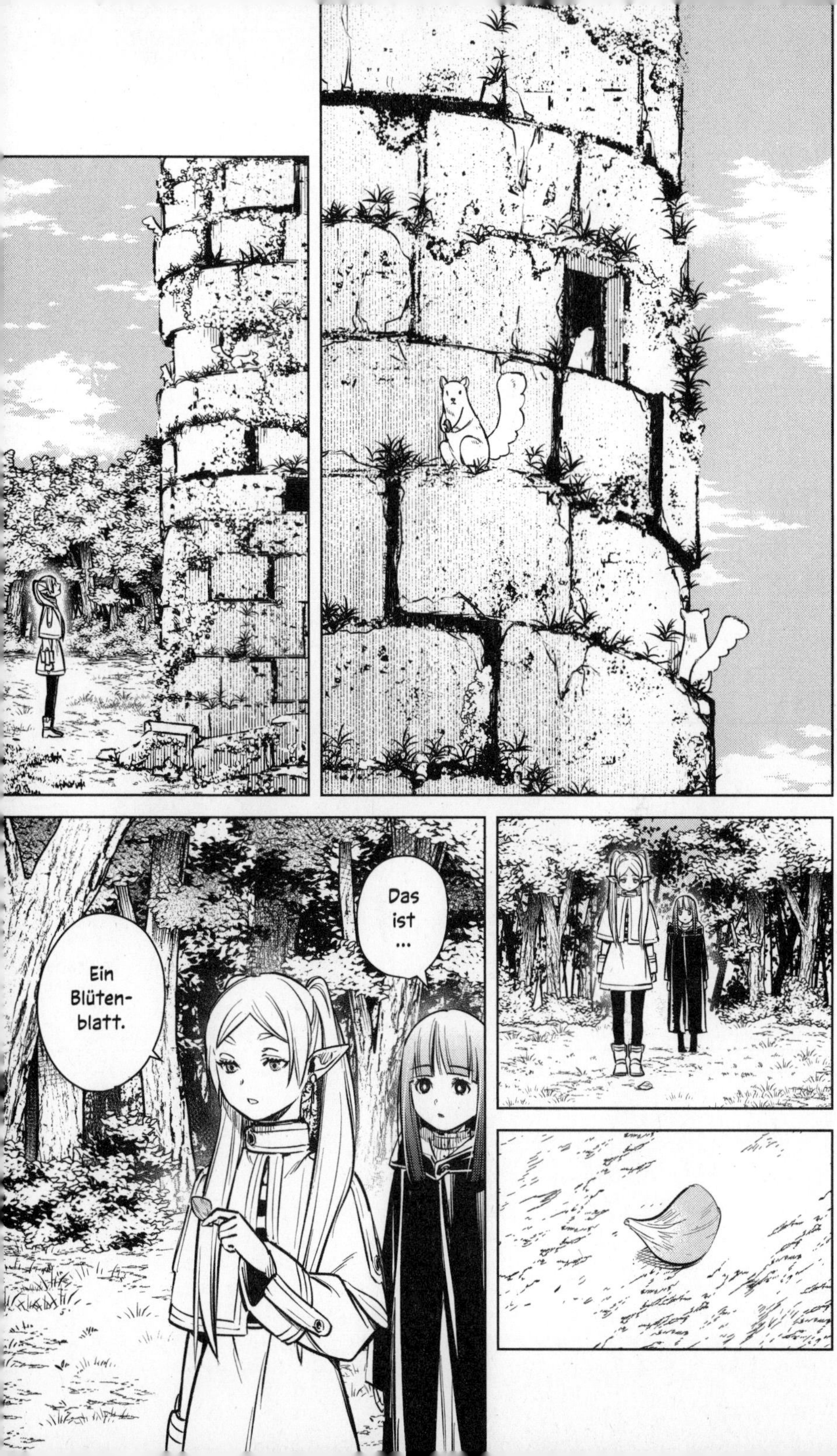
Das ist ...
Ein Blütenblatt.

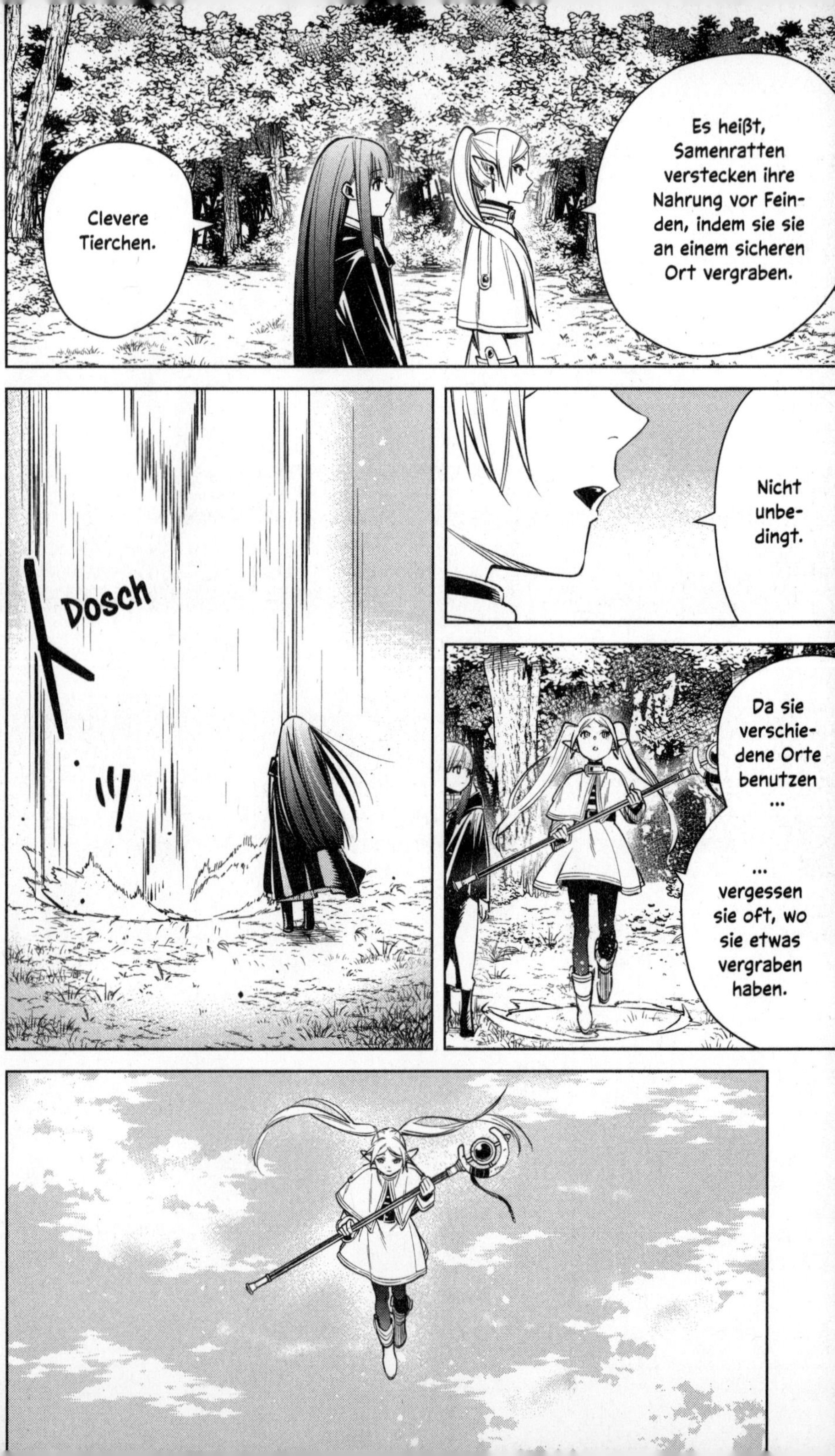
Es heißt, Samenratten verstecken ihre Nahrung vor Feinden, indem sie sie an einem sicheren Ort vergraben.
Clevere Tierchen.
Nicht unbedingt.
Da sie verschiedene Orte benutzen ...
... vergessen sie oft, wo sie etwas vergraben haben.
Dosch

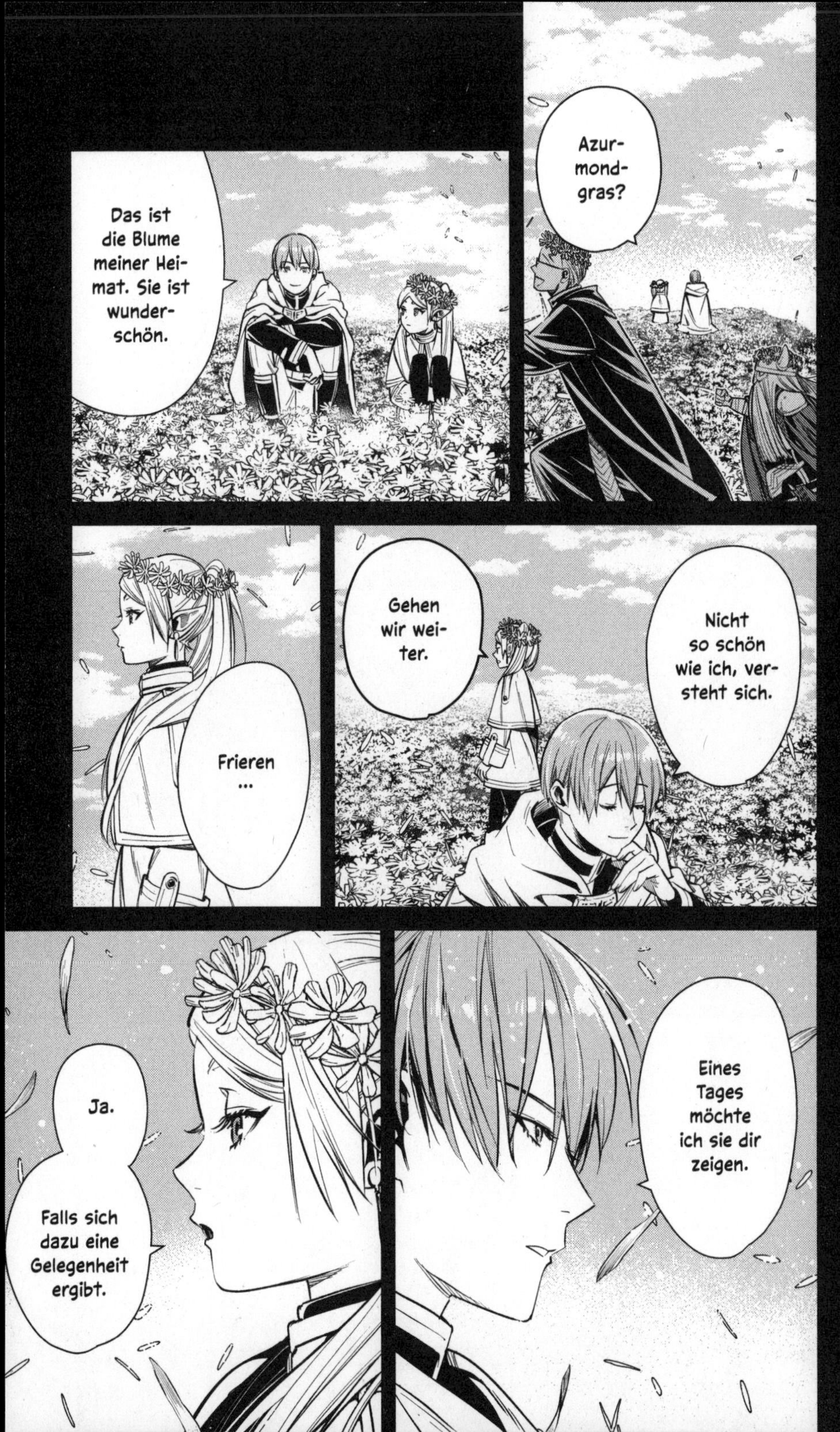
Azurmondgras?
Das ist die Blume meiner Heimat. Sie ist wunderschön.
Nicht so schön wie ich, versteht sich.
Gehen wir weiter.
Frieren ...
Eines Tages möchte ich sie dir zeigen.
Ja.
Falls sich dazu eine Gelegenheit ergibt.

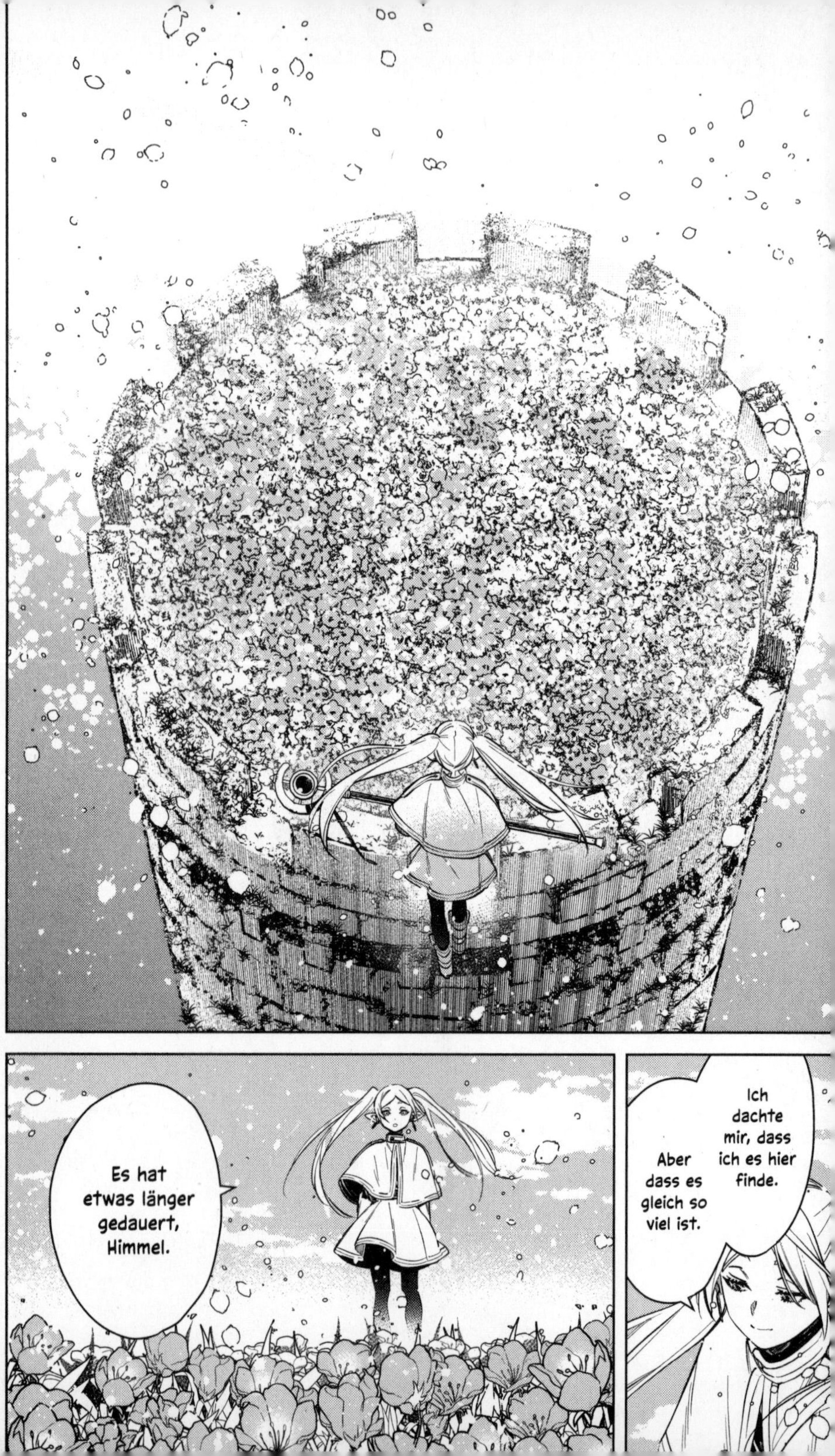
Ich dachte mir, dass ich es hier finde.
Aber dass es gleich so viel ist.
Es hat etwas länger gedauert, Himmel.

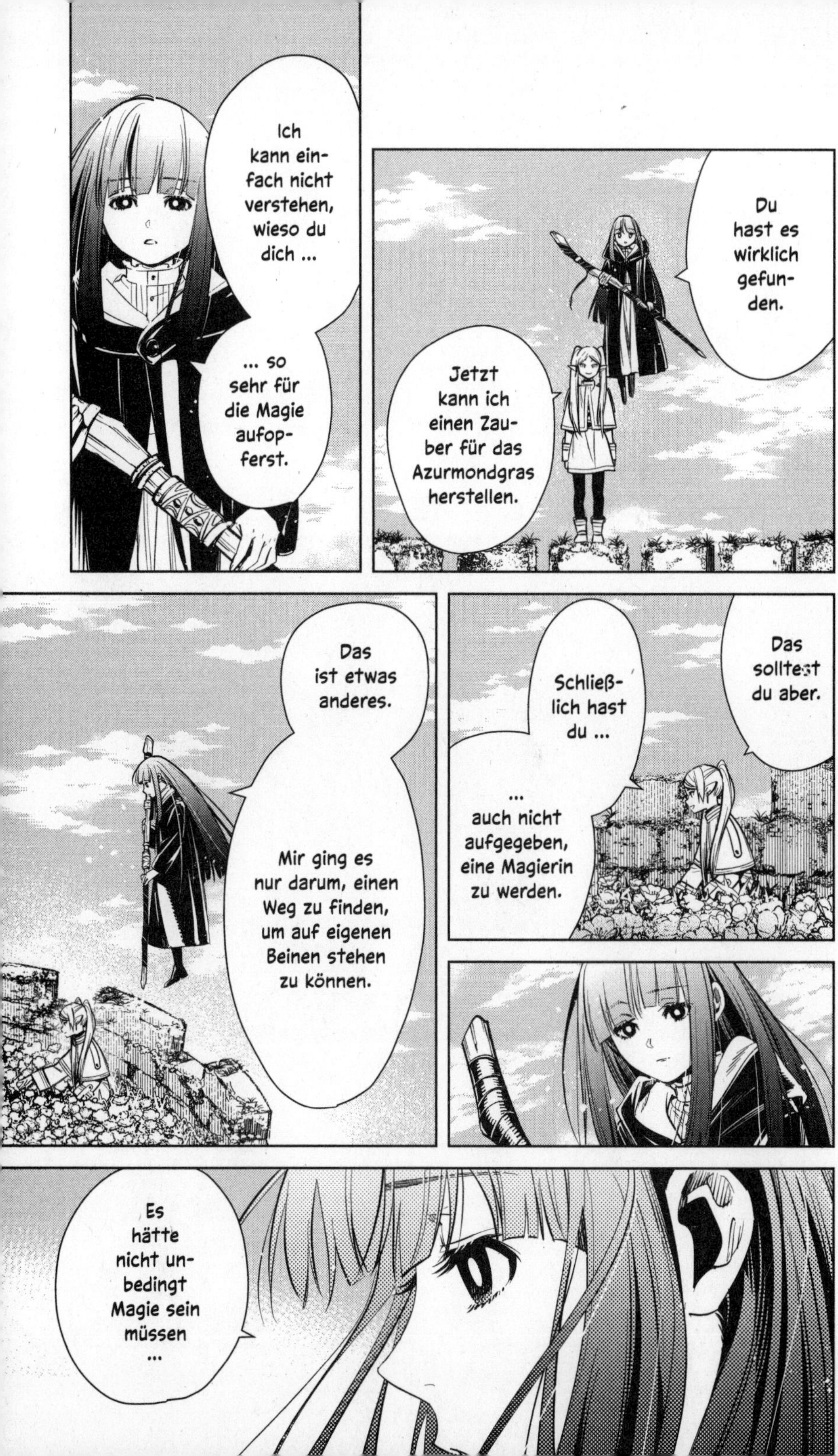
Du hast es wirklich gefunden.
Jetzt kann ich einen Zauber für das Azurmondgras herstellen.
Ich kann einfach nicht verstehen, wieso du dich ...
... so sehr für die Magie aufopferst.
Das solltest du aber.
Schließlich hast du ...
... auch nicht aufgegeben, eine Magierin zu werden.
Das ist etwas anderes.
Mir ging es nur darum, einen Weg zu finden, um auf eigenen Beinen stehen zu können.
Es hätte nicht unbedingt Magie sein müssen ...

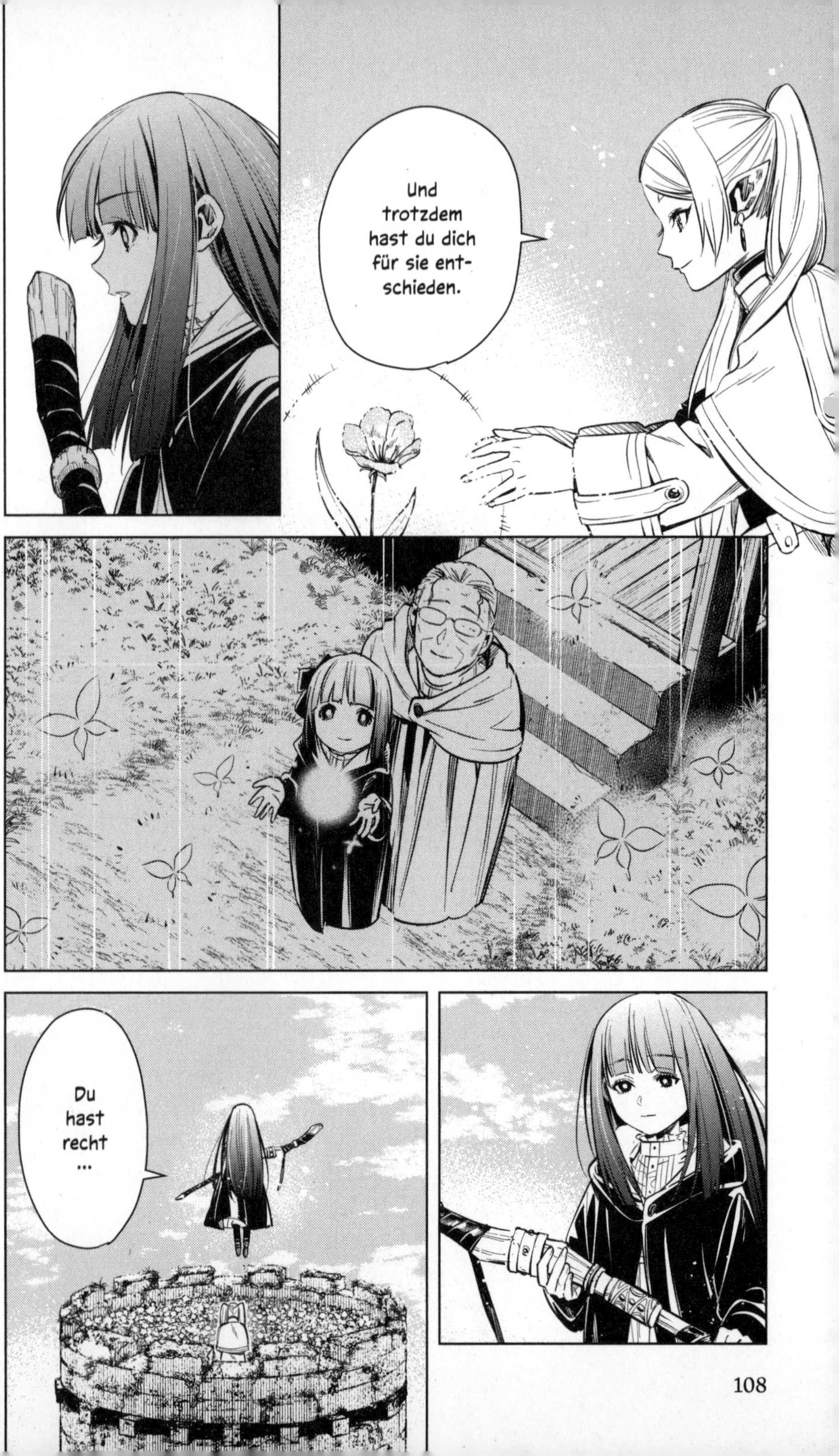
Und trotzdem hast du dich für sie ent-schieden.
Du hast recht ...

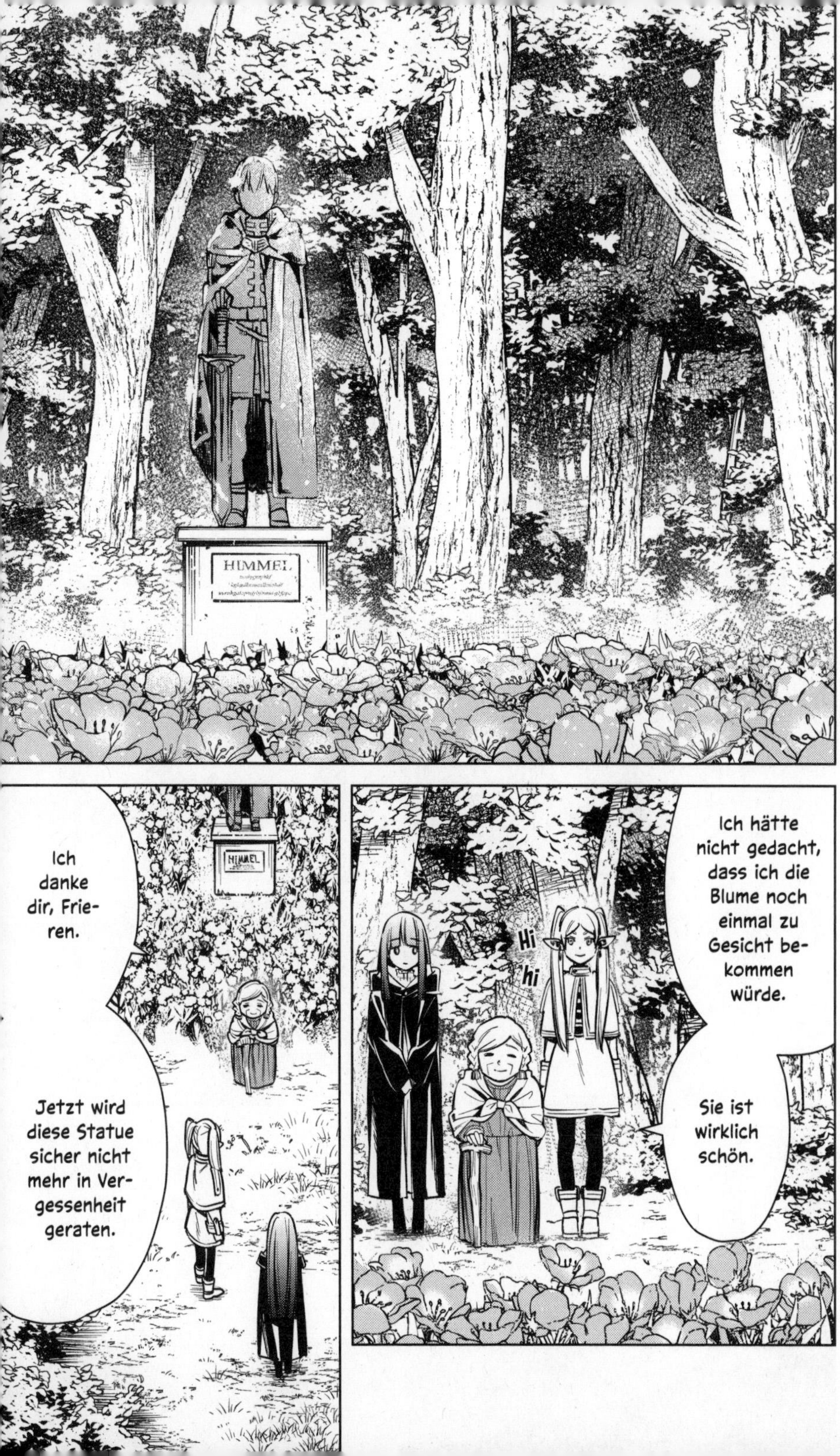
HIMMEL
Ich hätte nicht gedacht, dass ich die Blume noch einmal zu Gesicht bekommen würde.
Hi hi
Sie ist wirklich schön.
HIMMEL
Ich danke dir, Frieren.
Jetzt wird diese Statue sicher nicht mehr in Vergessenheit geraten.

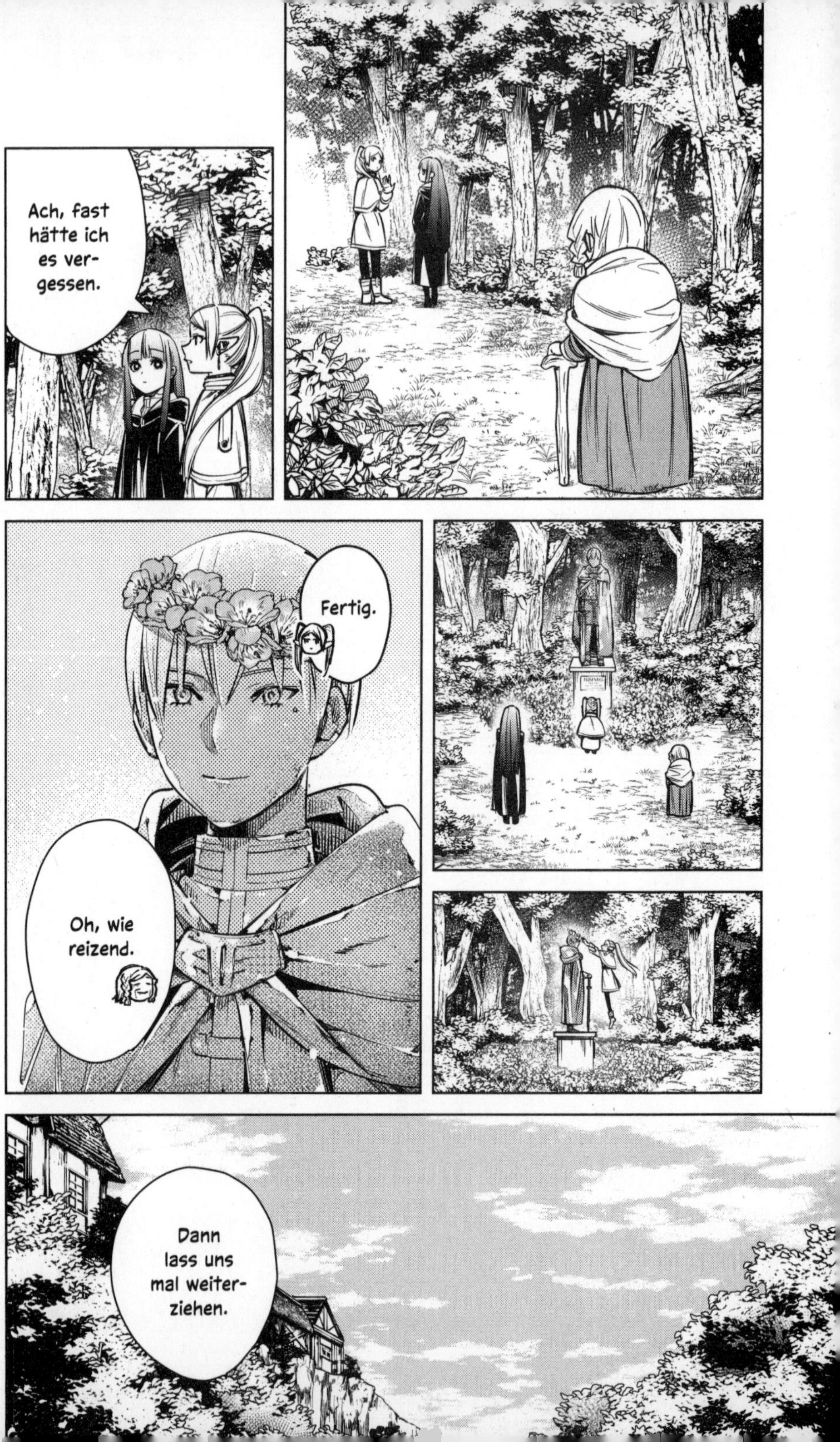
Ach, fast hätte ich es vergessen.
Fertig.
Oh, wie reizend.
Dann lass uns mal weiterziehen.

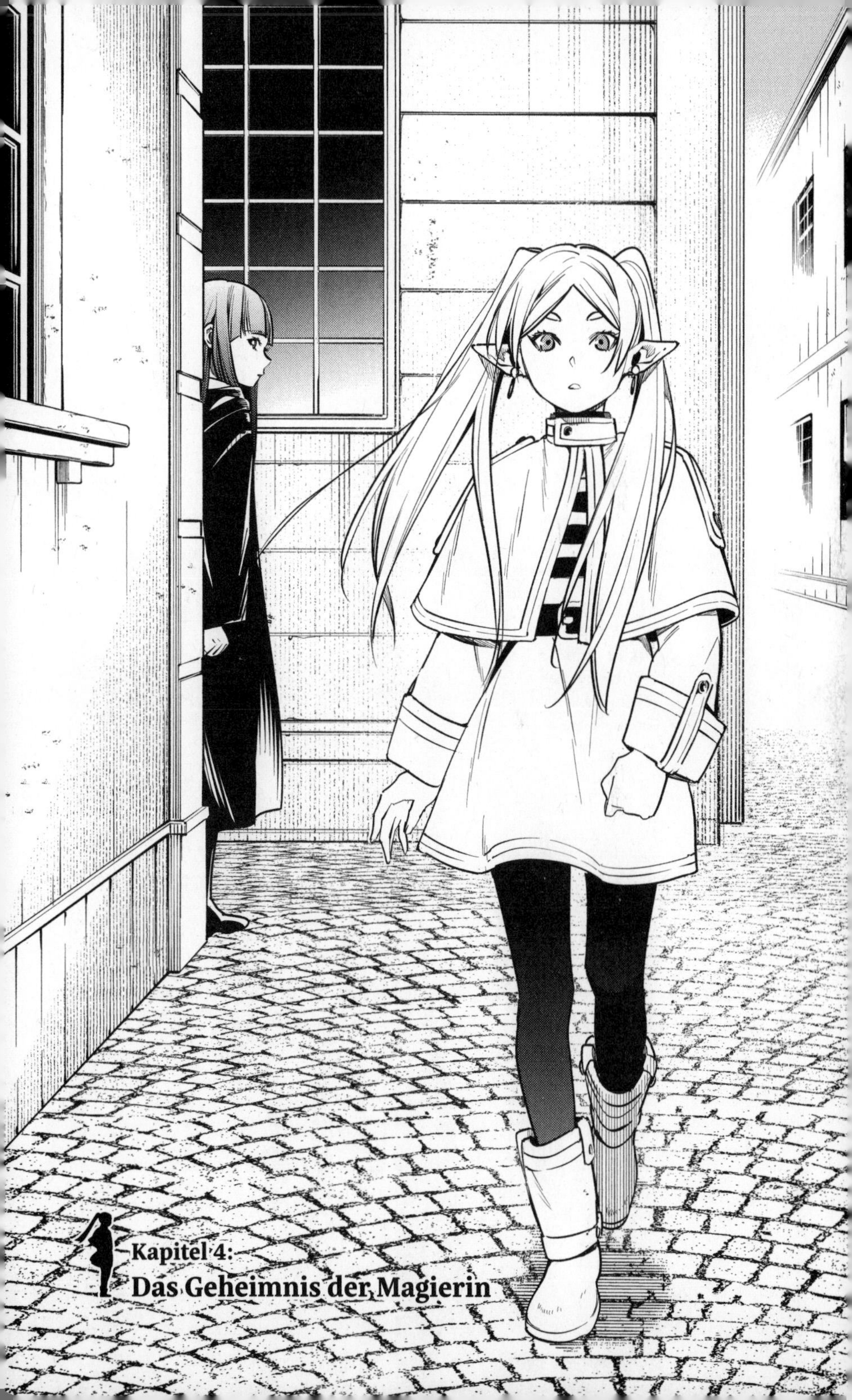
Kapitel 4:
Das Geheimnis der Magierin

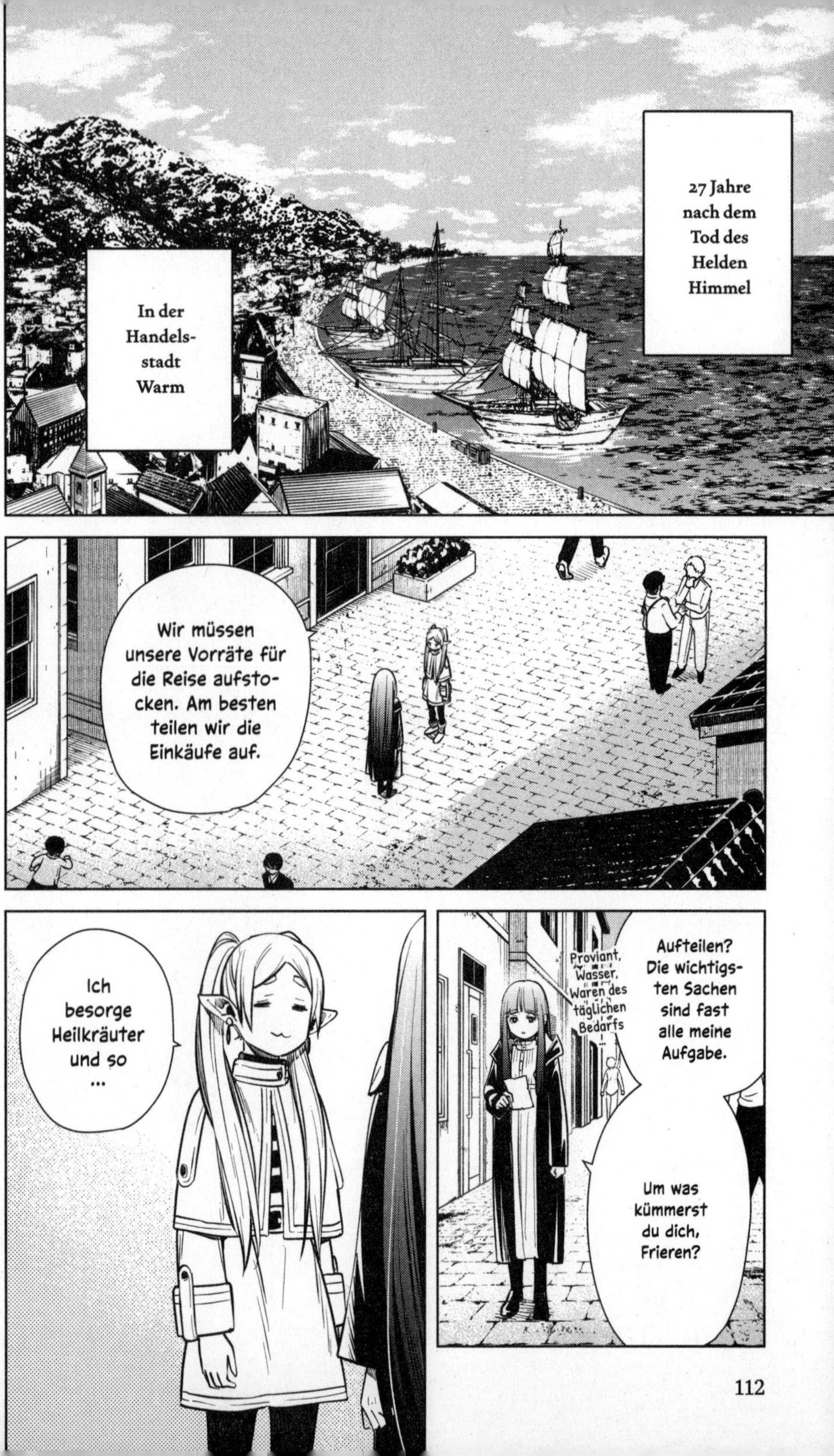
27 Jahre nach dem Tod des Helden Himmel
In der Handelsstadt Warm
Wir müssen unsere Vorräte für die Reise aufstocken. Am besten teilen wir die Einkäufe auf.
Aufteilen? Die wichtigsten Sachen sind fast alle meine Aufgabe.
Proviant, Wasser, Waren des täglichen Bedarfs ...
Um was kümmerst du dich, Frieren?
Ich besorge Heilkräuter und so ...

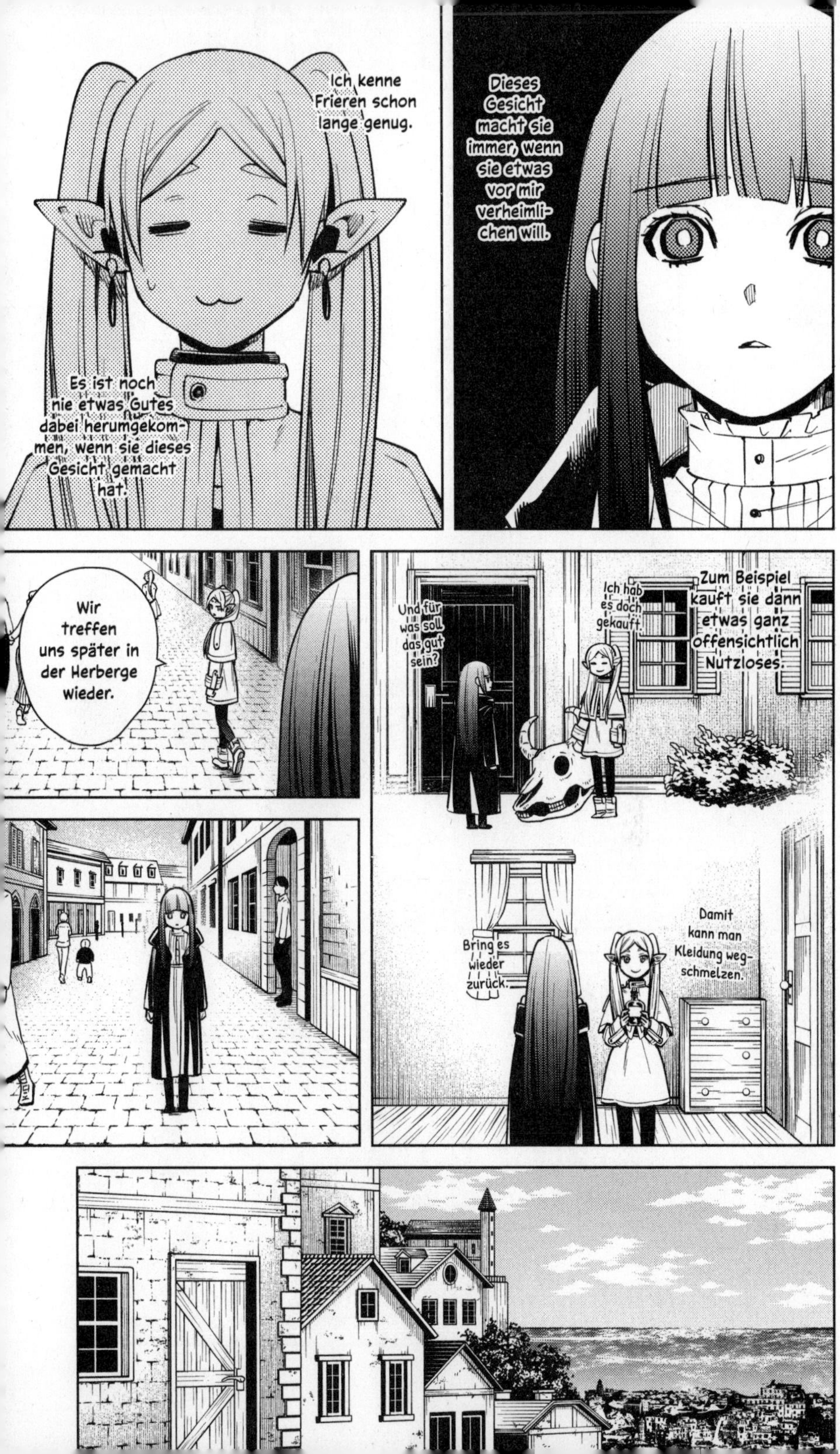

Ich kenne Frieren schon lange genug.
Es ist noch nie etwas Gutes dabei herumgekommen, wenn sie dieses Gesicht gemacht hat.
Dieses Gesicht macht sie immer, wenn sie etwas vor mir verheimlichen will.
Wir treffen uns später in der Herberge wieder.
Zum Beispiel kauft sie dann etwas ganz offensichtlich Nutzloses.
Ich hab es doch gekauft.
Und für was soll das gut sein?
Damit kann man Kleidung wegschmelzen.
Bring es wieder zurück.

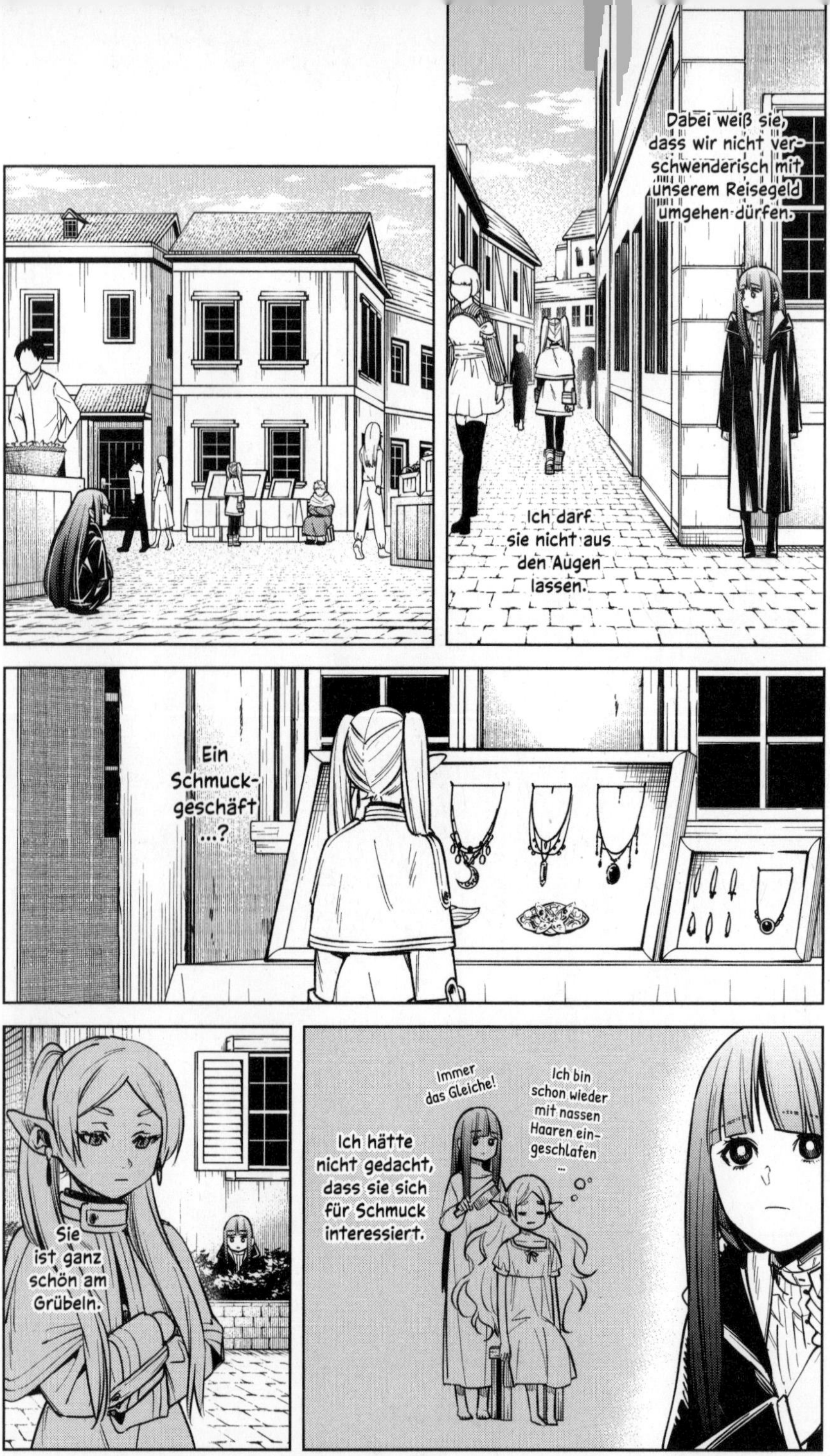
Dabei weiß sie, dass wir nicht verschwenderisch mit unserem Reisegeld umgehen dürfen.
Ich darf sie nicht aus den Augen lassen.
Ein Schmuckgeschäft ...?
Ich hätte nicht gedacht, dass sie sich für Schmuck interessiert.
Ich bin schon wieder mit nassen Haaren eingeschlafen ...
Immer das Gleiche!
Sie ist ganz schön am Grübeln.

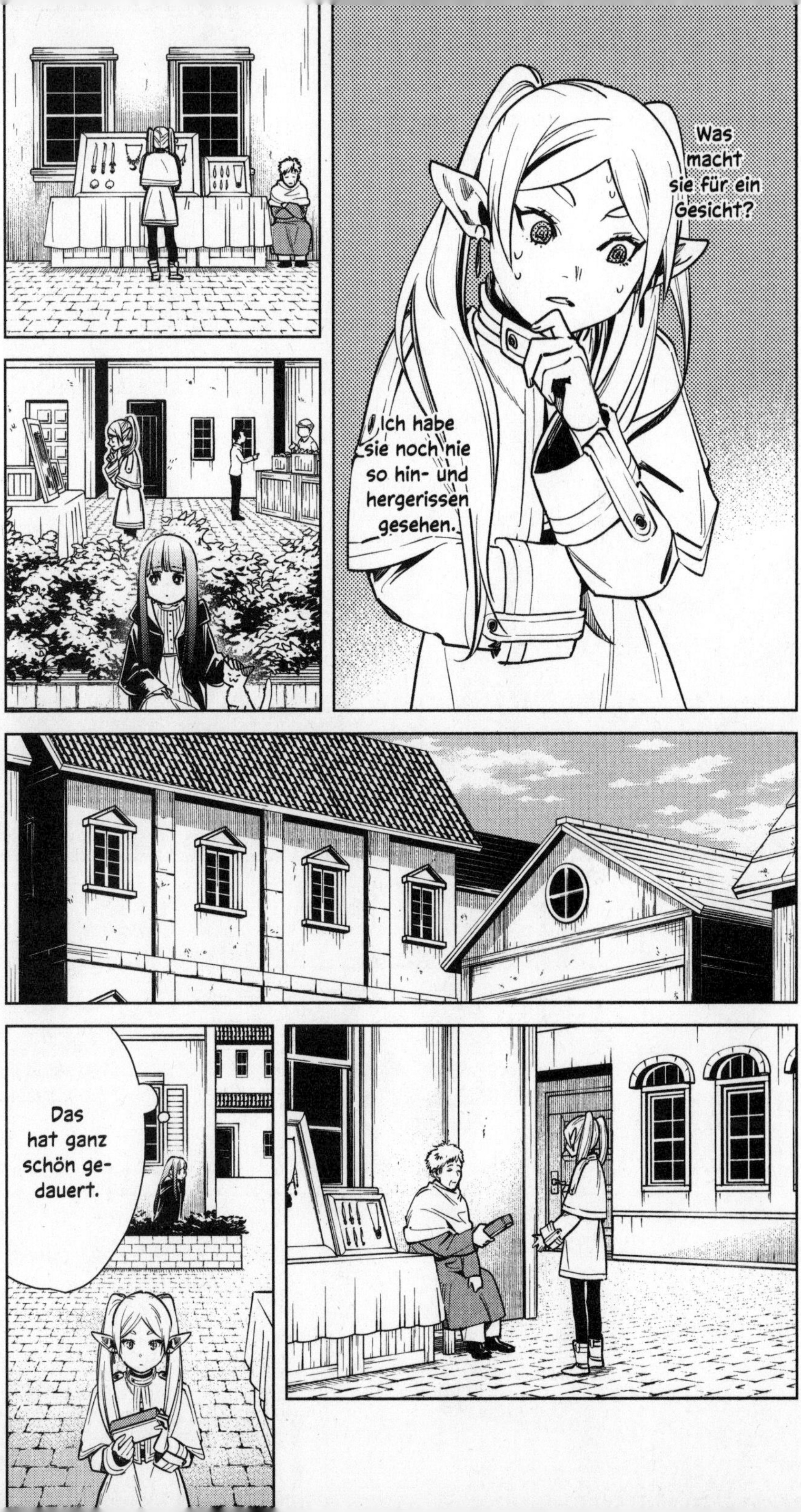
Was macht sie für ein Gesicht?
Ich habe sie noch nie so hin- und hergerissen gesehen.
Das hat ganz schön gedauert.

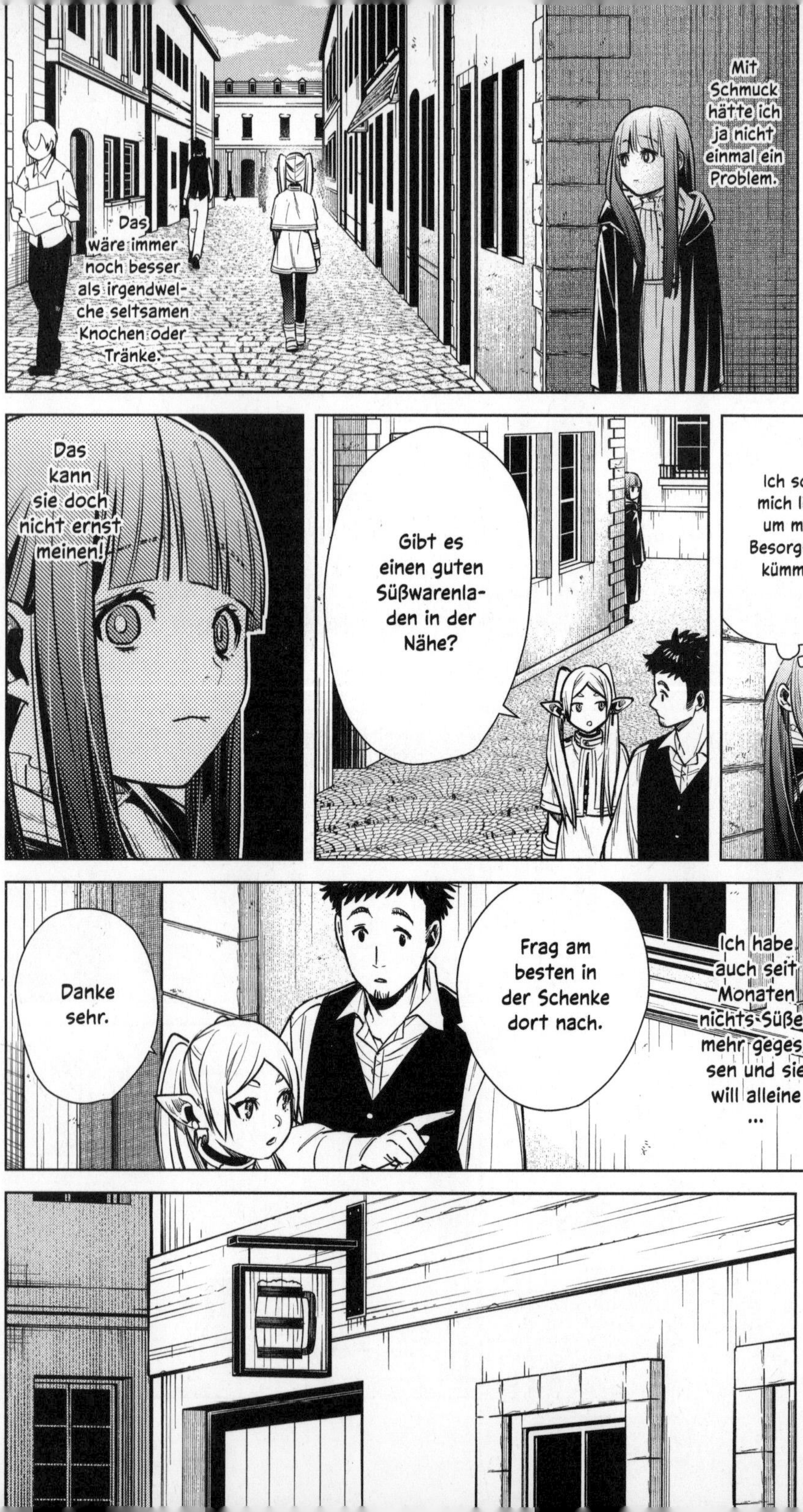
Mit Schmuck hätte ich ja nicht einmal ein Problem.
Das wäre immer noch besser als irgendwelche seltsamen Knochen oder Tränke.
Ich sollte mich lieber um meine Besorgungen kümmern.
Gibt es einen guten Süßwarenladen in der Nähe?
Das kann sie doch nicht ernst meinen!
Ich habe auch seit Monaten nichts Süßes mehr gegessen und sie will alleine ...
Frag am besten in der Schenke dort nach.
Danke sehr.

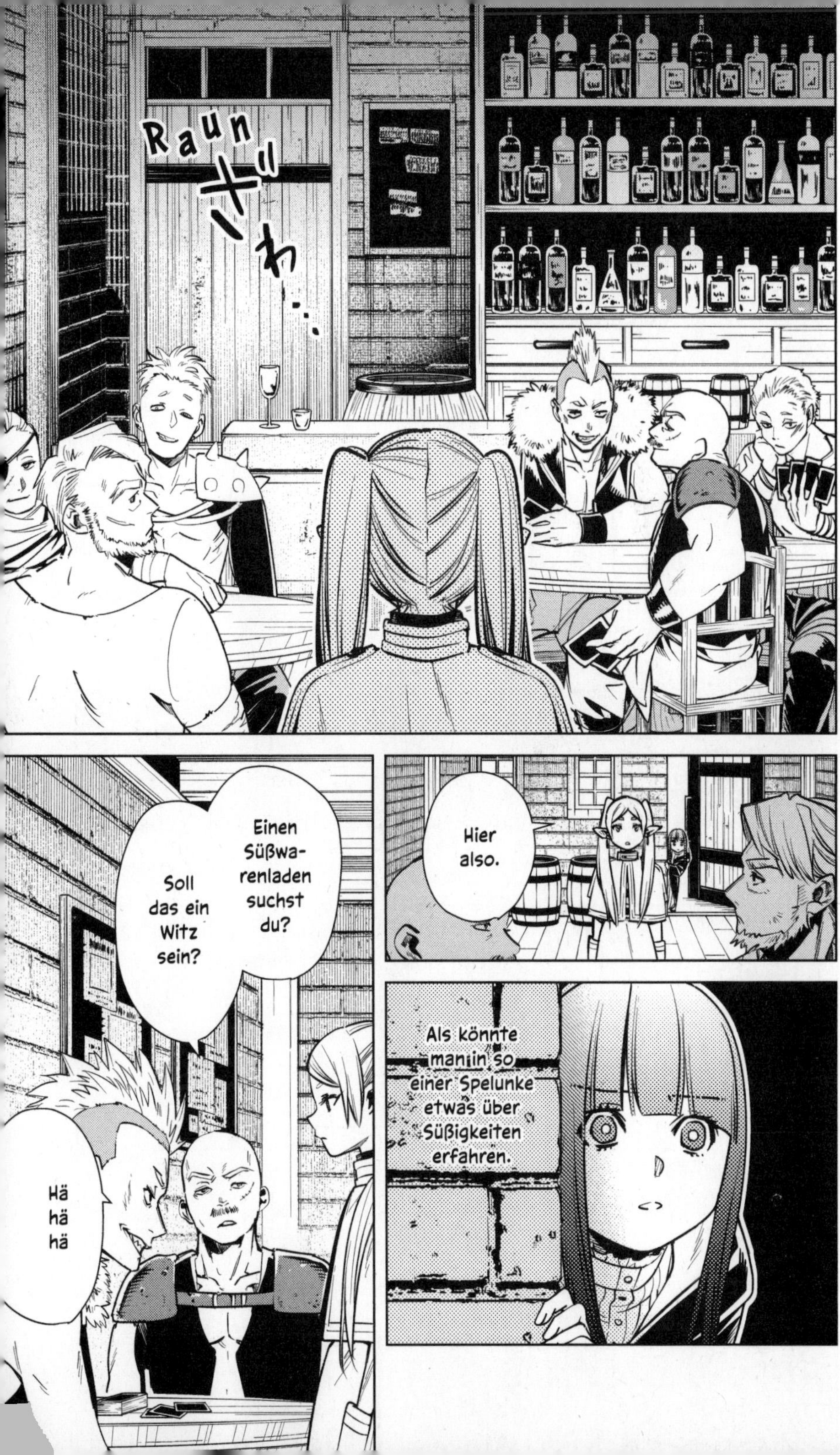
Raun
ざわ…
Hier also.
Einen Süßwarenladen suchst du?
Soll das ein Witz sein?
Als könnte man in so einer Spelunke etwas über Süßigkeiten erfahren.
Hä hä hä

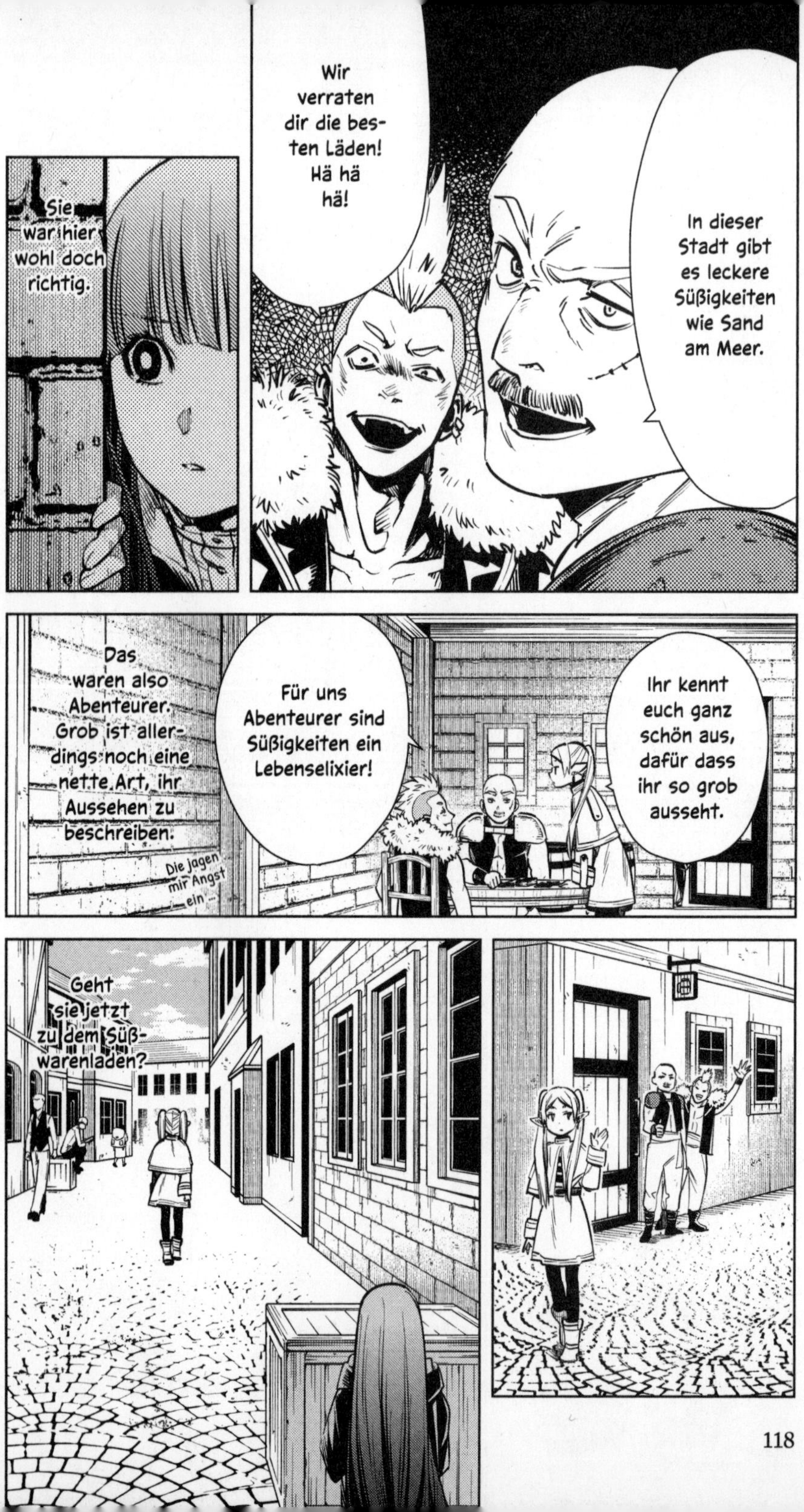
In dieser Stadt gibt es leckere Süßigkeiten wie Sand am Meer.
Wir verraten dir die besten Läden! Hä hä hä!
Sie war hier wohl doch richtig.
Ihr kennt euch ganz schön aus, dafür dass ihr so grob ausseht.
Für uns Abenteurer sind Süßigkeiten ein Lebenselixier!
Das waren also Abenteurer. Grob ist allerdings noch eine nette Art, ihr Aussehen zu beschreiben.
Die jagen mir Angst ein ...
Geht sie jetzt zu dem Süßwarenladen?

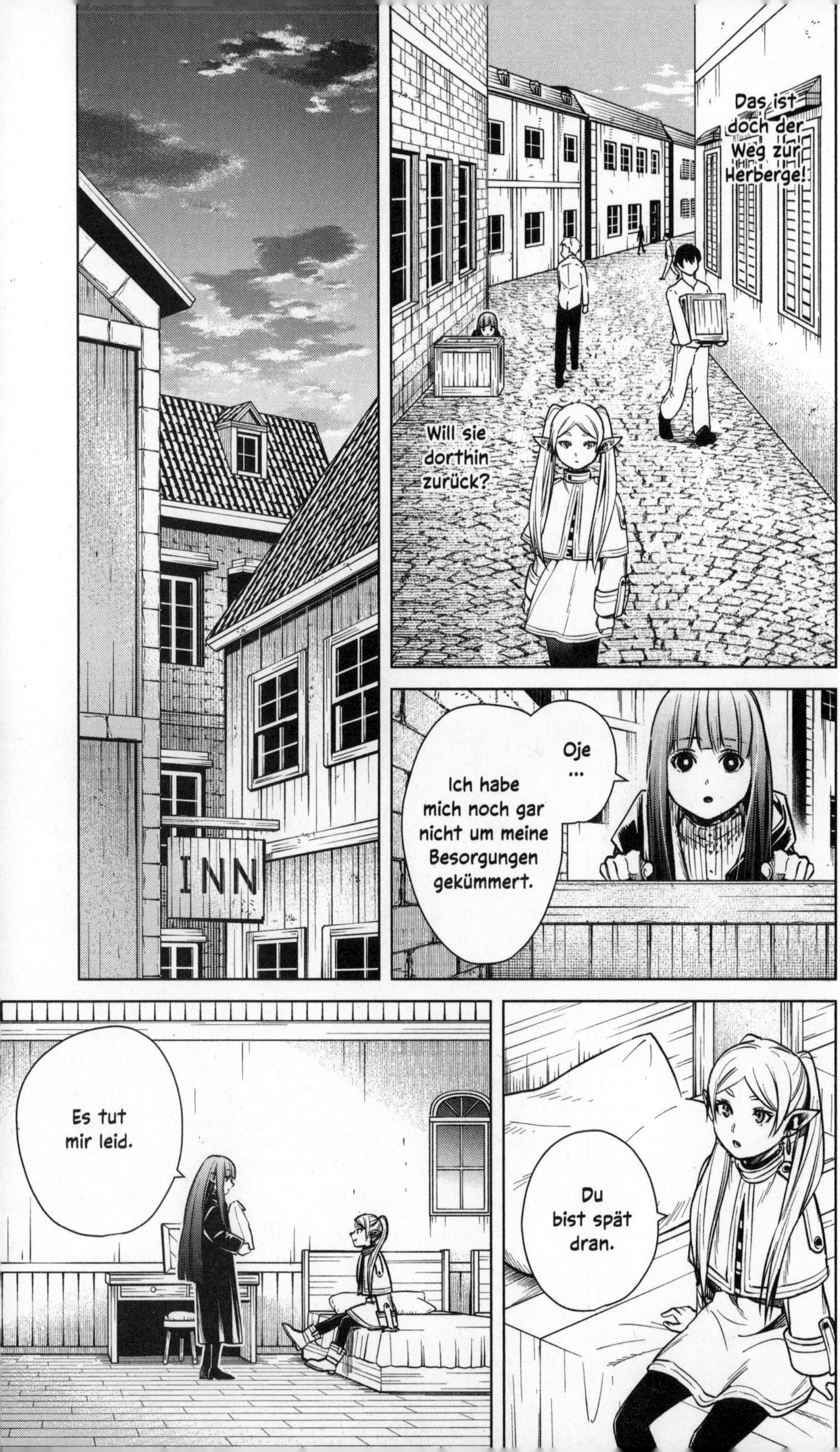
Das ist doch der Weg zur Herberge!
Will sie dorthin zurück?
Oje ...
Ich habe mich noch gar nicht um meine Besorgungen gekümmert.
INN
Du bist spät dran.
Es tut mir leid.

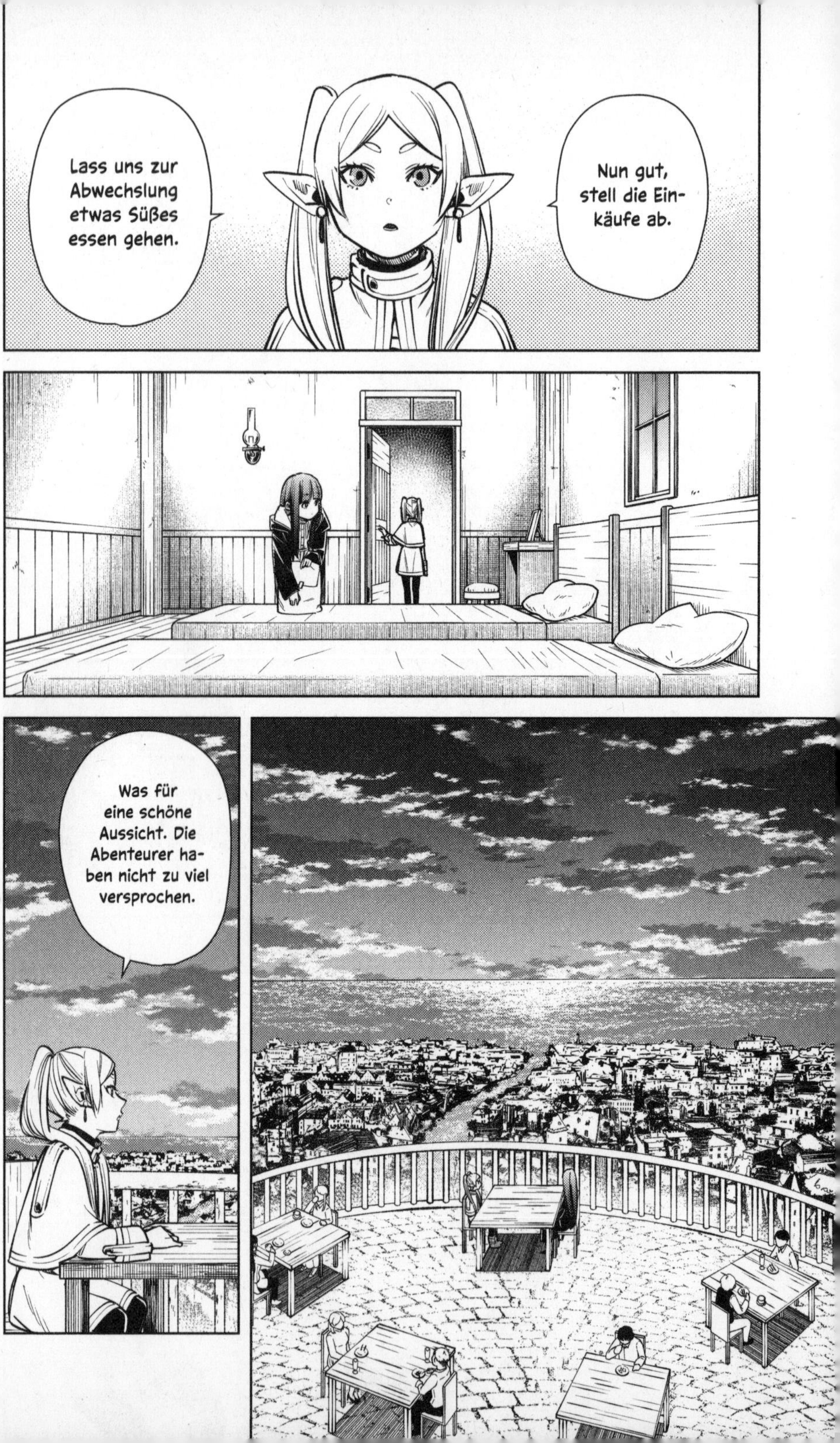

Nun gut, stell die Ein-käufe ab.
Lass uns zur Abwechslung etwas Süßes essen gehen.
Was für eine schöne Aussicht. Die Abenteurer ha-ben nicht zu viel versprochen.

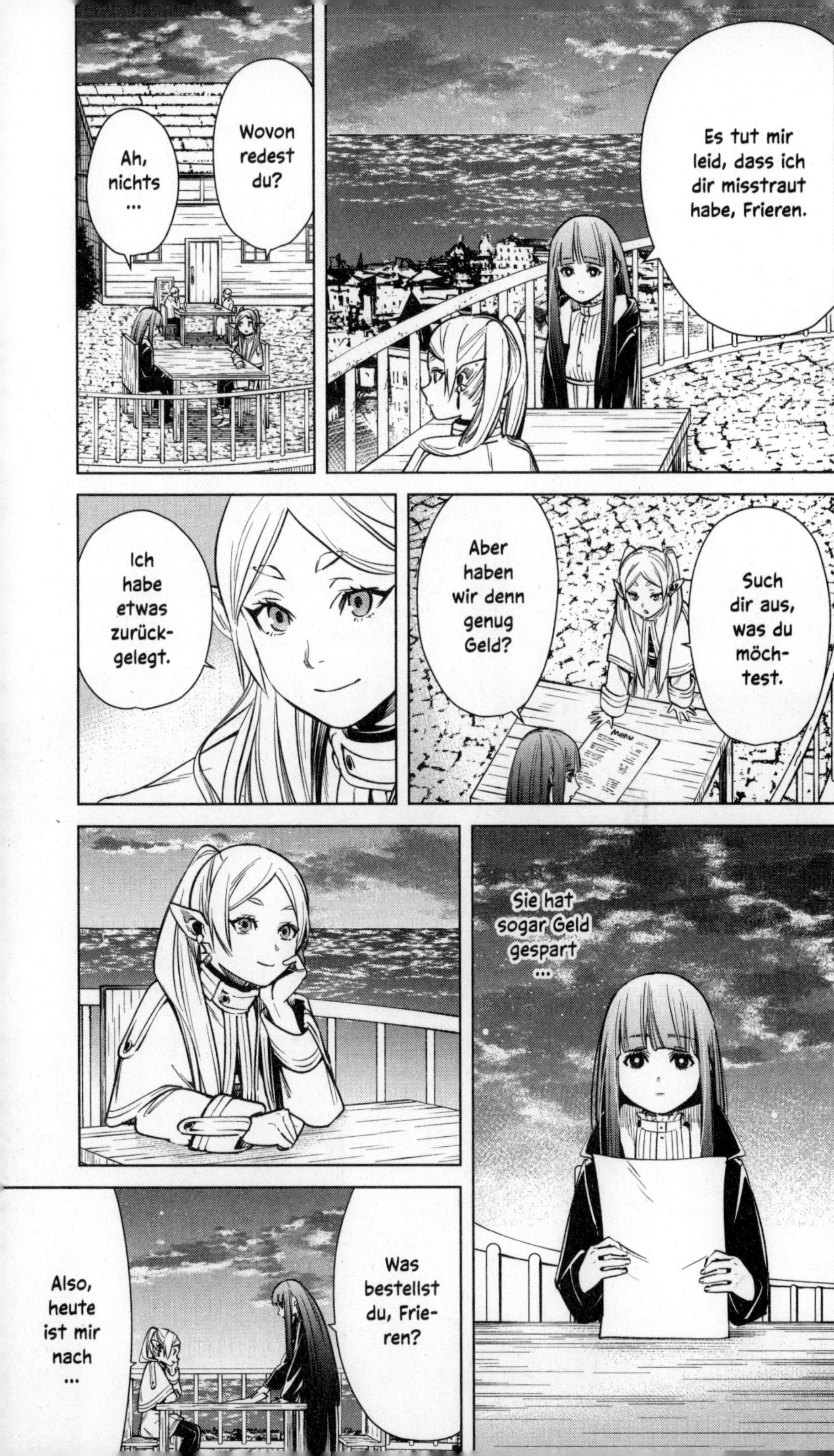
Es tut mir leid, dass ich dir misstraut habe, Frieren.
Wovon redest du?
Ah, nichts …
Such dir aus, was du möchtest.
Aber haben wir denn genug Geld?
Ich habe etwas zurückgelegt.
Sie hat sogar Geld gespart …
Was bestellst du, Frieren?
Also, heute ist mir nach …

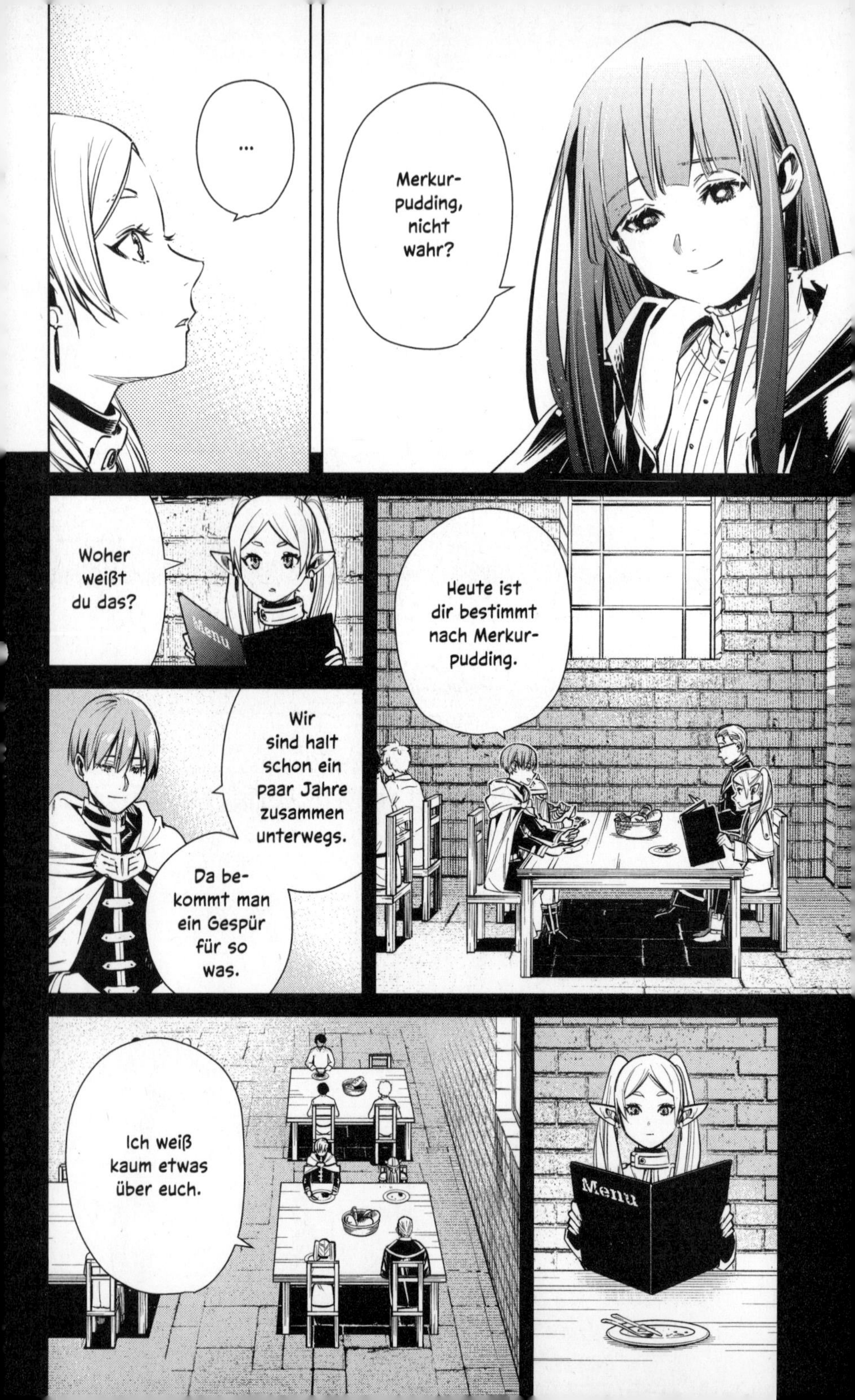
Merkur-pudding, nicht wahr?
...
Heute ist dir bestimmt nach Merkur-pudding.
Woher weißt du das?
Wir sind halt schon ein paar Jahre zusammen unterwegs.
Da bekommt man ein Gespür für so was.
Menu
Ich weiß kaum etwas über euch.

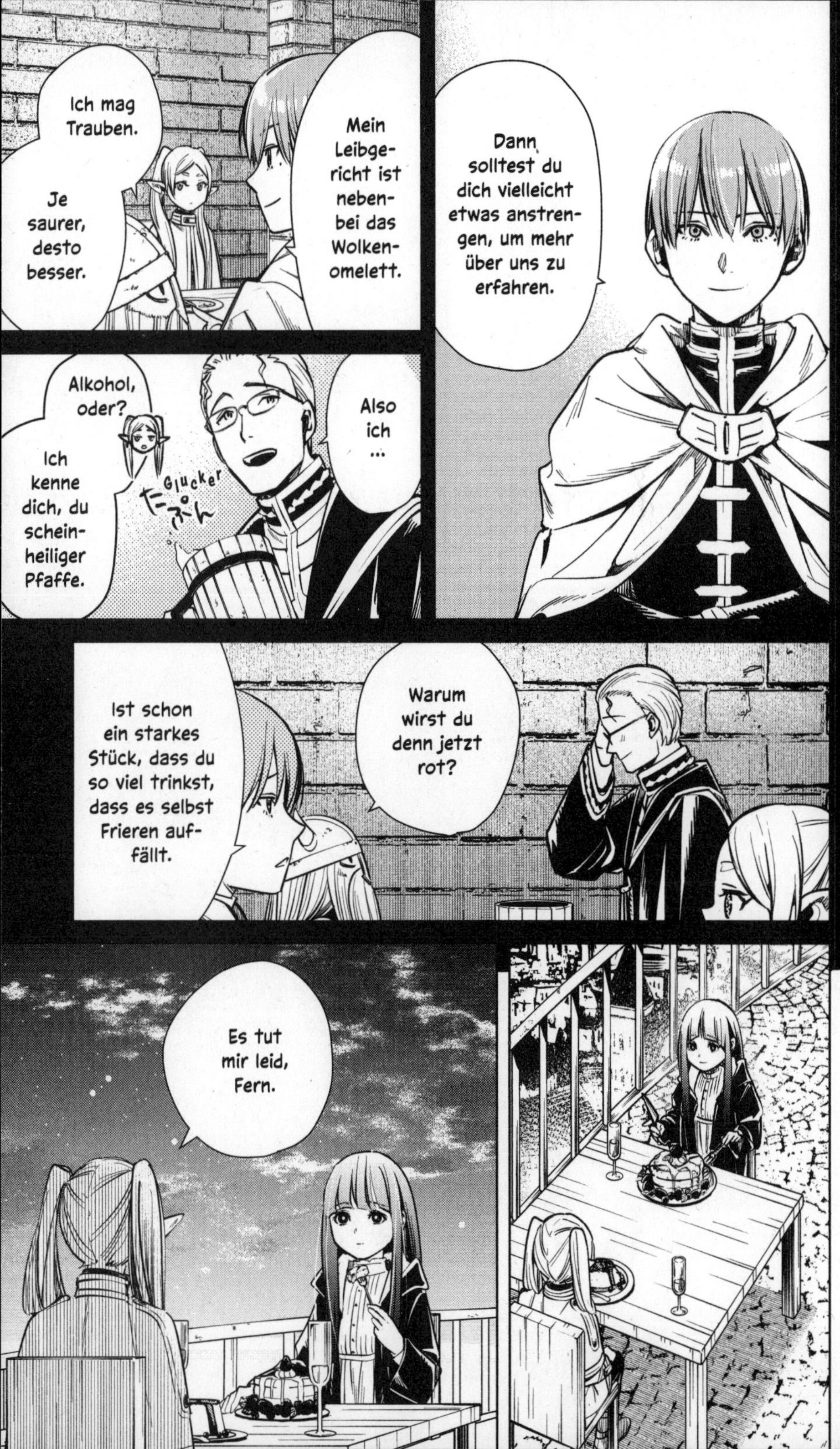

Dann solltest du dich vielleicht etwas anstrengen, um mehr über uns zu erfahren.
Mein Leibgericht ist nebenbei das Wolkenomelett.
Ich mag Trauben.
Je saurer, desto besser.
Also ich …
Glucker
Alkohol, oder?
Ich kenne dich, du scheinheiliger Pfaffe.
Warum wirst du denn jetzt rot?
Ist schon ein starkes Stück, dass du so viel trinkst, dass es selbst Frieren auffällt.
Es tut mir leid, Fern.

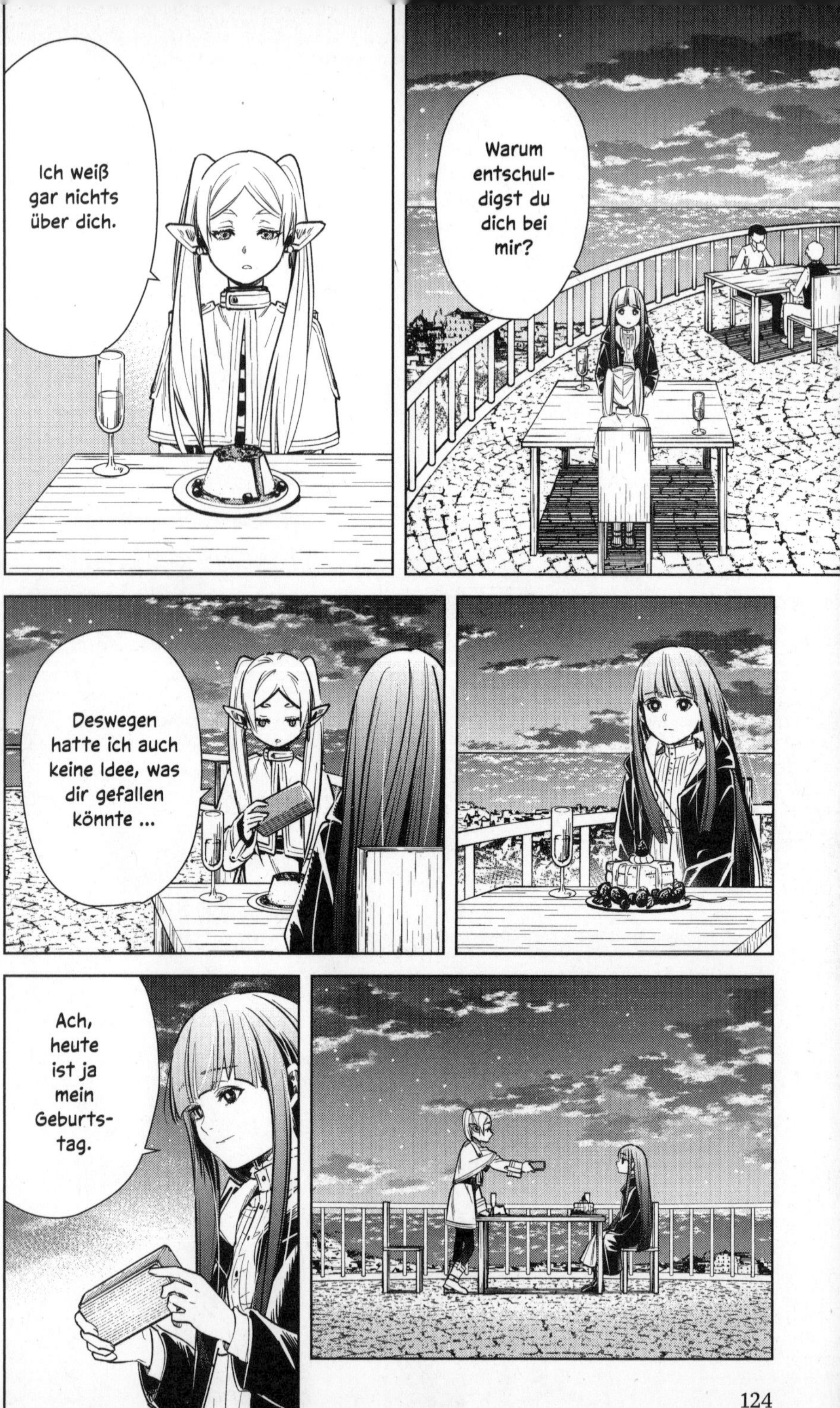
Warum entschuldigst du dich bei mir?
Ich weiß gar nichts über dich.
Deswegen hatte ich auch keine Idee, was dir gefallen könnte ...
Ach, heute ist ja mein Geburtstag.

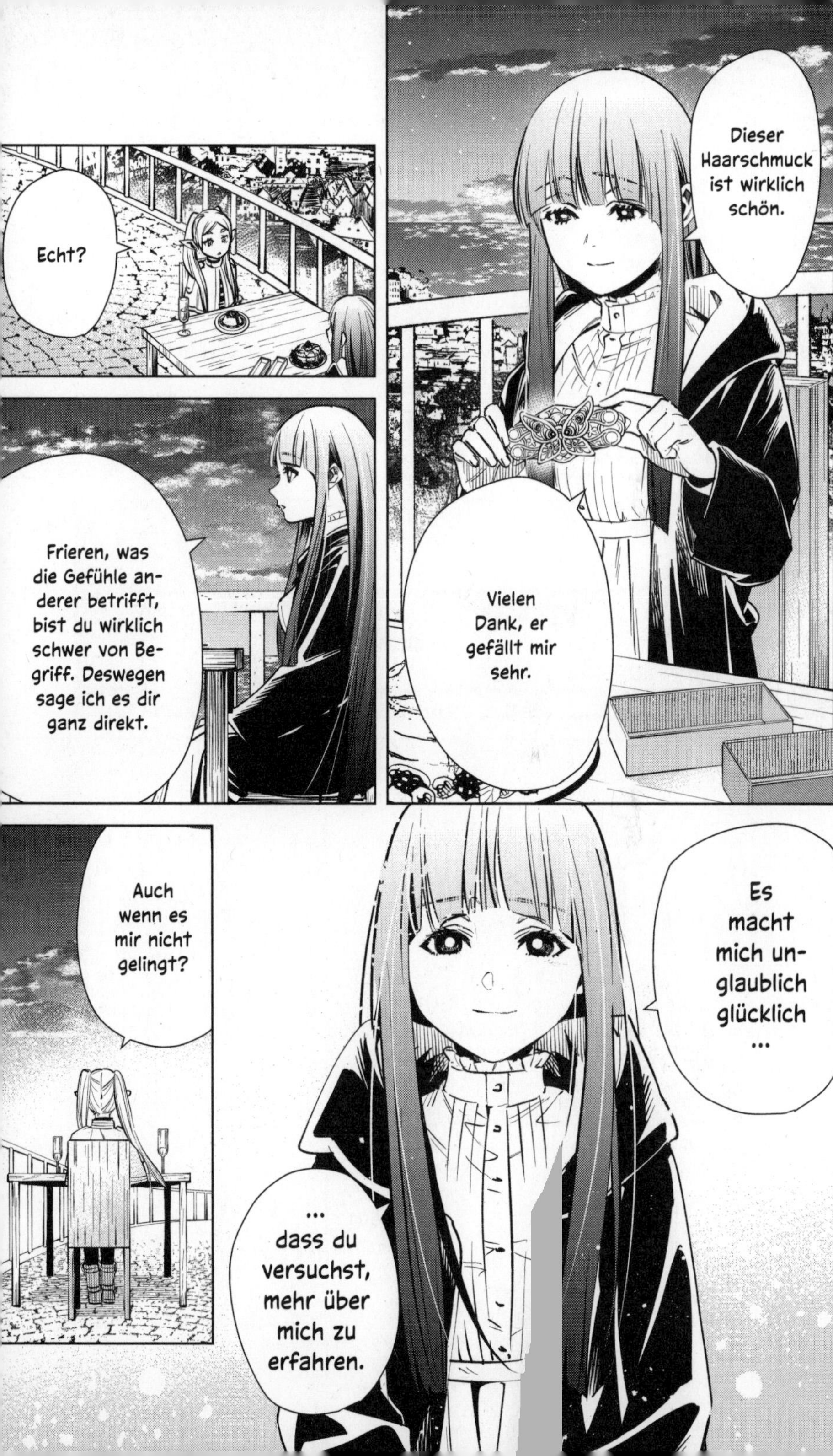
Dieser Haarschmuck ist wirklich schön.
Echt?
Vielen Dank, er gefällt mir sehr.
Frieren, was die Gefühle anderer betrifft, bist du wirklich schwer von Begriff. Deswegen sage ich es dir ganz direkt.
Es macht mich unglaublich glücklich …
… dass du versuchst, mehr über mich zu erfahren.
Auch wenn es mir nicht gelingt?

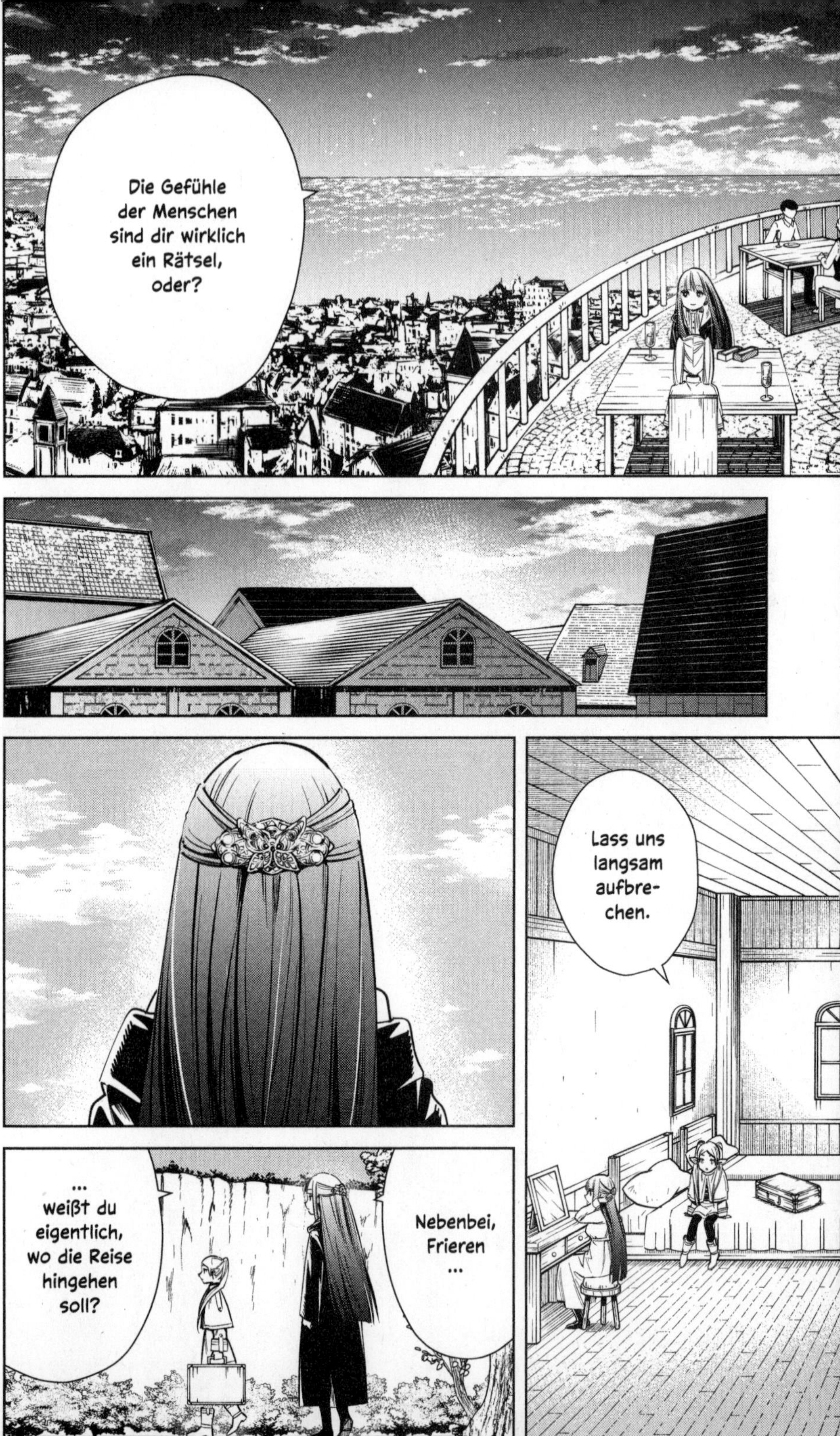
Die Gefühle der Menschen sind dir wirklich ein Rätsel, oder?
Lass uns langsam aufbre-chen.
Nebenbei, Frieren ...
... weißt du eigentlich, wo die Reise hingehen soll?

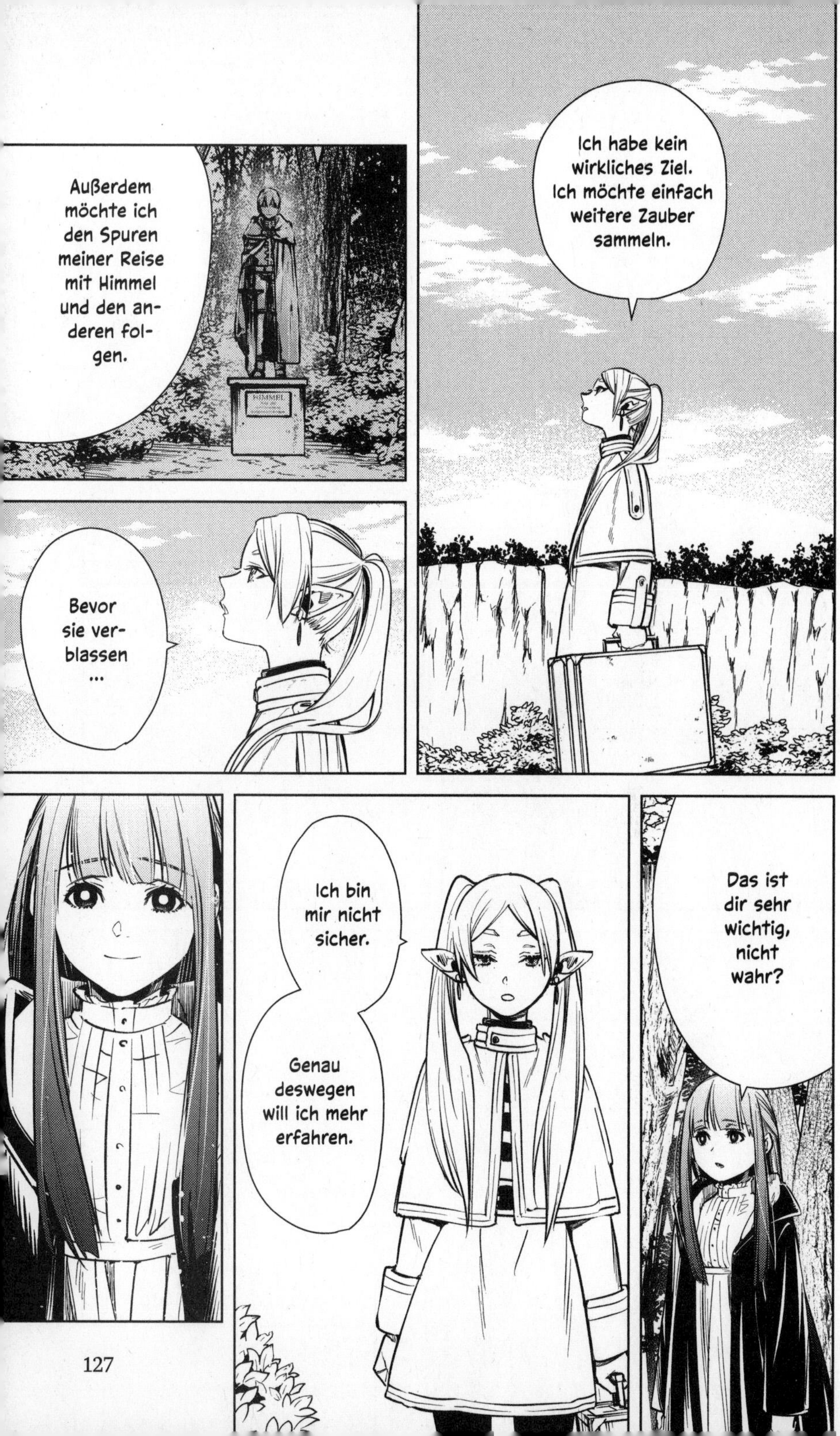
Ich habe kein wirkliches Ziel. Ich möchte einfach weitere Zauber sammeln.
Außerdem möchte ich den Spuren meiner Reise mit Himmel und den anderen folgen.
HIMMEL
Bevor sie verblassen …
Das ist dir sehr wichtig, nicht wahr?
Ich bin mir nicht sicher.
Genau deswegen will ich mehr erfahren.

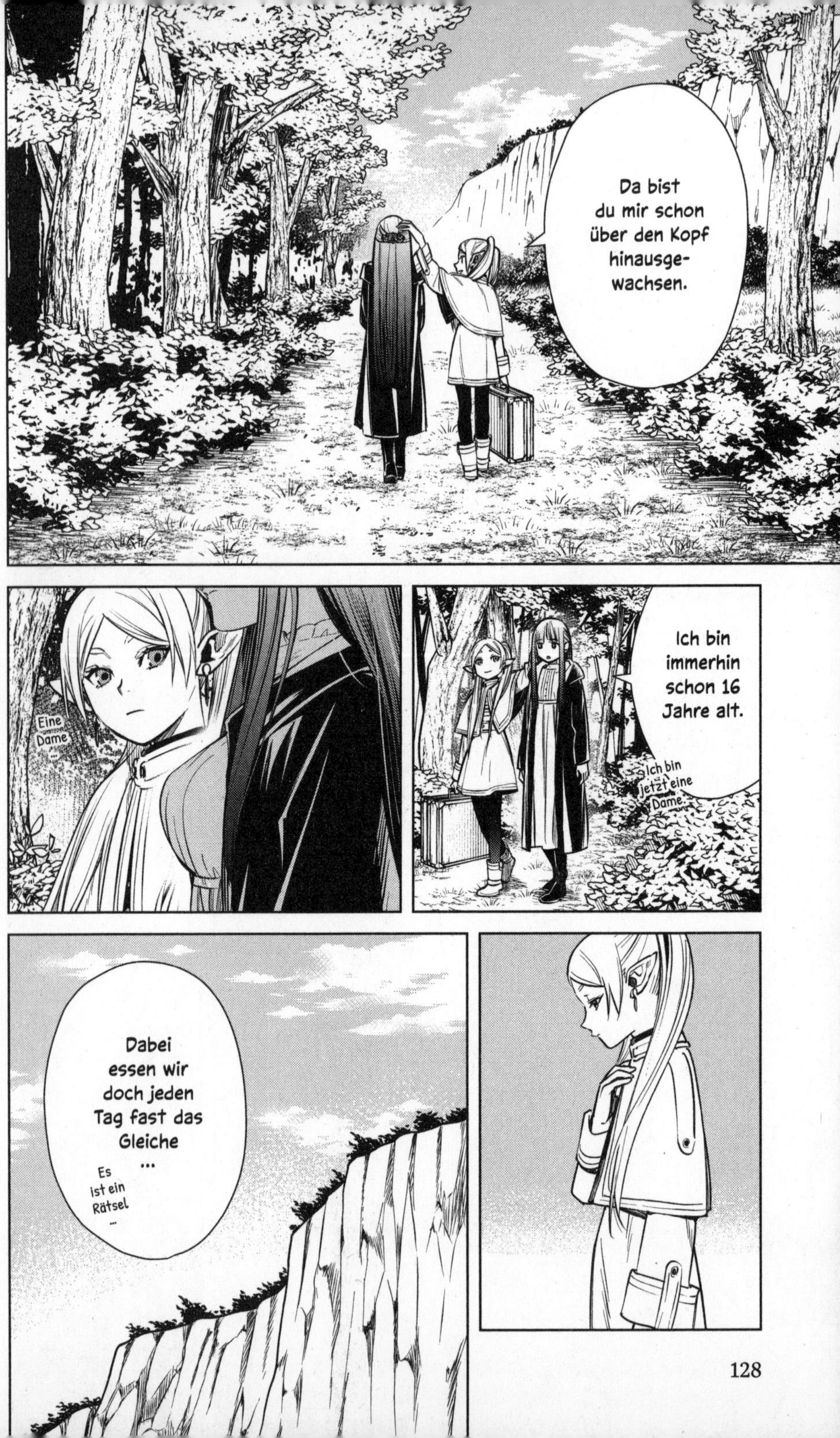
Da bist du mir schon über den Kopf hinausgewachsen.
Ich bin immerhin schon 16 Jahre alt.
Ich bin jetzt eine Dame.
Eine Dame ...
Dabei essen wir doch jeden Tag fast das Gleiche ...
Es ist ein Rätsel ...

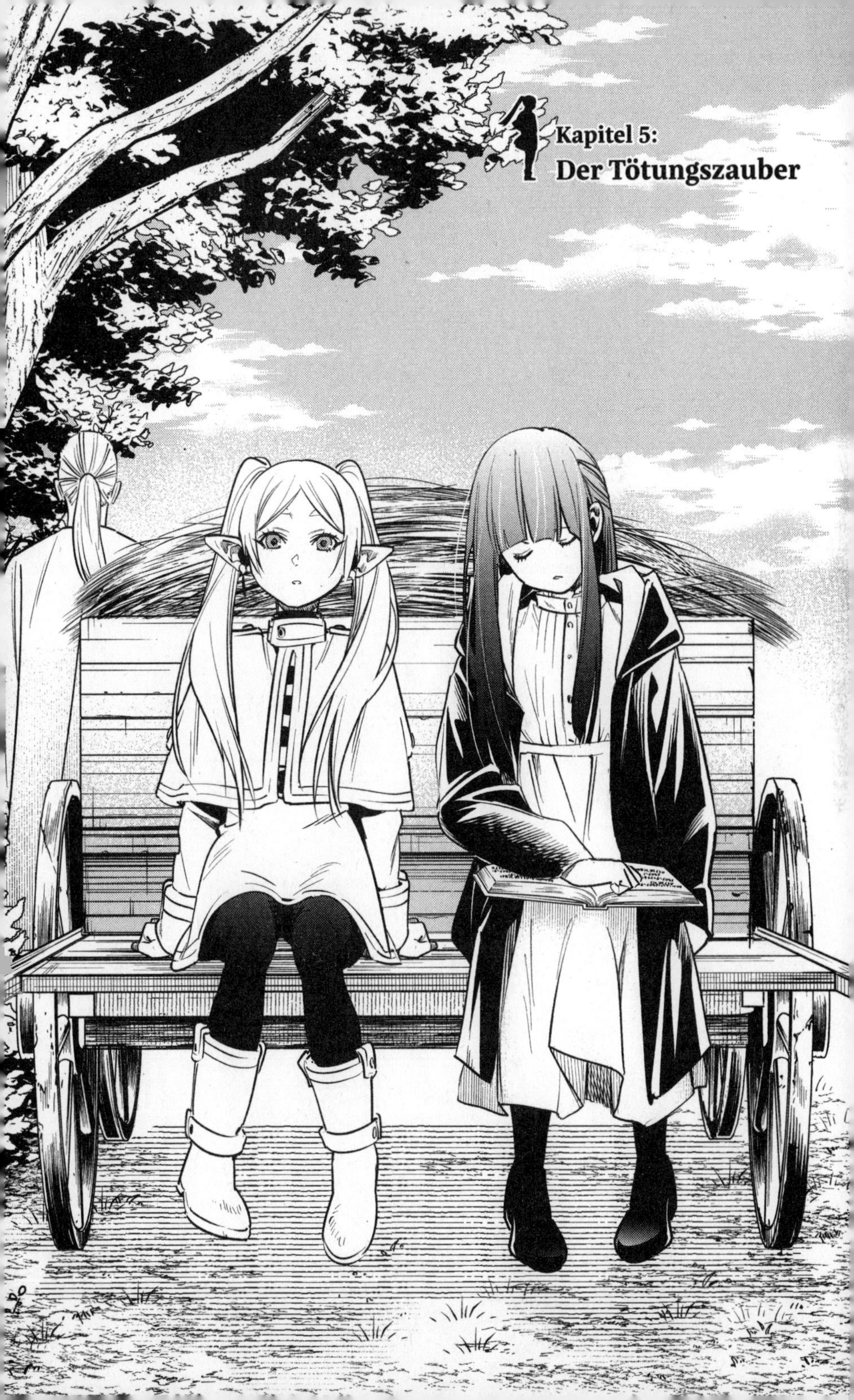
Kapitel 5:
Der Tötungszauber

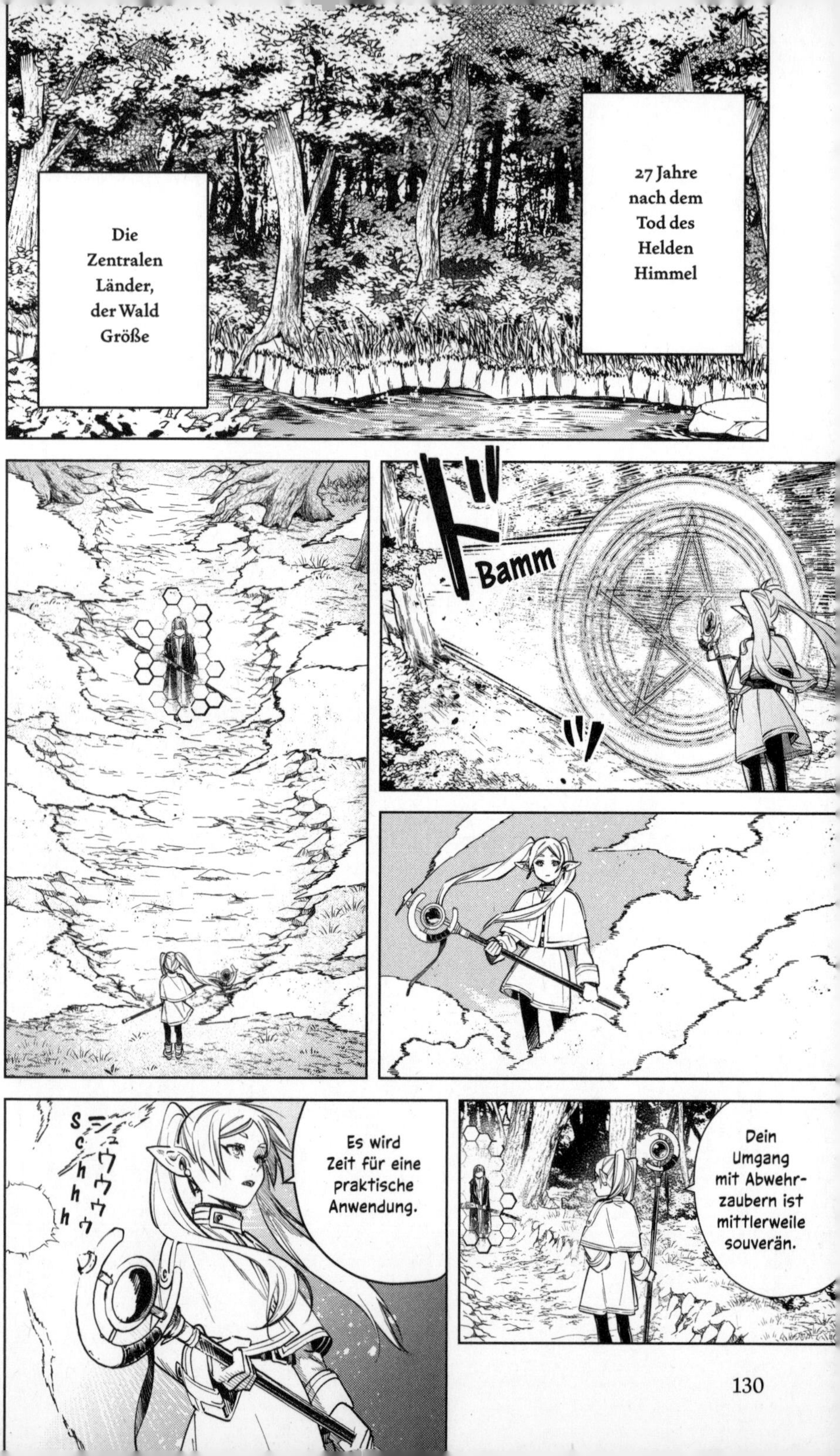
27 Jahre nach dem Tod des Helden Himmel
Die Zentralen Länder, der Wald Größe
ドッ
Bamm
Dein Umgang mit Abwehrzaubern ist mittlerweile souverän.
Es wird Zeit für eine praktische Anwendung.
シュウウウウ
Schhhh

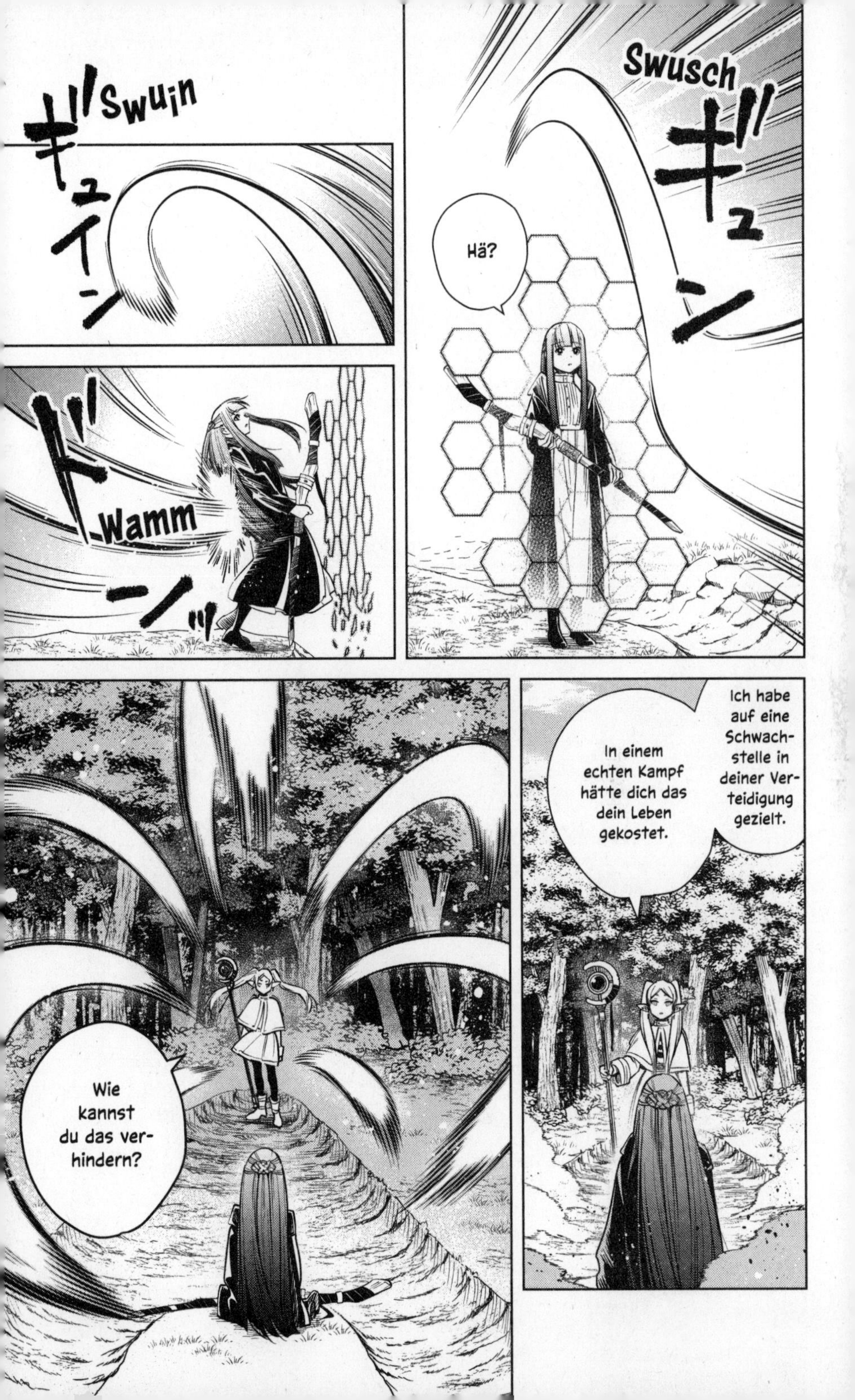
Swusch
Hä?
Swuin
Wamm
Ich habe auf eine Schwachstelle in deiner Verteidigung gezielt.
In einem echten Kampf hätte dich das dein Leben gekostet.
Wie kannst du das verhindern?

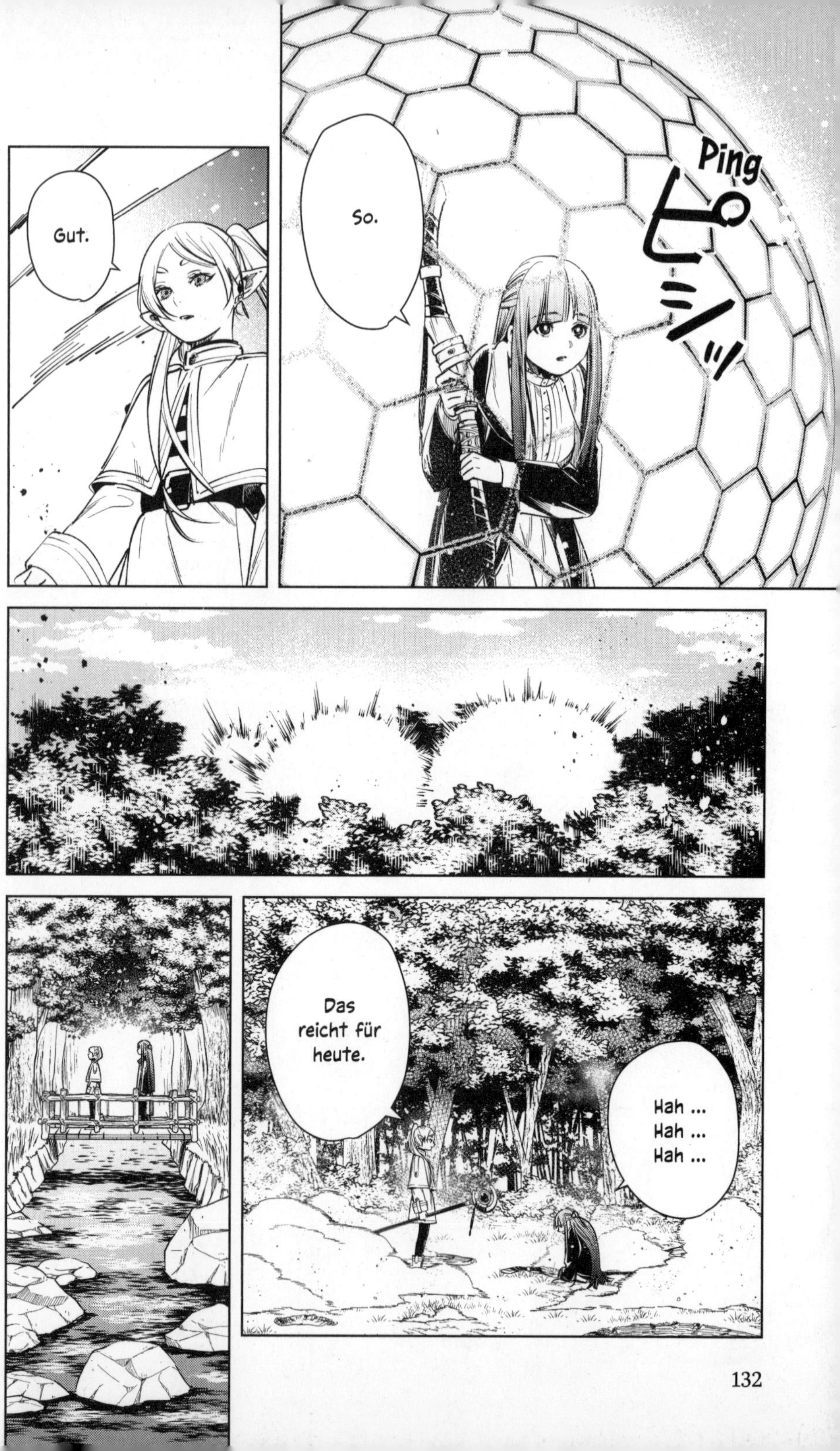
Ping
ピシッ
So.
Gut.
Das reicht für heute.
Hah ... Hah ... Hah ...

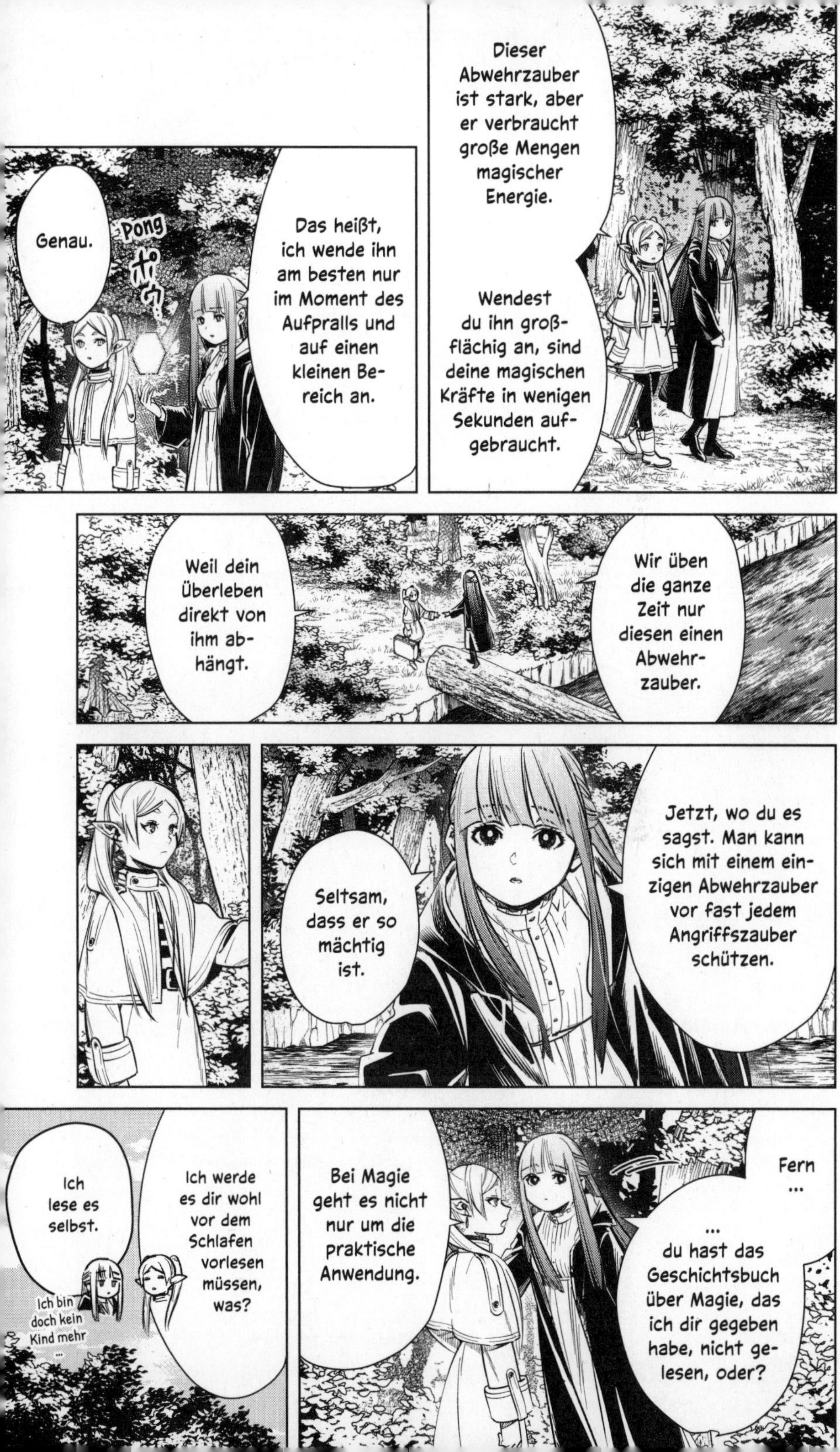
Dieser Abwehrzauber ist stark, aber er verbraucht große Mengen magischer Energie.
Wendest du ihn großflächig an, sind deine magischen Kräfte in wenigen Sekunden aufgebraucht.
Das heißt, ich wende ihn am besten nur im Moment des Aufpralls und auf einen kleinen Bereich an.
Pong
ポウ
Genau.
Wir üben die ganze Zeit nur diesen einen Abwehrzauber.
Weil dein Überleben direkt von ihm abhängt.
Jetzt, wo du es sagst. Man kann sich mit einem einzigen Abwehrzauber vor fast jedem Angriffszauber schützen.
Seltsam, dass er so mächtig ist.
Fern ...
... du hast das Geschichtsbuch über Magie, das ich dir gegeben habe, nicht gelesen, oder?
Bei Magie geht es nicht nur um die praktische Anwendung.
Ich werde es dir wohl vor dem Schlafen vorlesen müssen, was?
Ich lese es selbst.
Ich bin doch kein Kind mehr ...

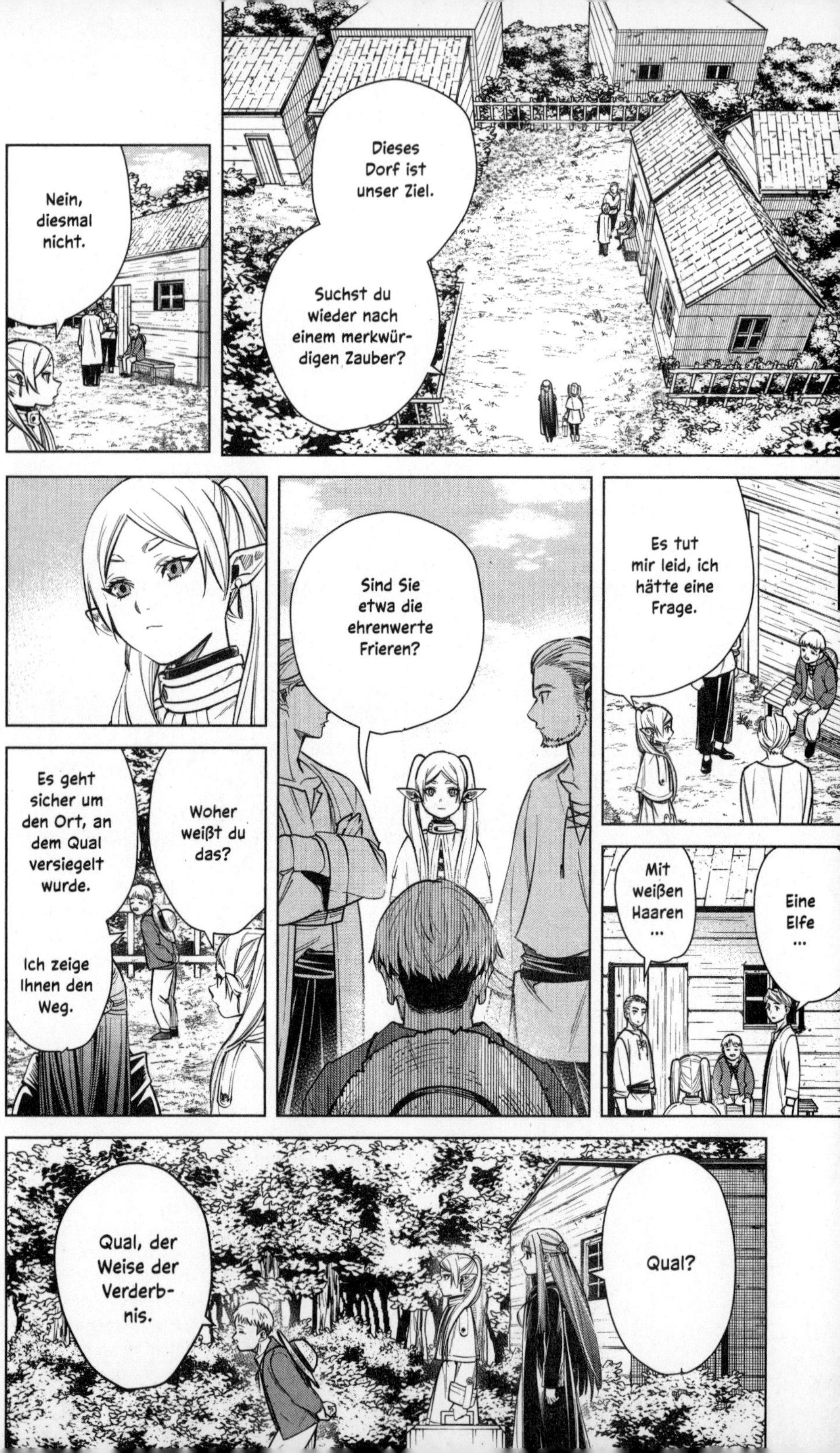
Dieses Dorf ist unser Ziel.
Suchst du wieder nach einem merkwürdigen Zauber?
Nein, diesmal nicht.
Es tut mir leid, ich hätte eine Frage.
Sind Sie etwa die ehrenwerte Frieren?
Eine Elfe ...
Mit weißen Haaren ...
Woher weißt du das?
Es geht sicher um den Ort, an dem Qual versiegelt wurde.
Ich zeige Ihnen den Weg.
Qual?
Qual, der Weise der Verderbnis.

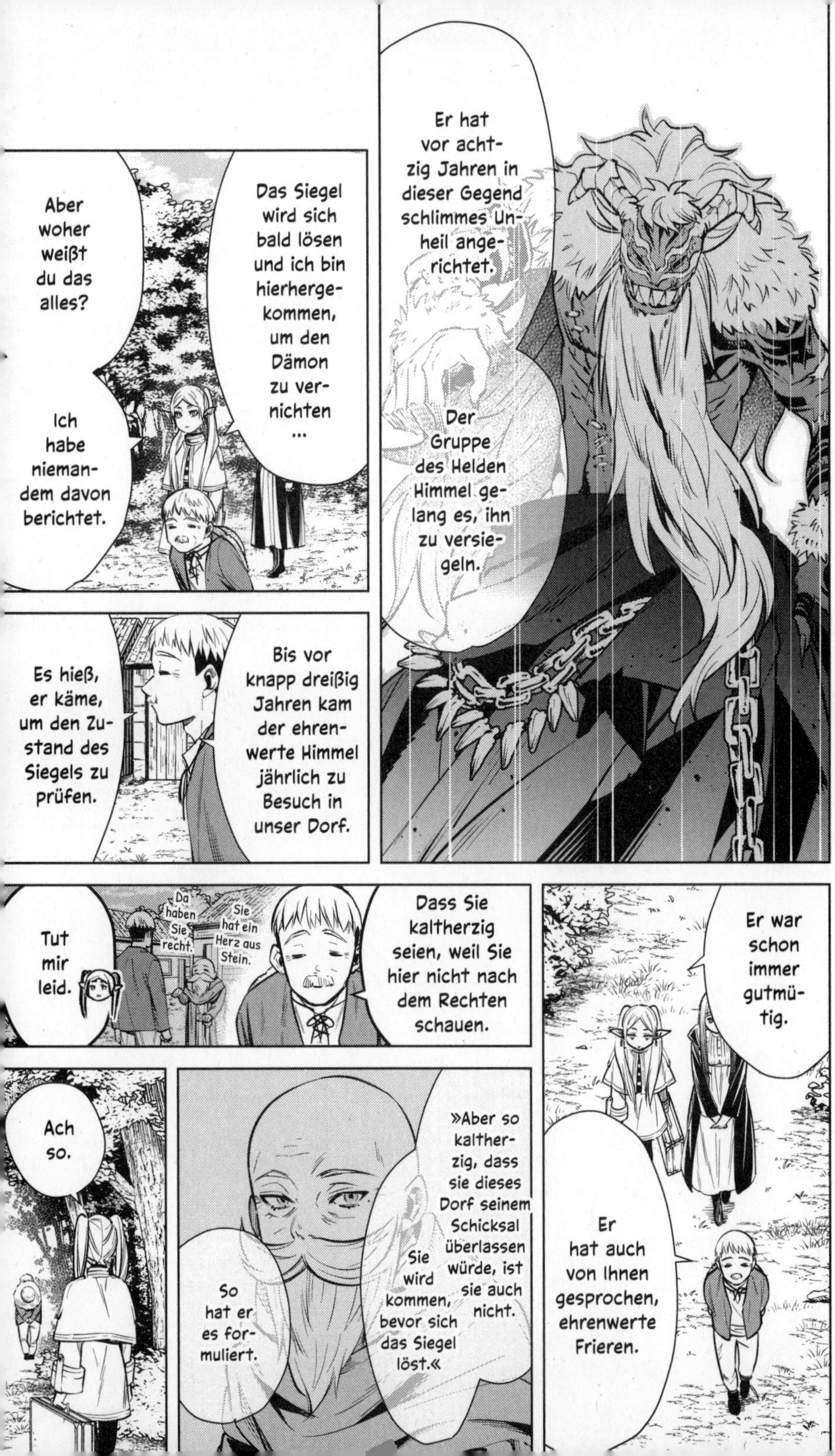
Er hat vor achtzig Jahren in dieser Gegend schlimmes Unheil angerichtet.
Der Gruppe des Helden Himmel gelang es, ihn zu versiegeln.
Das Siegel wird sich bald lösen und ich bin hierhergekommen, um den Dämon zu vernichten ...
Aber woher weißt du das alles?
Ich habe niemandem davon berichtet.
Bis vor knapp dreißig Jahren kam der ehrenwerte Himmel jährlich zu Besuch in unser Dorf.
Es hieß, er käme, um den Zustand des Siegels zu prüfen.
Er war schon immer gutmütig.
Er hat auch von Ihnen gesprochen, ehrenwerte Frieren.
Dass Sie kaltherzig seien, weil Sie hier nicht nach dem Rechten schauen.
Sie hat ein Herz aus Stein.
Da haben Sie recht.
Tut mir leid.
»Aber so kaltherzig, dass sie dieses Dorf seinem Schicksal überlassen würde, ist sie auch nicht.
Sie wird kommen, bevor sich das Siegel löst.«
So hat er es formuliert.
Ach so.

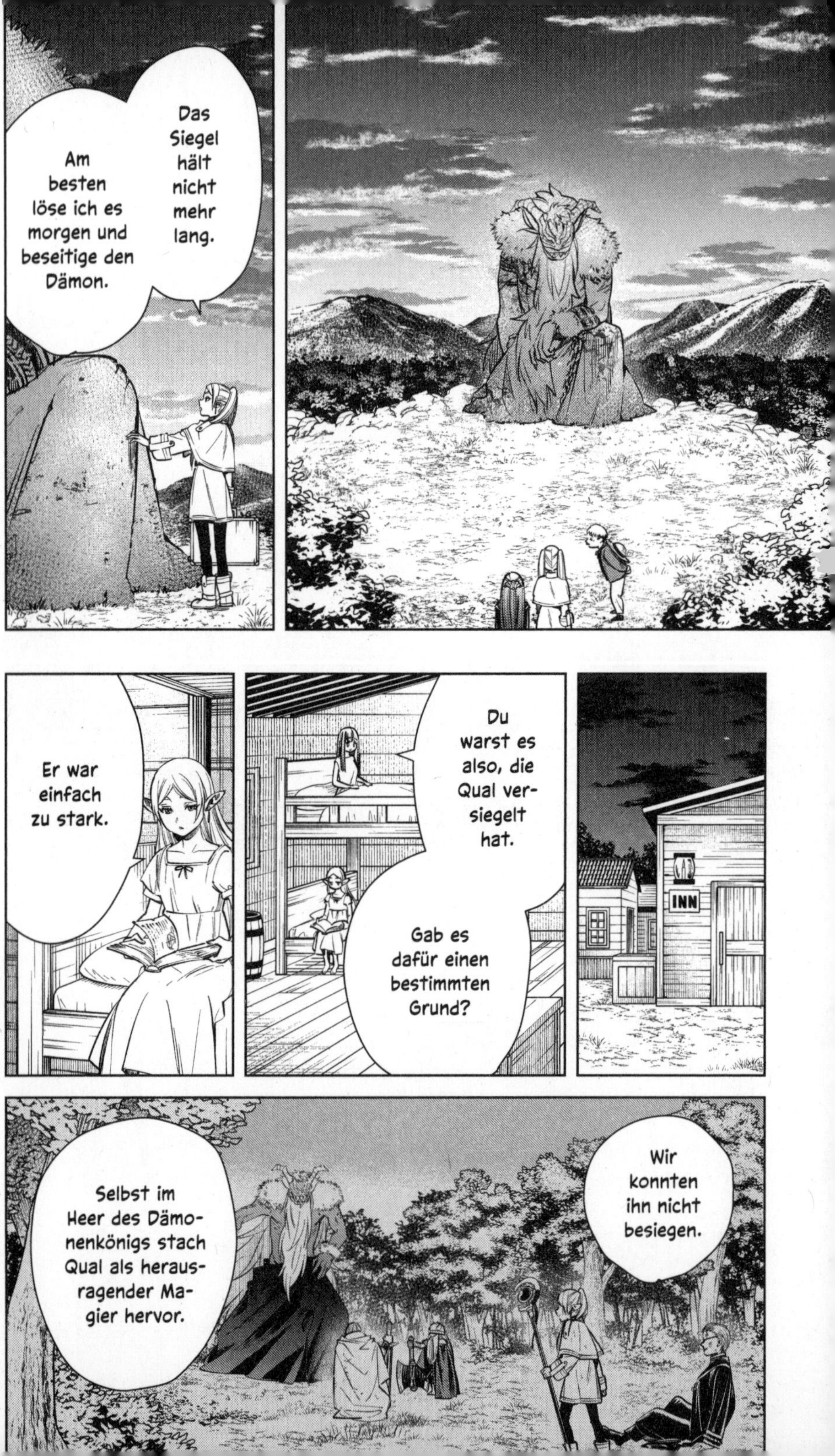
Das Siegel hält nicht mehr lang.
Am besten löse ich es morgen und beseitige den Dämon.
INN
Du warst es also, die Qual ver-siegelt hat.
Gab es dafür einen bestimmten Grund?
Er war einfach zu stark.
Wir konnten ihn nicht besiegen.
Selbst im Heer des Dämo-nenkönigs stach Qual als heraus-ragender Ma-gier hervor.

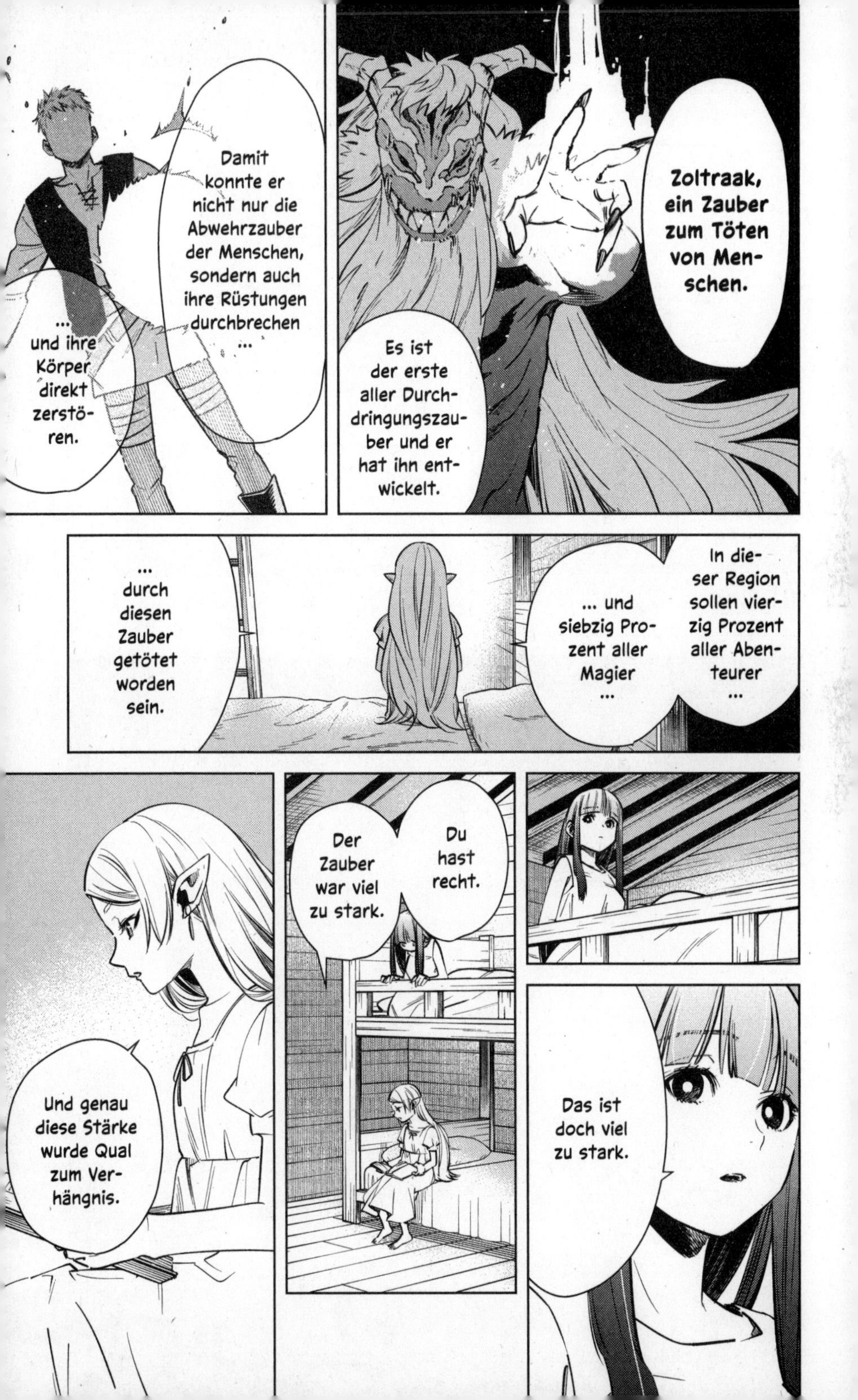
Zoltraak, ein Zauber zum Töten von Menschen.
Es ist der erste aller Durchdringungszauber und er hat ihn entwickelt.
Damit konnte er nicht nur die Abwehrzauber der Menschen, sondern auch ihre Rüstungen durchbrechen ...
... und ihre Körper direkt zerstören.
In dieser Region sollen vierzig Prozent aller Abenteurer ...
... und siebzig Prozent aller Magier ...
... durch diesen Zauber getötet worden sein.
Das ist doch viel zu stark.
Du hast recht.
Der Zauber war viel zu stark.
Und genau diese Stärke wurde Qual zum Verhängnis.

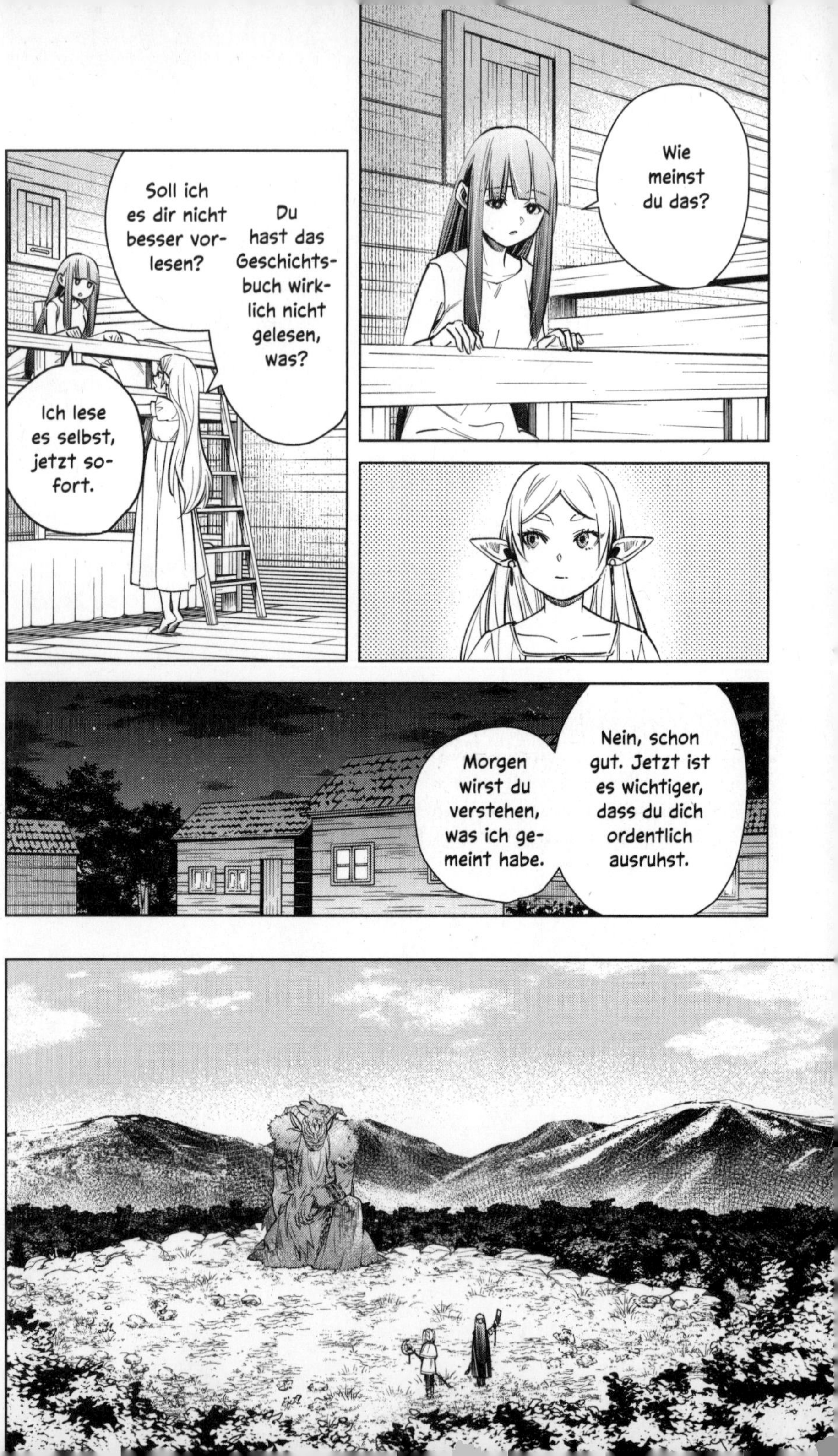

Wie meinst du das?
Du hast das Geschichtsbuch wirklich nicht gelesen, was?
Soll ich es dir nicht besser vorlesen?
Ich lese es selbst, jetzt sofort.
Nein, schon gut. Jetzt ist es wichtiger, dass du dich ordentlich ausruhst.
Morgen wirst du verstehen, was ich gemeint habe.

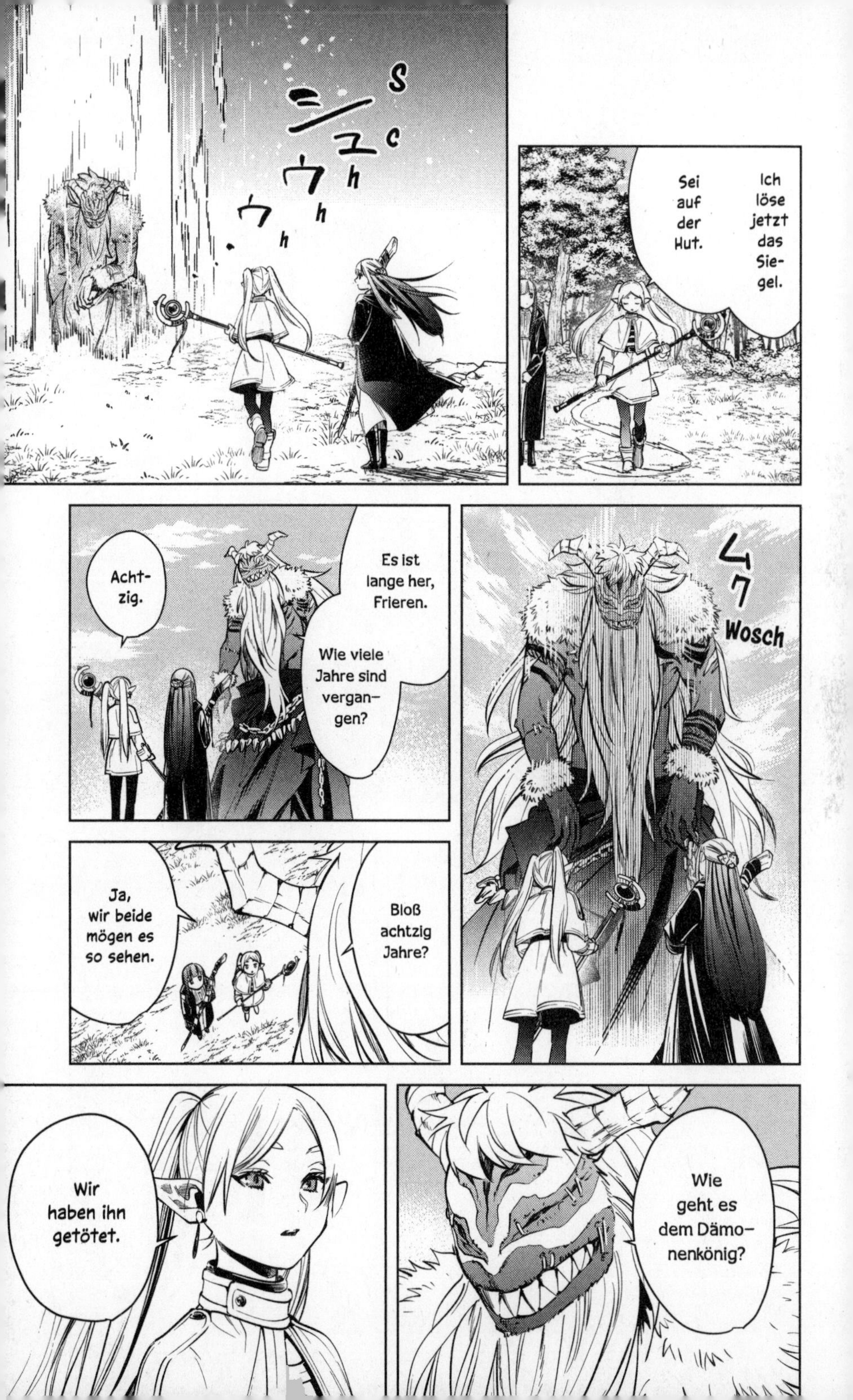
Ich löse jetzt das Siegel.
Sei auf der Hut.
シュウウ
Schhh
ムク
Wosch
Es ist lange her, Frieren.
Wie viele Jahre sind vergangen?
Achtzig.
Bloß achtzig Jahre?
Ja, wir beide mögen es so sehen.
Wie geht es dem Dämonenkönig?
Wir haben ihn getötet.

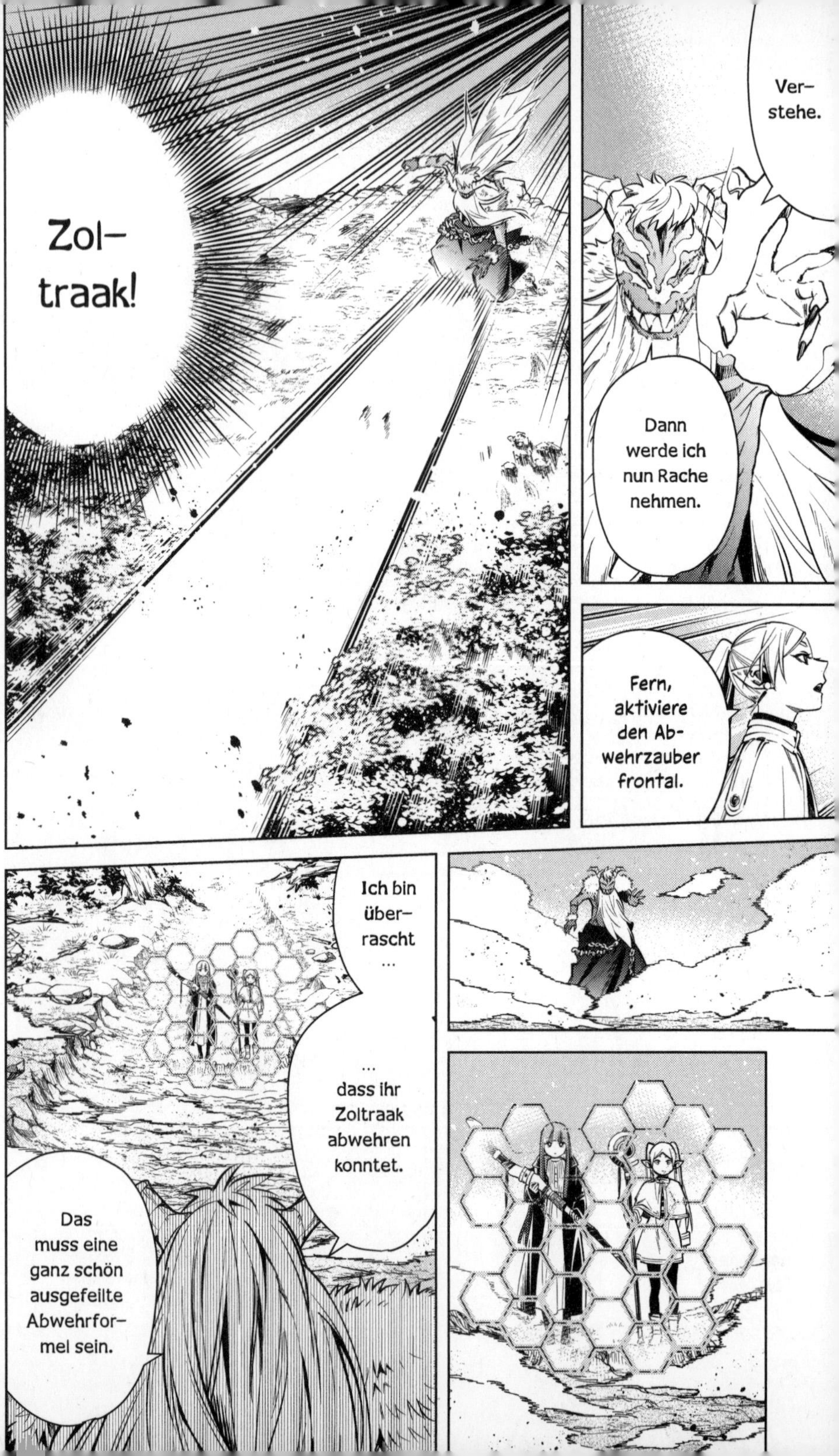
Verstehe.
Dann werde ich nun Rache nehmen.
Fern, aktiviere den Abwehrzauber frontal.
Zoltraak!
Ich bin überrascht …
… dass ihr Zoltraak abwehren konntet.
Das muss eine ganz schön ausgefeilte Abwehrformel sein.

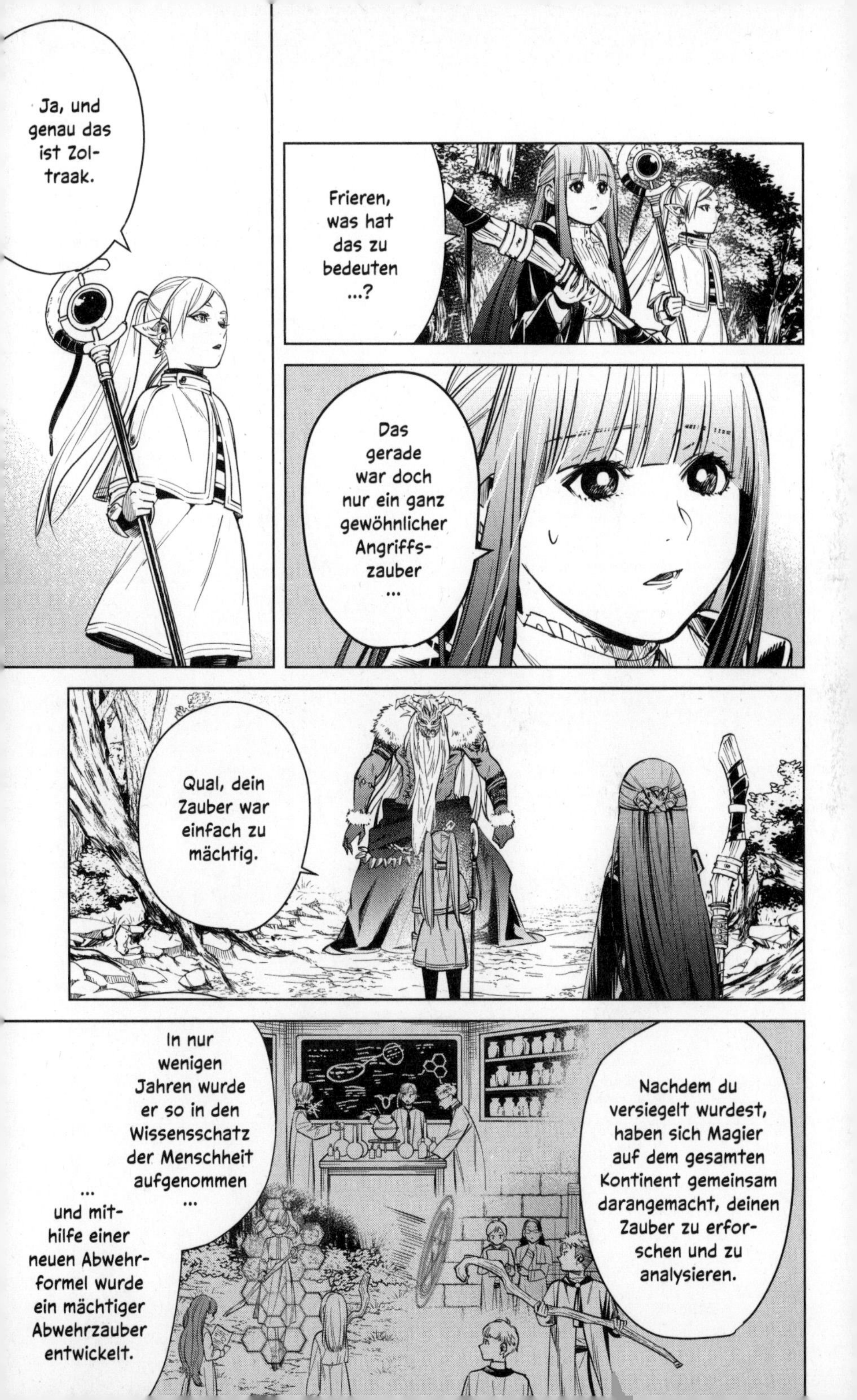
Frieren, was hat das zu bedeuten ...?
Das gerade war doch nur ein ganz gewöhnlicher Angriffszauber ...
Ja, und genau das ist Zoltraak.
Qual, dein Zauber war einfach zu mächtig.
Nachdem du versiegelt wurdest, haben sich Magier auf dem gesamten Kontinent gemeinsam darangemacht, deinen Zauber zu erforschen und zu analysieren.
In nur wenigen Jahren wurde er so in den Wissensschatz der Menschheit aufgenommen ...
... und mithilfe einer neuen Abwehrformel wurde ein mächtiger Abwehrzauber entwickelt.

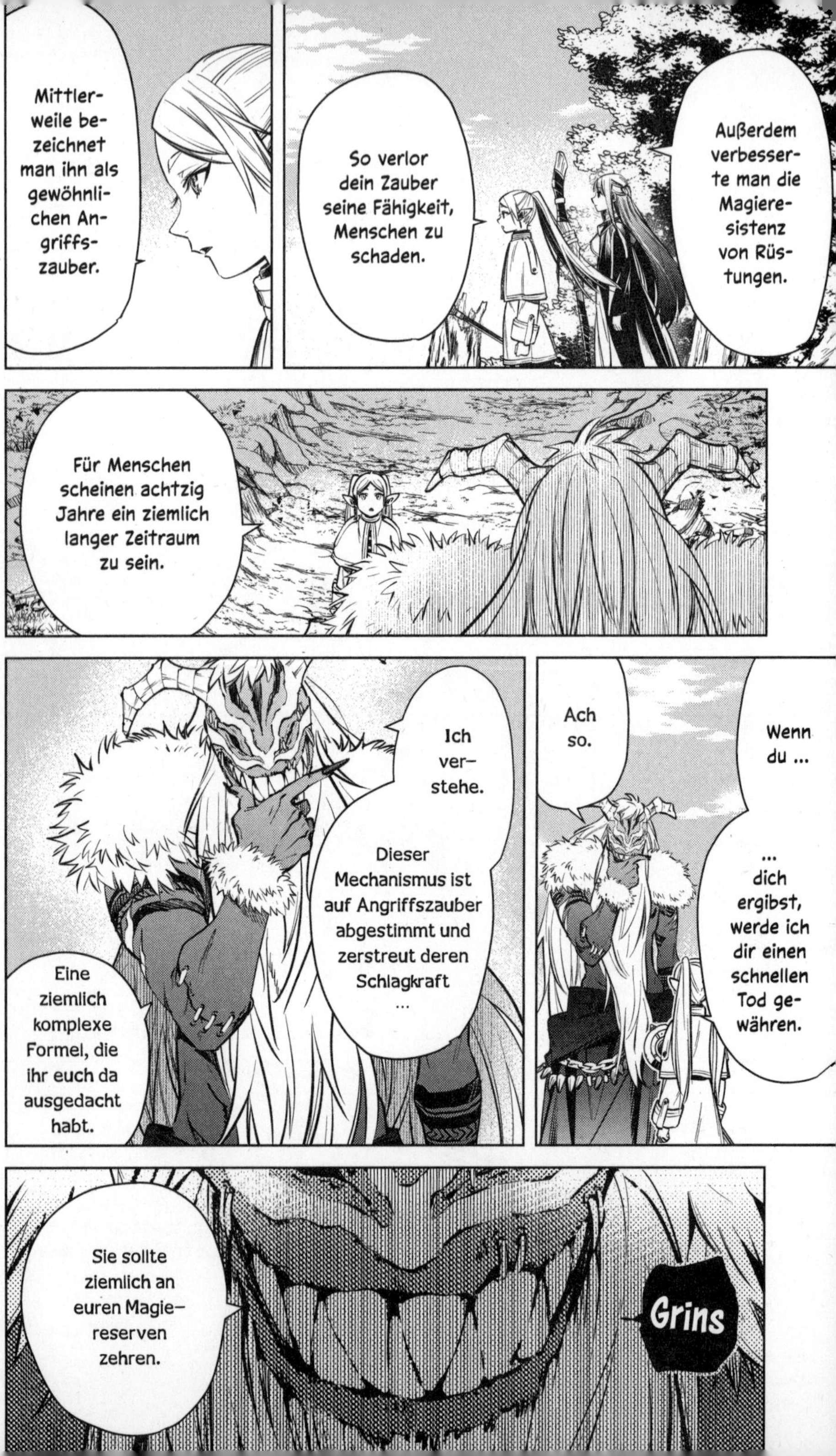
Außerdem verbesserte man die Magieresistenz von Rüstungen.
So verlor dein Zauber seine Fähigkeit, Menschen zu schaden.
Mittlerweile bezeichnet man ihn als gewöhnlichen Angriffszauber.
Für Menschen scheinen achtzig Jahre ein ziemlich langer Zeitraum zu sein.
Wenn du ...
... dich ergibst, werde ich dir einen schnellen Tod gewähren.
Ach so.
Ich verstehe.
Dieser Mechanismus ist auf Angriffszauber abgestimmt und zerstreut deren Schlagkraft ...
Eine ziemlich komplexe Formel, die ihr euch da ausgedacht habt.
Grins
Sie sollte ziemlich an euren Magiereserven zehren.

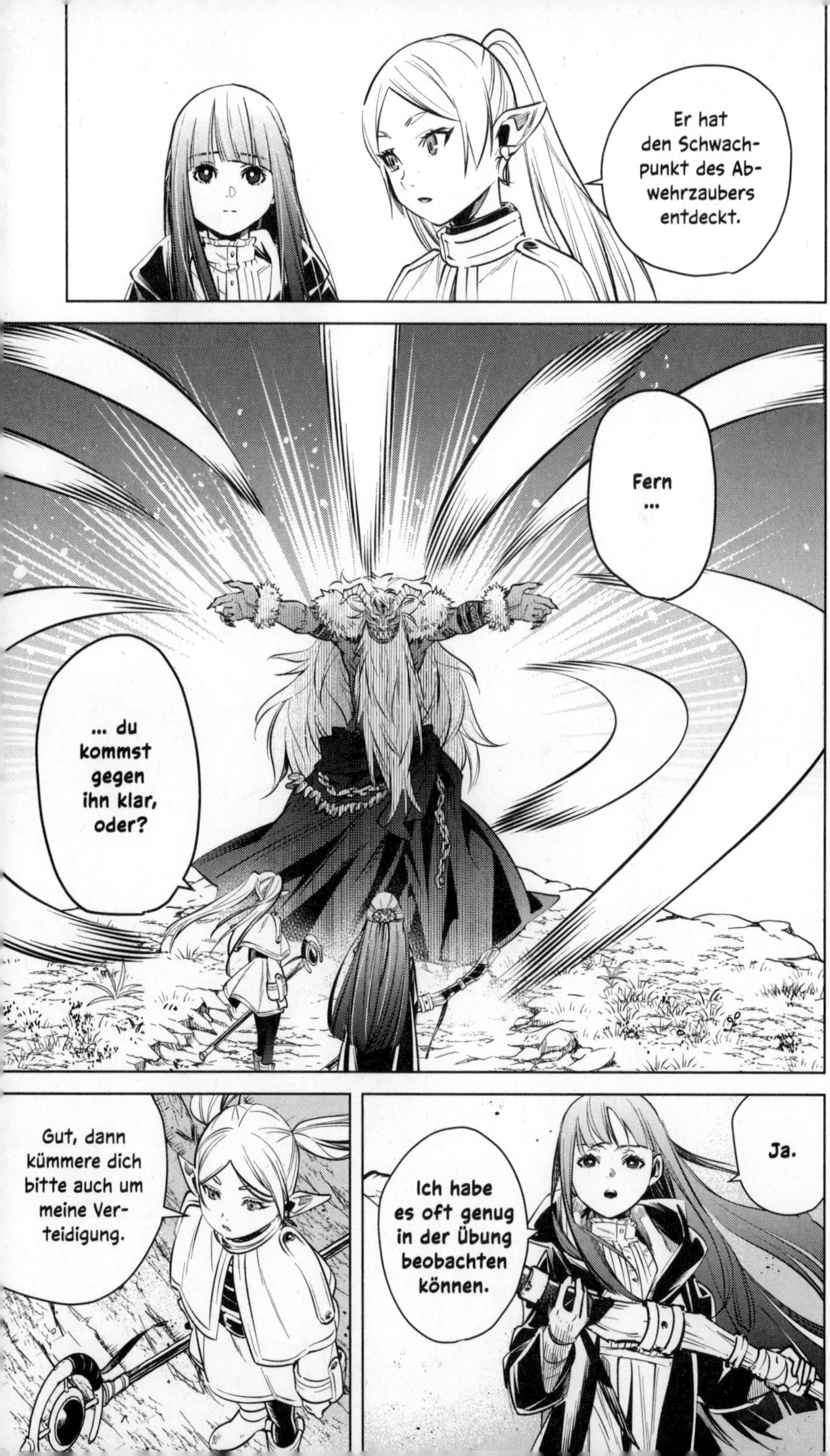
Er hat den Schwach-punkt des Ab-wehrzaubers entdeckt.
Fern ...
... du kommst gegen ihn klar, oder?
Ja.
Ich habe es oft genug in der Übung beobachten können.
Gut, dann kümmere dich bitte auch um meine Ver-teidigung.

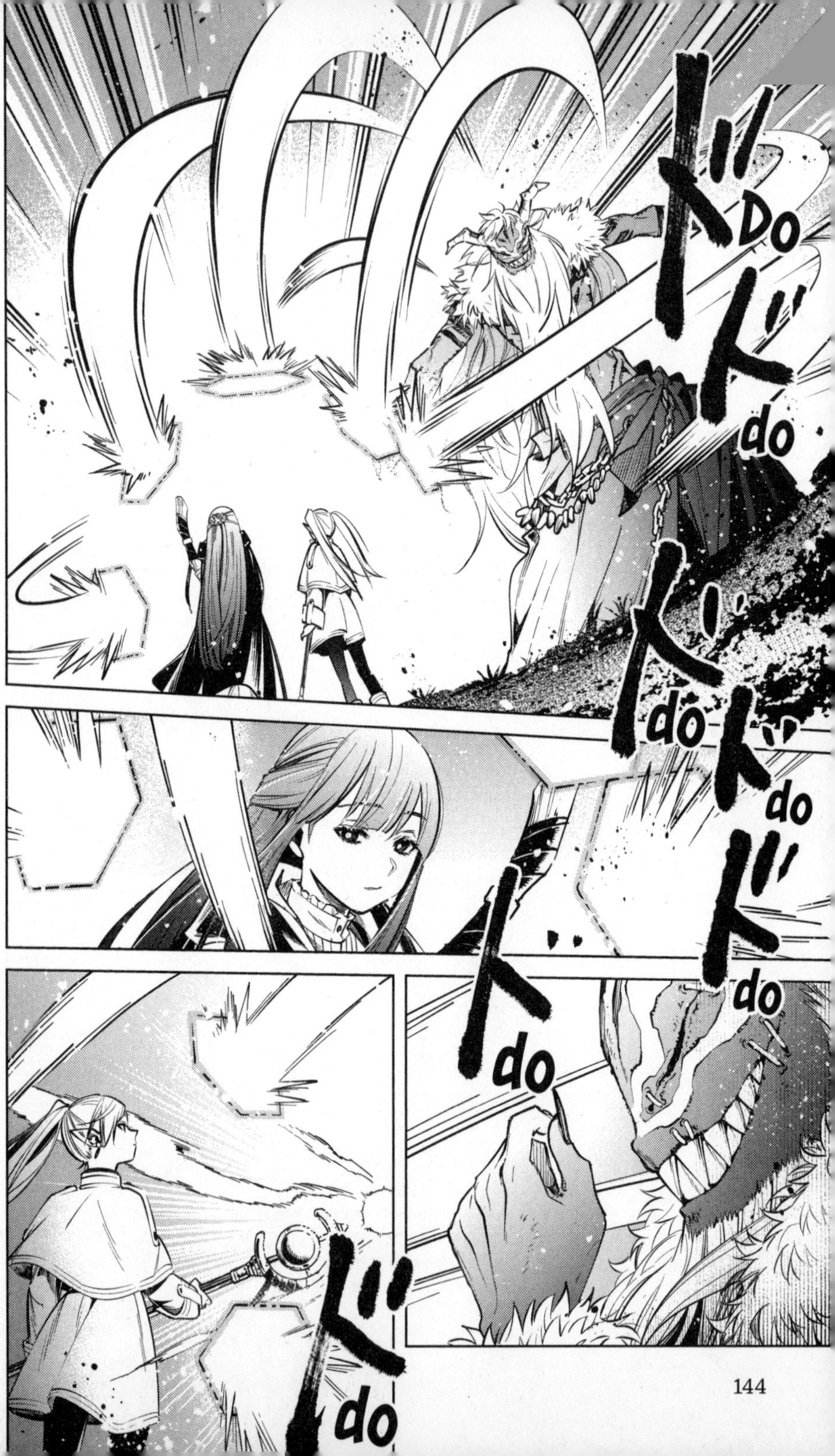

ド DO
ド do
ド do
ド do
ド do
ド do
ド do

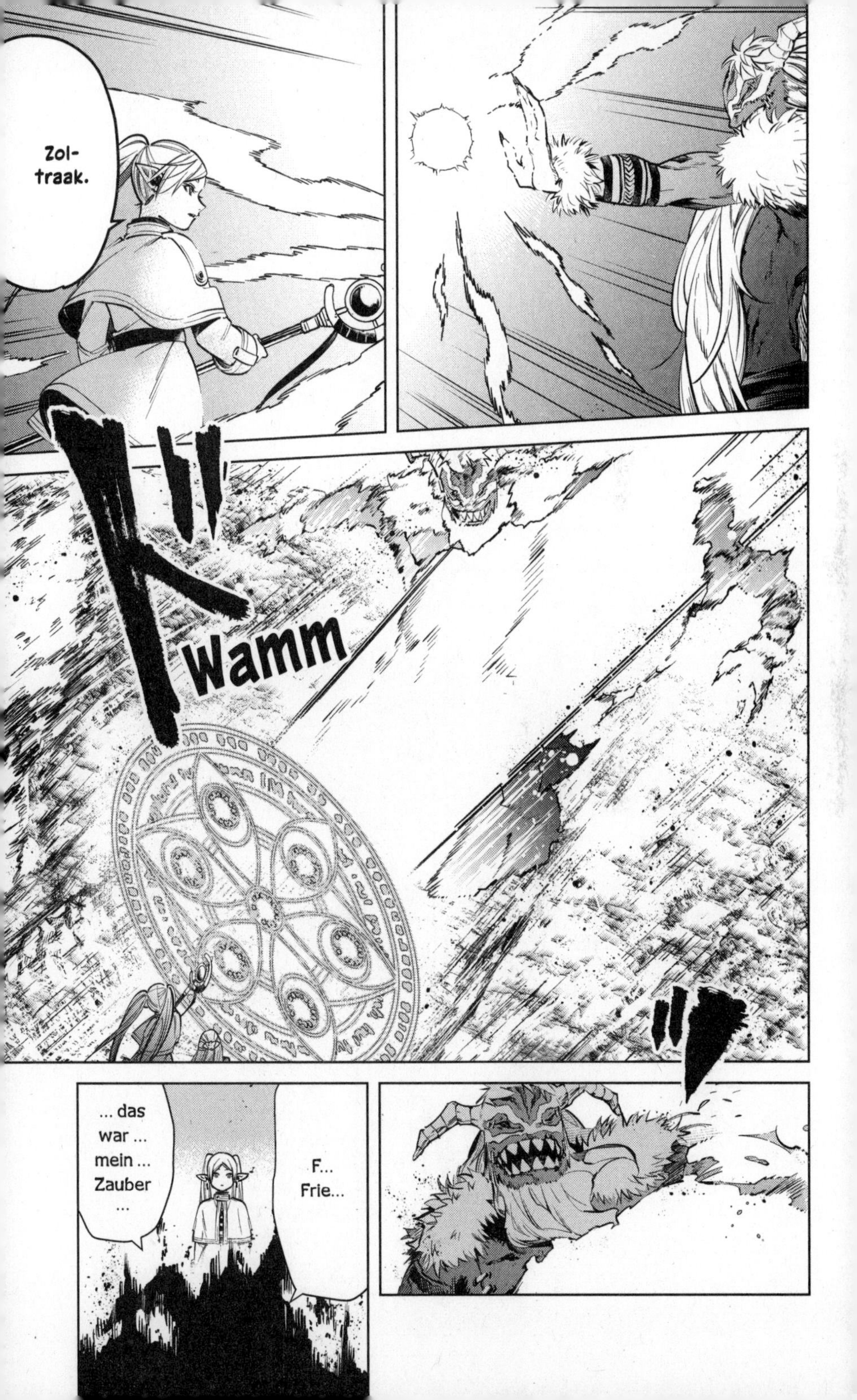
Zoltraak.
Wamm
F... Frie...
... das war ... mein ... Zauber ...

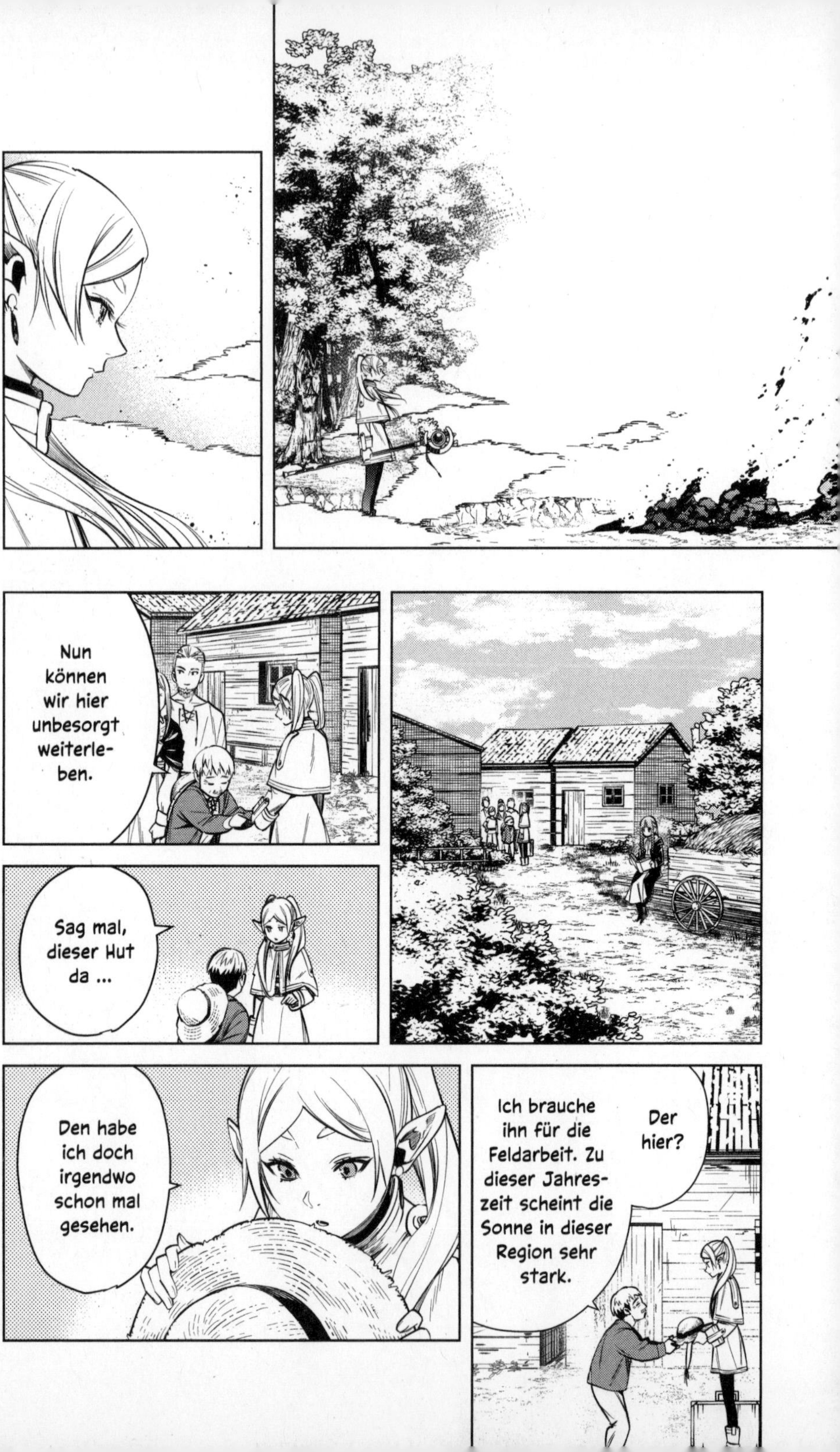
Nun können wir hier unbesorgt weiterleben.
Sag mal, dieser Hut da ...
Der hier?
Ich brauche ihn für die Feldarbeit. Zu dieser Jahreszeit scheint die Sonne in dieser Region sehr stark.
Den habe ich doch irgendwo schon mal gesehen.

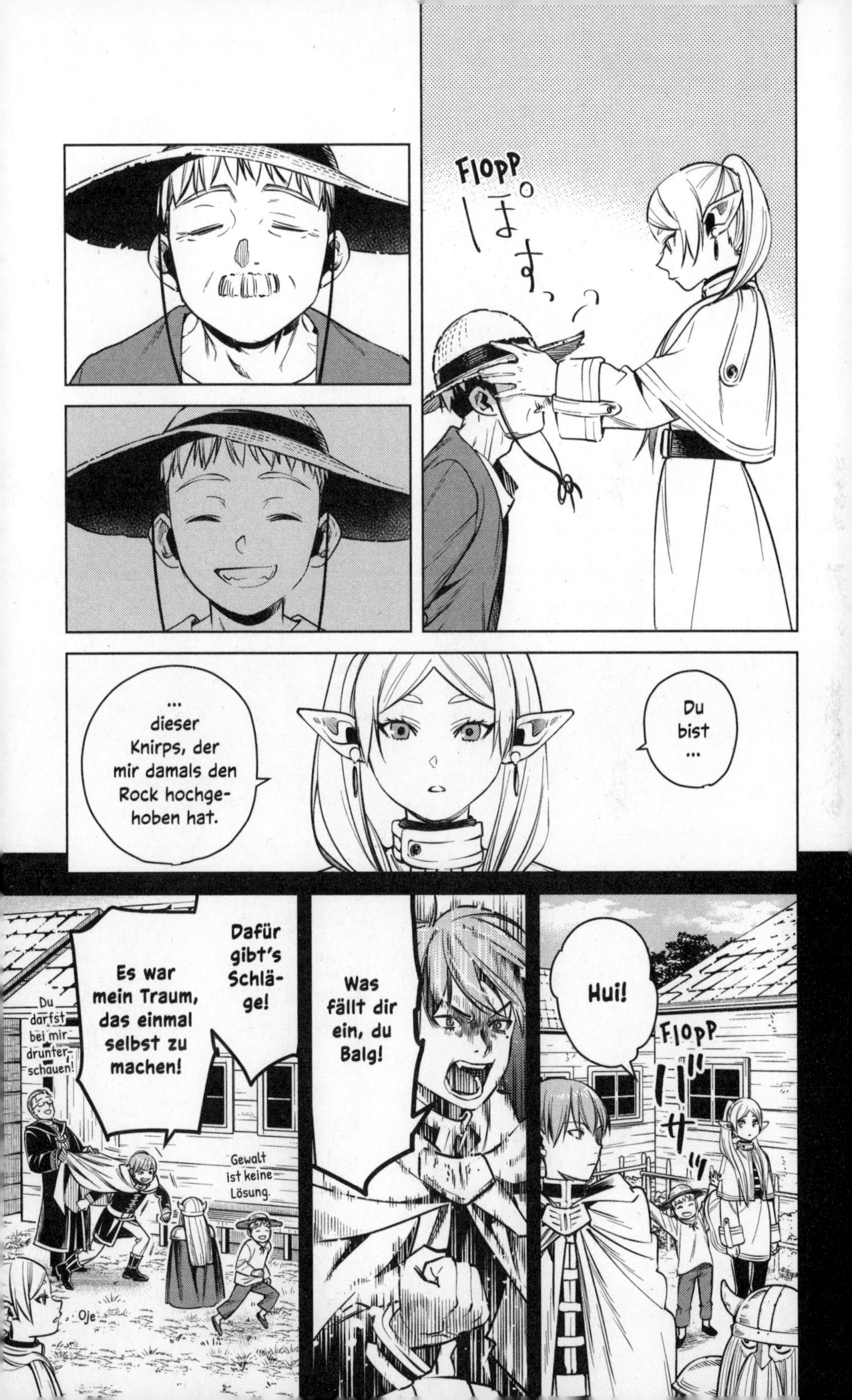
FLOPP
ぽすっ
Du bist ...
... dieser Knirps, der mir damals den Rock hochgehoben hat.
Hui!
FLOPP
バサッ
Was fällt dir ein, du Balg!
Dafür gibt's Schläge!
Es war mein Traum, das einmal selbst zu machen!
Du darfst bei mir drunterschauen!
Gewalt ist keine Lösung.
Oje

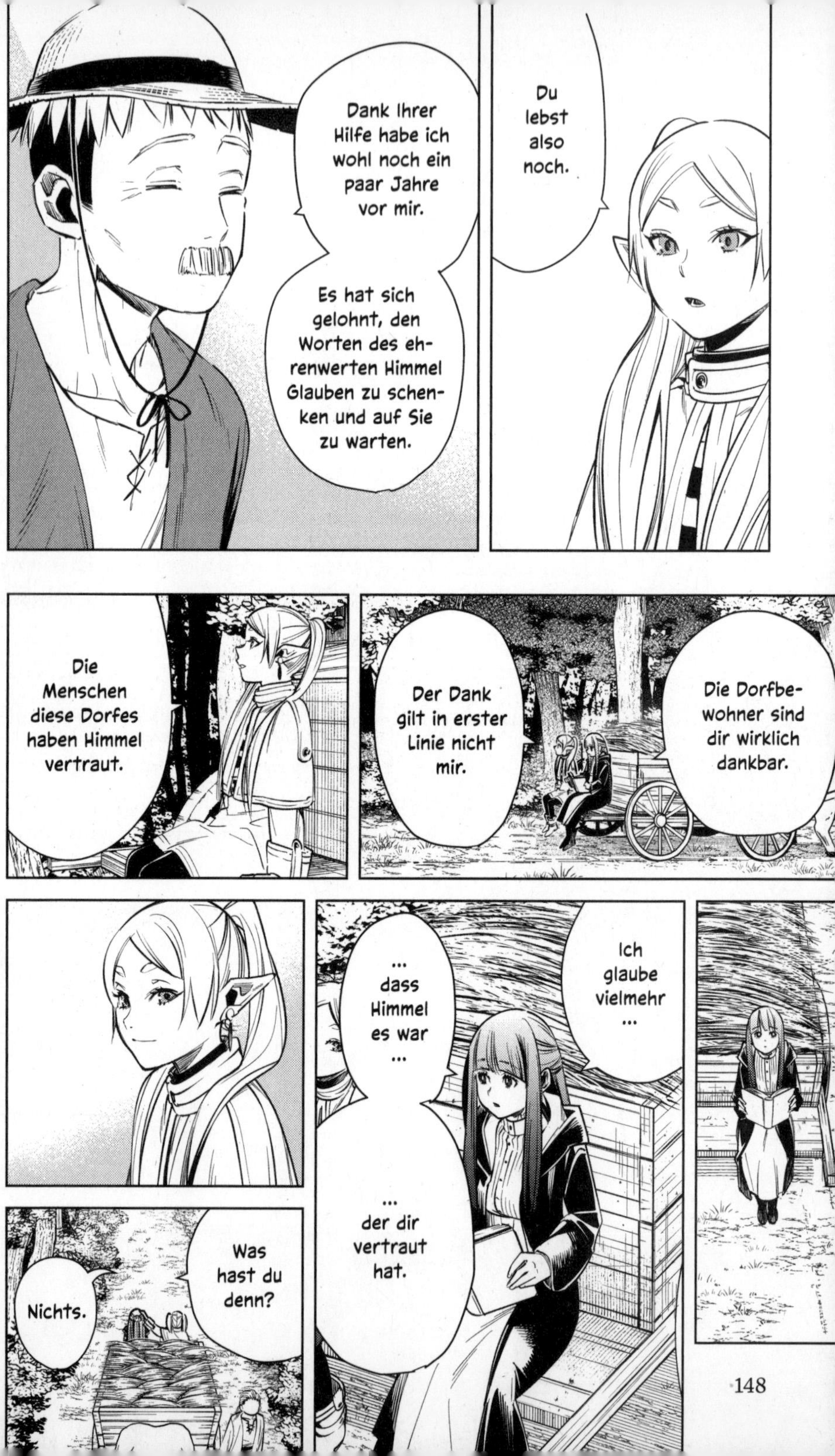
Du lebst also noch.
Dank Ihrer Hilfe habe ich wohl noch ein paar Jahre vor mir.
Es hat sich gelohnt, den Worten des ehrenwerten Himmel Glauben zu schenken und auf Sie zu warten.
Die Dorfbewohner sind dir wirklich dankbar.
Der Dank gilt in erster Linie nicht mir.
Die Menschen diese Dorfes haben Himmel vertraut.
Ich glaube vielmehr ...
... dass Himmel es war ...
... der dir vertraut hat.
Was hast du denn?
Nichts.

Kapitel 6:
Das Neujahrsfest

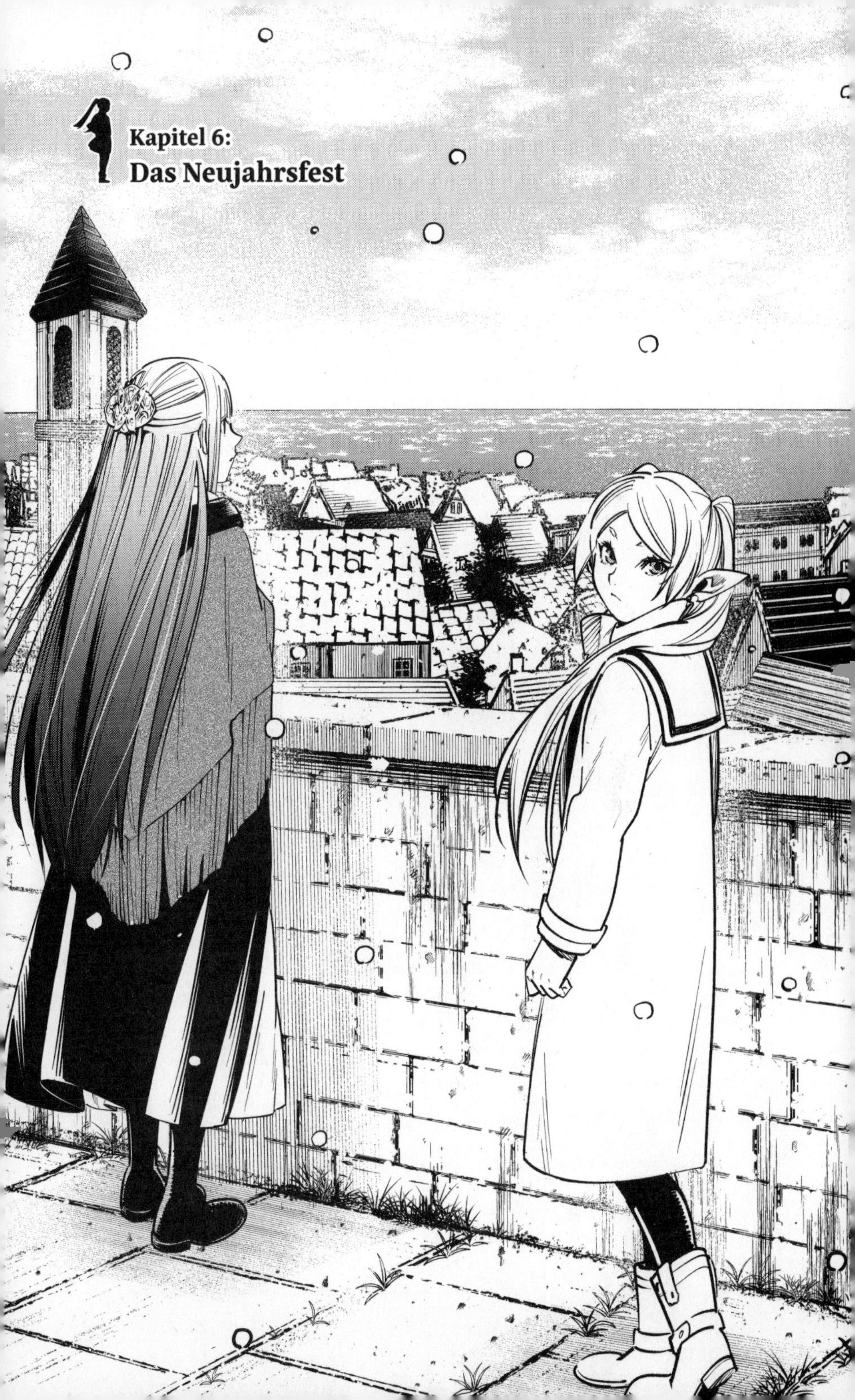

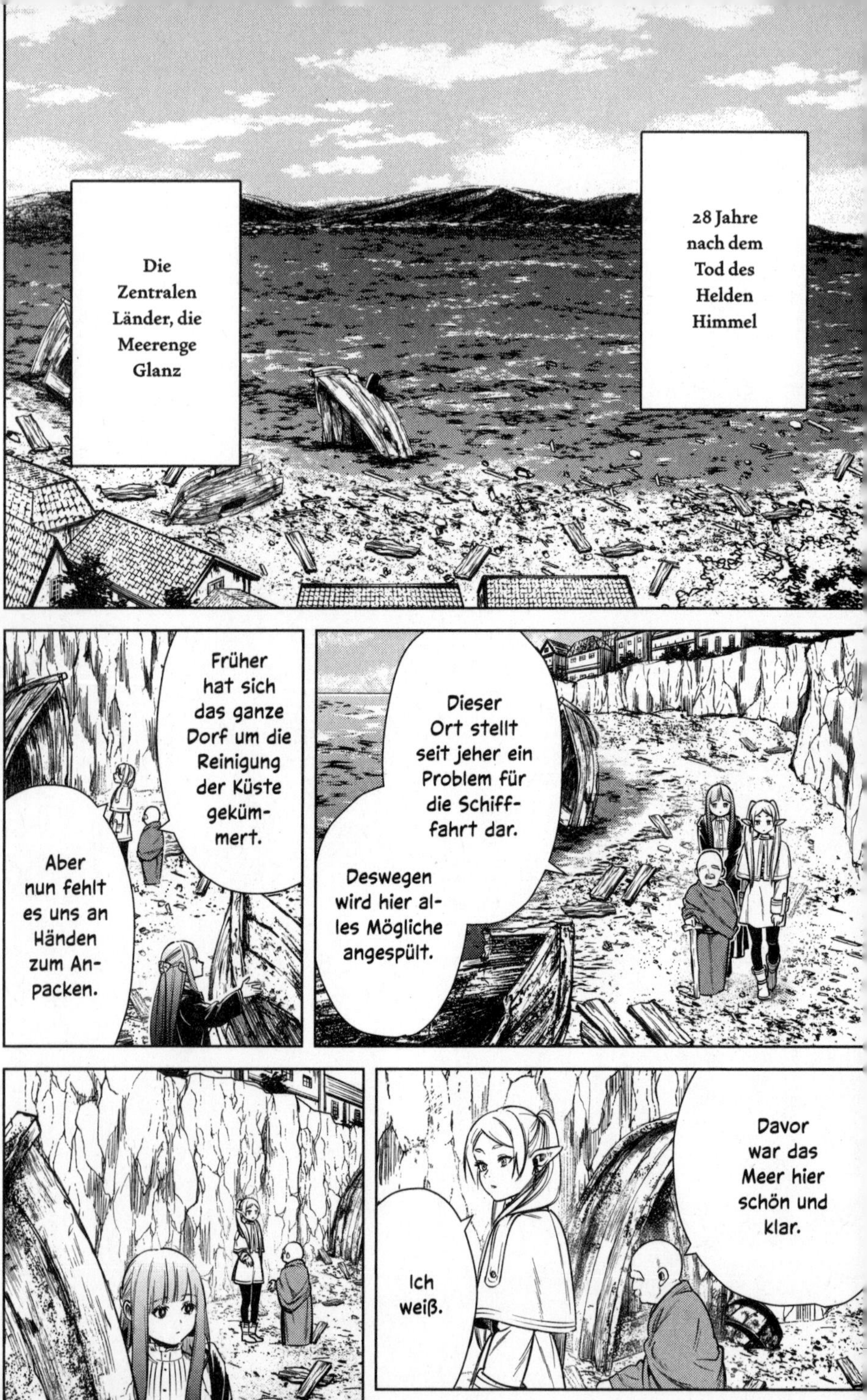
28 Jahre nach dem Tod des Helden Himmel
Die Zentralen Länder, die Meerenge Glanz
Dieser Ort stellt seit jeher ein Problem für die Schifffahrt dar.
Deswegen wird hier alles Mögliche angespült.
Früher hat sich das ganze Dorf um die Reinigung der Küste gekümmert.
Aber nun fehlt es uns an Händen zum Anpacken.
Davor war das Meer hier schön und klar.
Ich weiß.

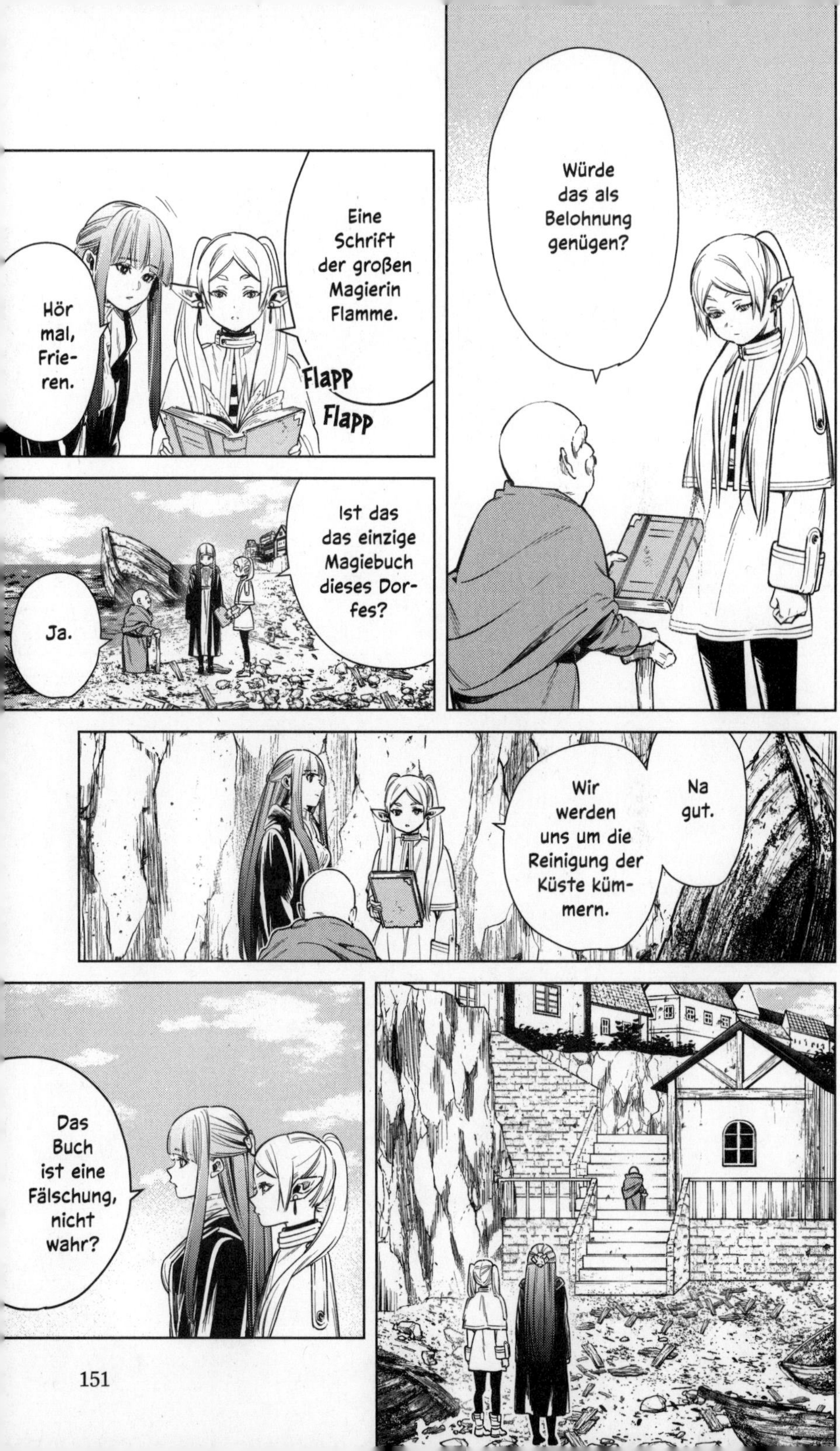
Würde das als Belohnung genügen?
Eine Schrift der großen Magierin Flamme.
Flapp
Flapp
Hör mal, Frieren.
Ist das das einzige Magiebuch dieses Dorfes?
Ja.
Na gut.
Wir werden uns um die Reinigung der Küste kümmern.
Das Buch ist eine Fälschung, nicht wahr?

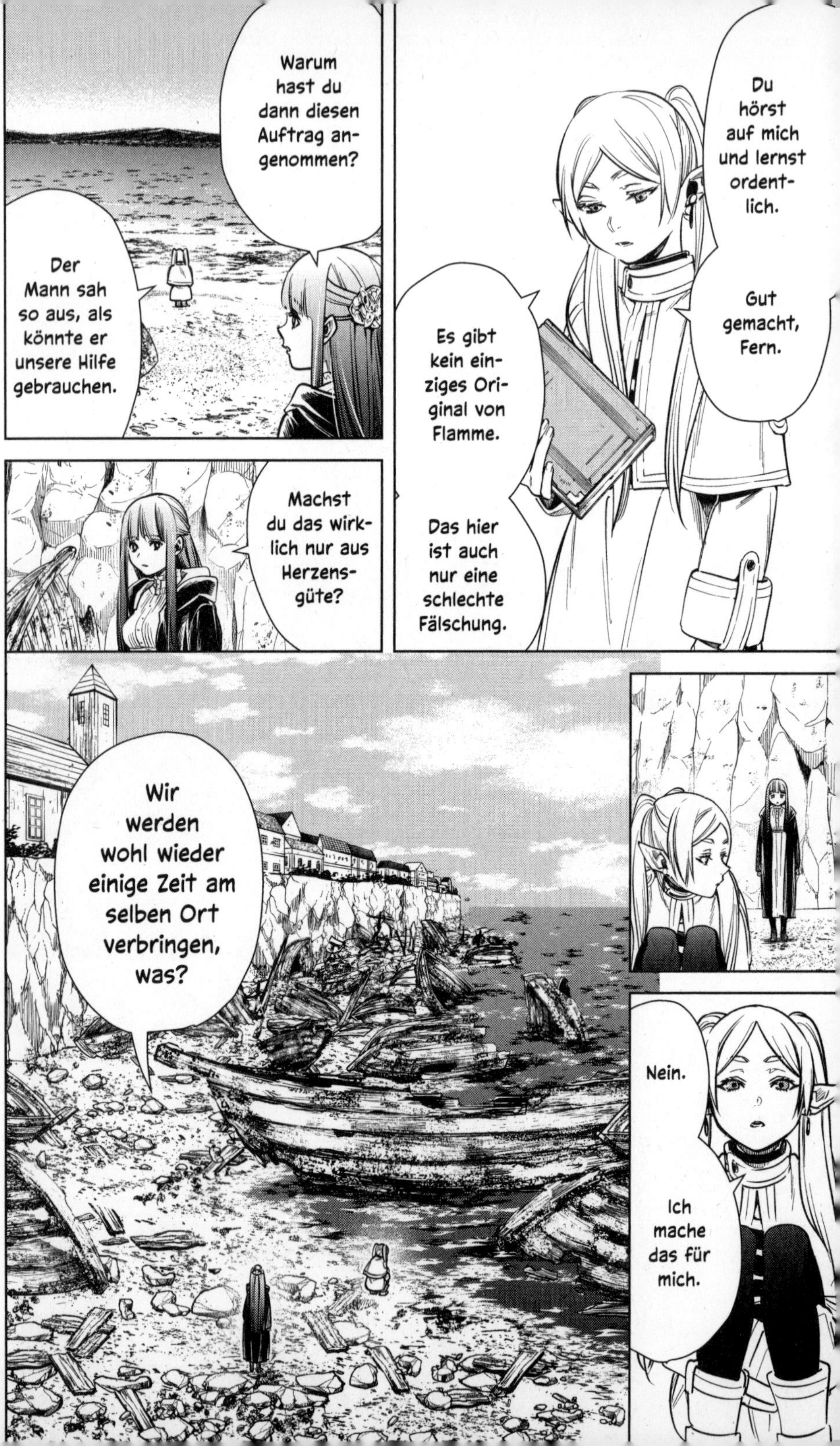
Du hörst auf mich und lernst ordentlich.
Gut gemacht, Fern.
Es gibt kein einziges Original von Flamme.
Das hier ist auch nur eine schlechte Fälschung.
Warum hast du dann diesen Auftrag angenommen?
Der Mann sah so aus, als könnte er unsere Hilfe gebrauchen.
Machst du das wirklich nur aus Herzensgüte?
Nein.
Ich mache das für mich.
Wir werden wohl wieder einige Zeit am selben Ort verbringen, was?

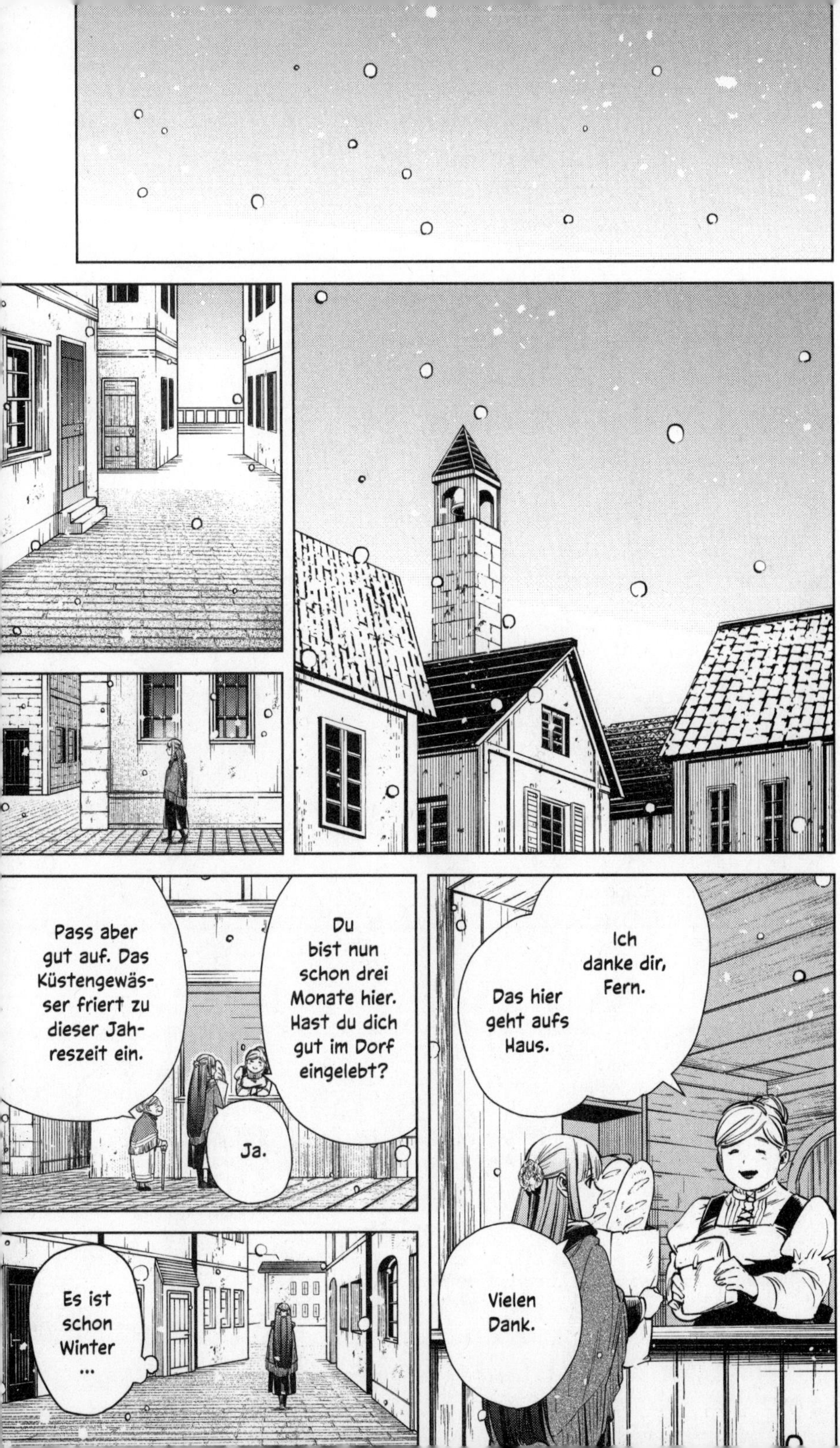
Ich danke dir, Fern.
Das hier geht aufs Haus.
Vielen Dank.
Du bist nun schon drei Monate hier. Hast du dich gut im Dorf eingelebt?
Ja.
Pass aber gut auf. Das Küstengewässer friert zu dieser Jahreszeit ein.
Es ist schon Winter ...

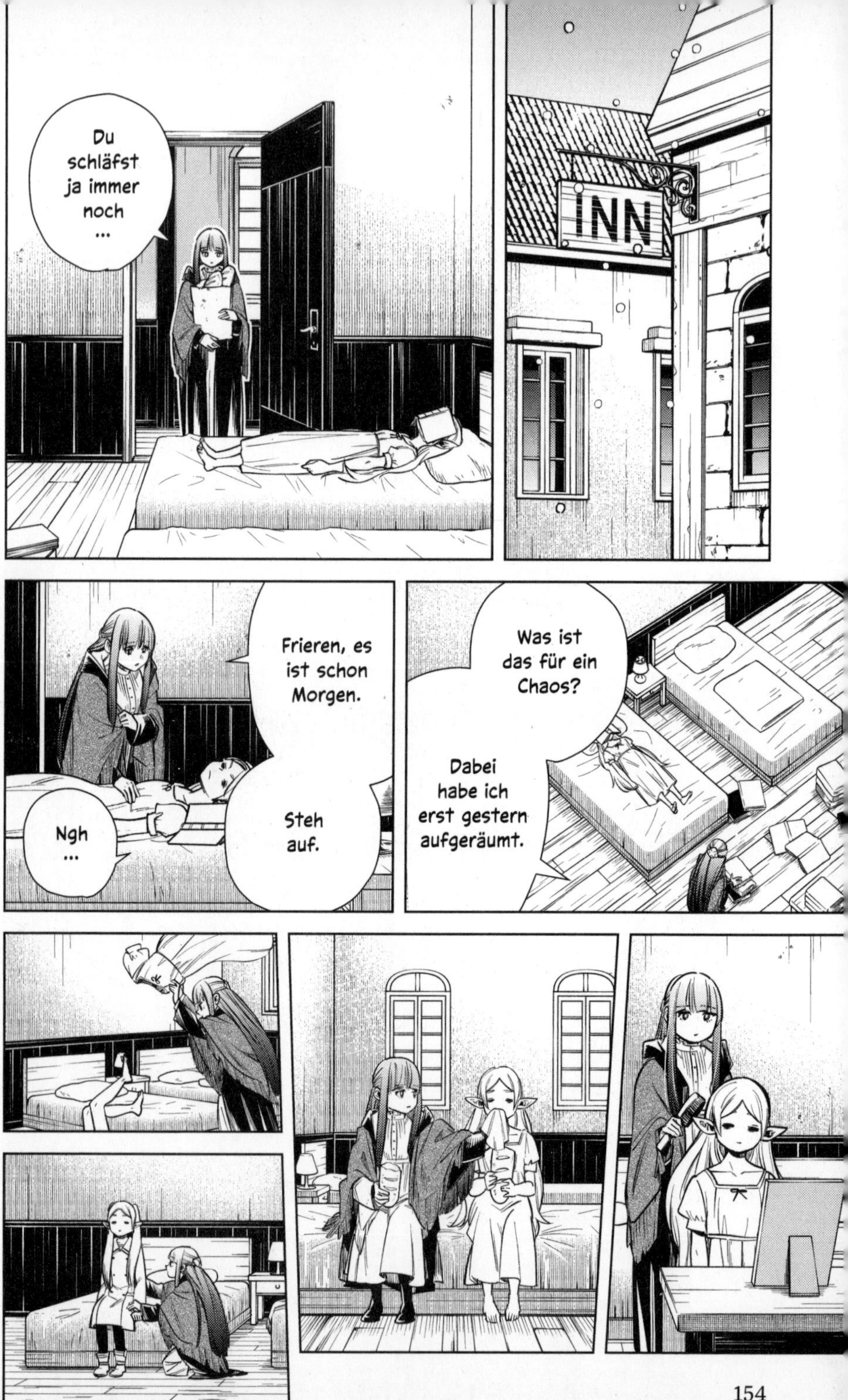
Du schläfst ja immer noch ...
Was ist das für ein Chaos?
Dabei habe ich erst gestern aufgeräumt.
Frieren, es ist schon Morgen.
Steh auf.
Ngh ...

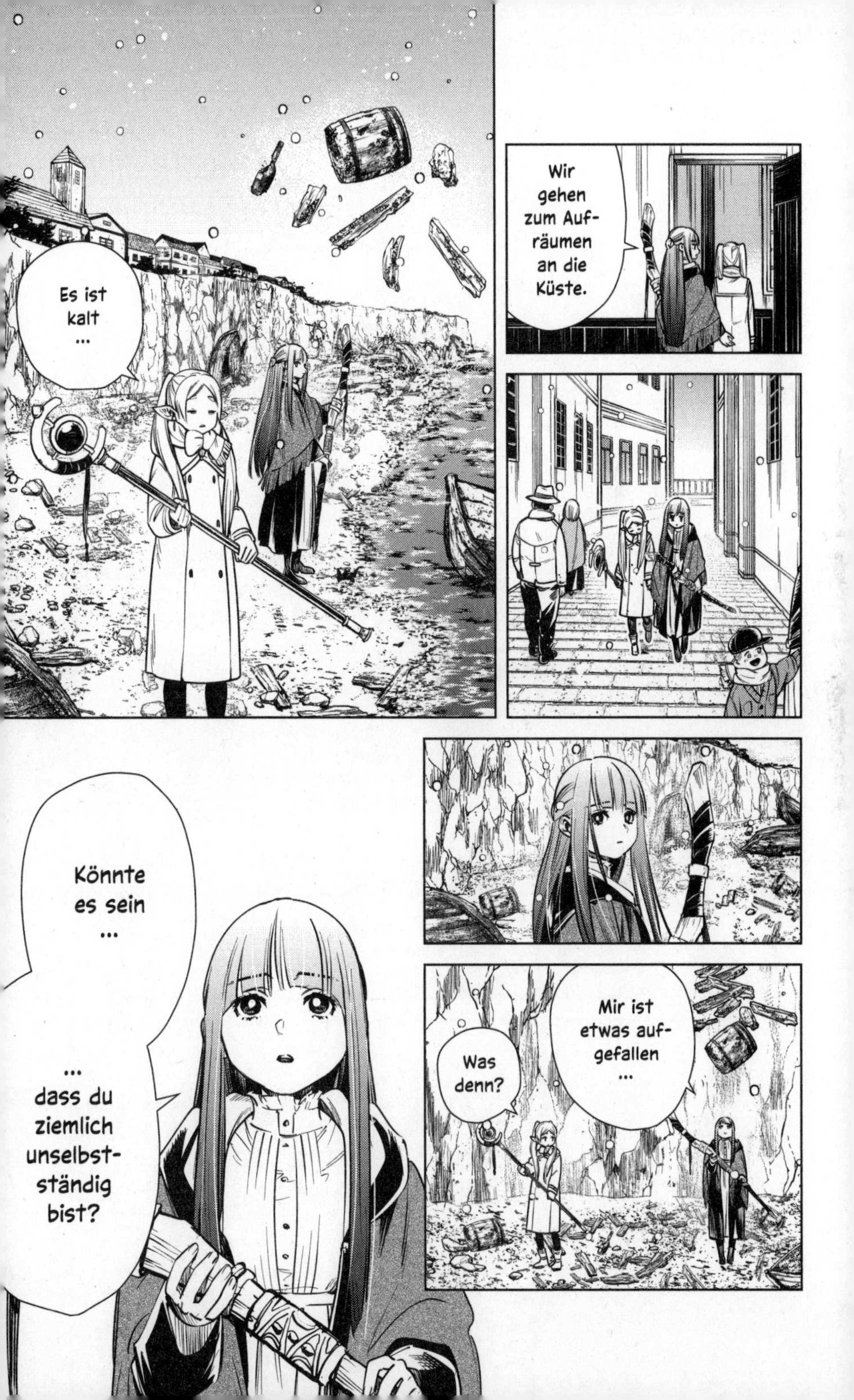

Wir gehen zum Aufräumen an die Küste.
Es ist kalt ...
Mir ist etwas aufgefallen ...
Was denn?
Könnte es sein ...
... dass du ziemlich unselbstständig bist?

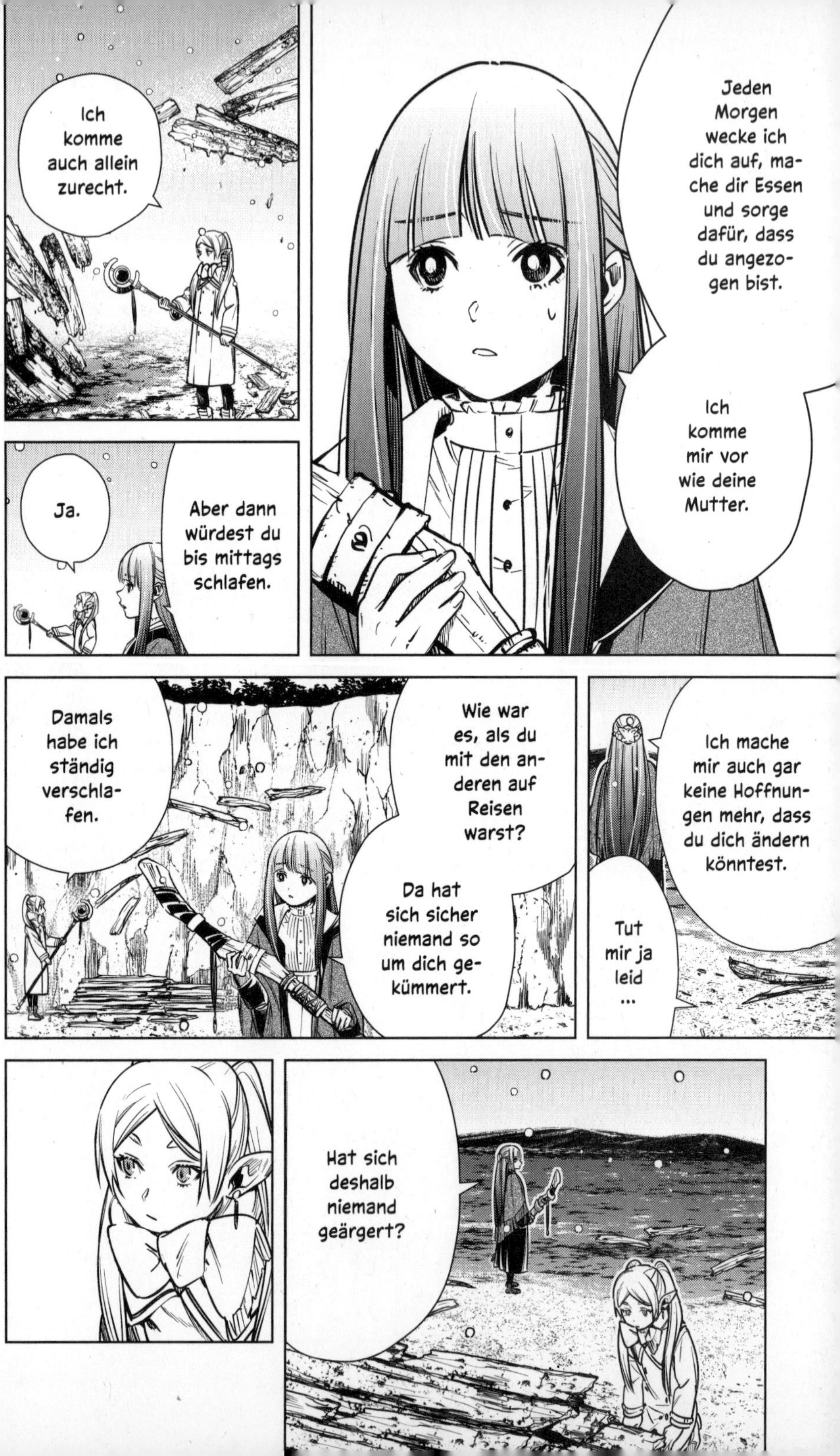
Jeden Morgen wecke ich dich auf, mache dir Essen und sorge dafür, dass du angezogen bist.
Ich komme mir vor wie deine Mutter.
Ich komme auch allein zurecht.
Aber dann würdest du bis mittags schlafen.
Ja.
Ich mache mir auch gar keine Hoffnungen mehr, dass du dich ändern könntest.
Tut mir ja leid …
Wie war es, als du mit den anderen auf Reisen warst?
Da hat sich sicher niemand so um dich gekümmert.
Damals habe ich ständig verschlafen.
Hat sich deshalb niemand geärgert?

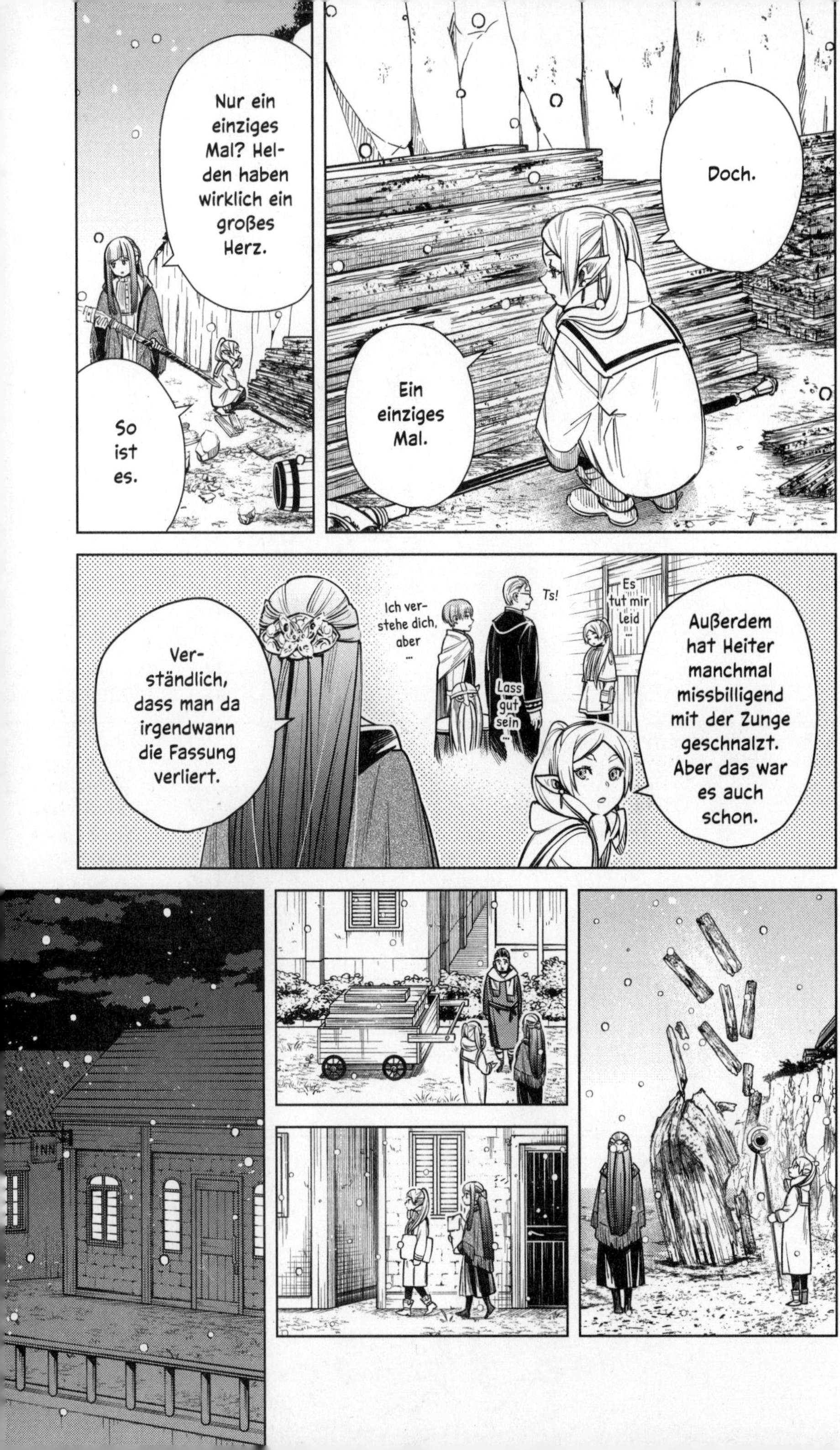
Doch.
Ein einziges Mal.
Nur ein einziges Mal? Hel-den haben wirklich ein großes Herz.
So ist es.
Außerdem hat Heiter manchmal missbilligend mit der Zunge geschnalzt. Aber das war es auch schon.
Es tut mir leid …
Ts!
Lass gut sein …
Ich ver-stehe dich, aber …
Ver-ständlich, dass man da irgendwann die Fassung verliert.
INN

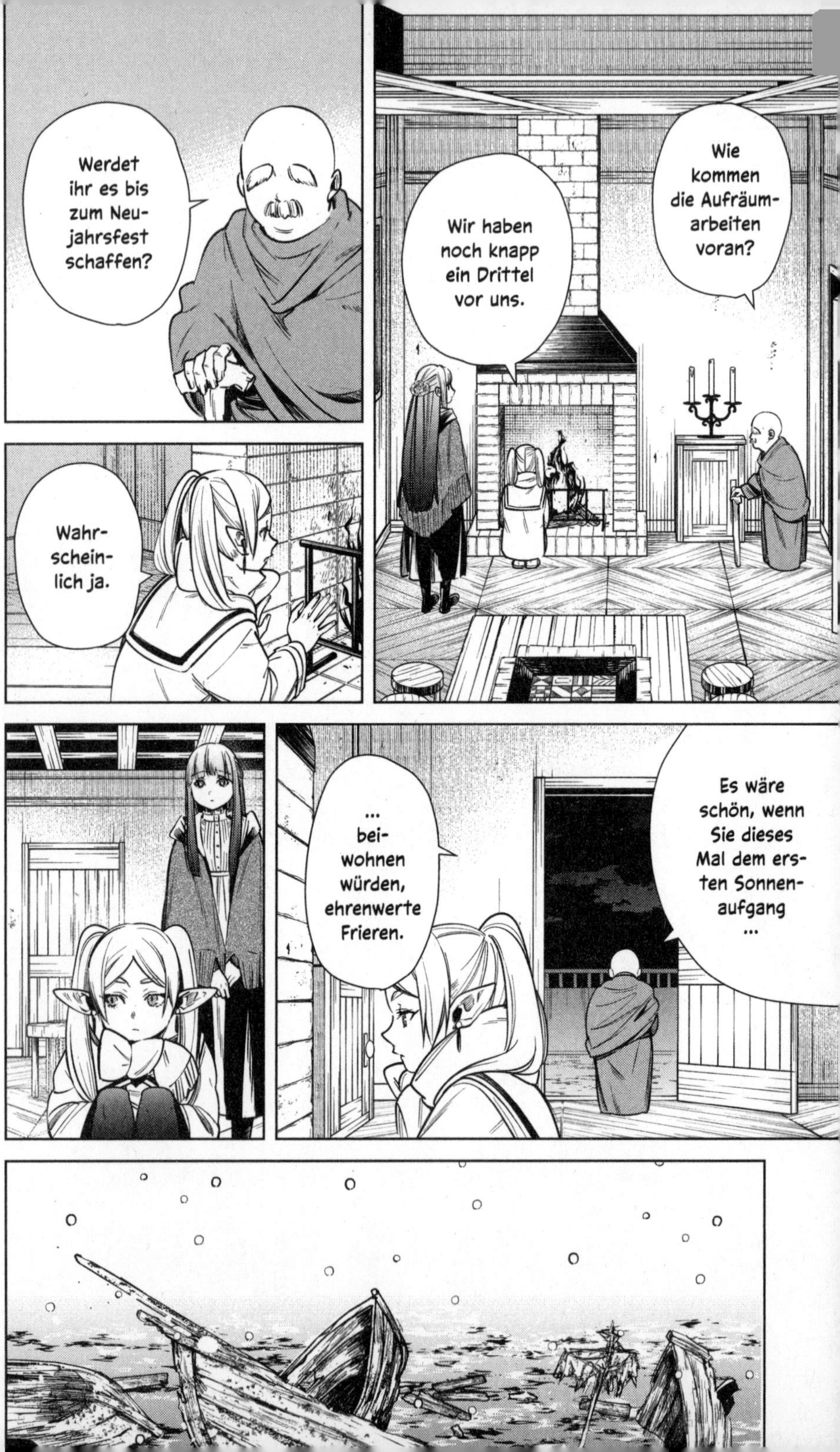
Wie kommen die Aufräum-arbeiten voran?
Wir haben noch knapp ein Drittel vor uns.
Werdet ihr es bis zum Neu-jahrsfest schaffen?
Wahr-schein-lich ja.
Es wäre schön, wenn Sie dieses Mal dem ers-ten Sonnen-aufgang ...
... bei-wohnen würden, ehrenwerte Frieren.

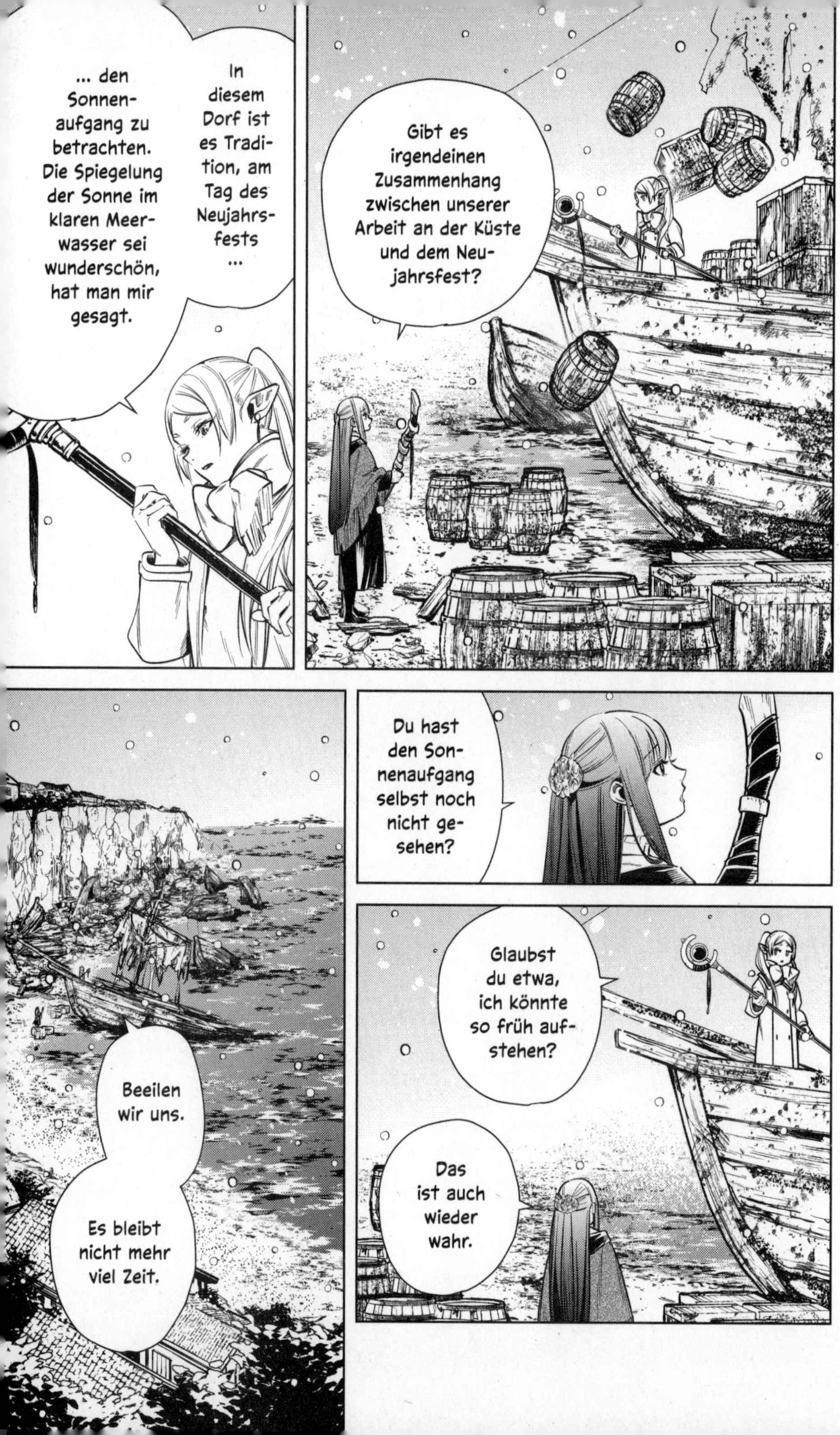
Gibt es irgendeinen Zusammenhang zwischen unserer Arbeit an der Küste und dem Neujahrsfest?
In diesem Dorf ist es Tradition, am Tag des Neujahrsfests …
… den Sonnenaufgang zu betrachten. Die Spiegelung der Sonne im klaren Meerwasser sei wunderschön, hat man mir gesagt.
Du hast den Sonnenaufgang selbst noch nicht gesehen?
Glaubst du etwa, ich könnte so früh aufstehen?
Das ist auch wieder wahr.
Beeilen wir uns.
Es bleibt nicht mehr viel Zeit.

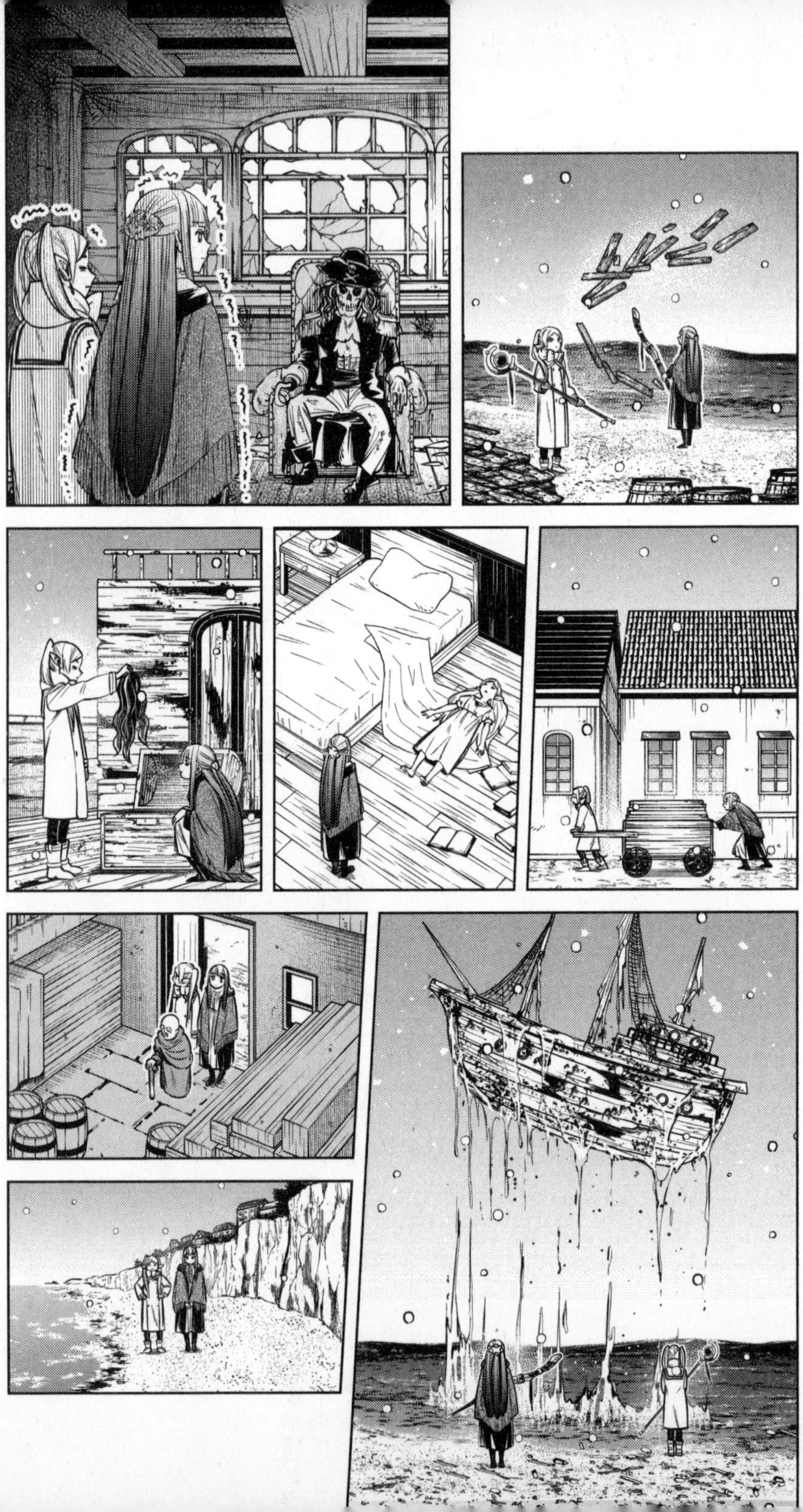

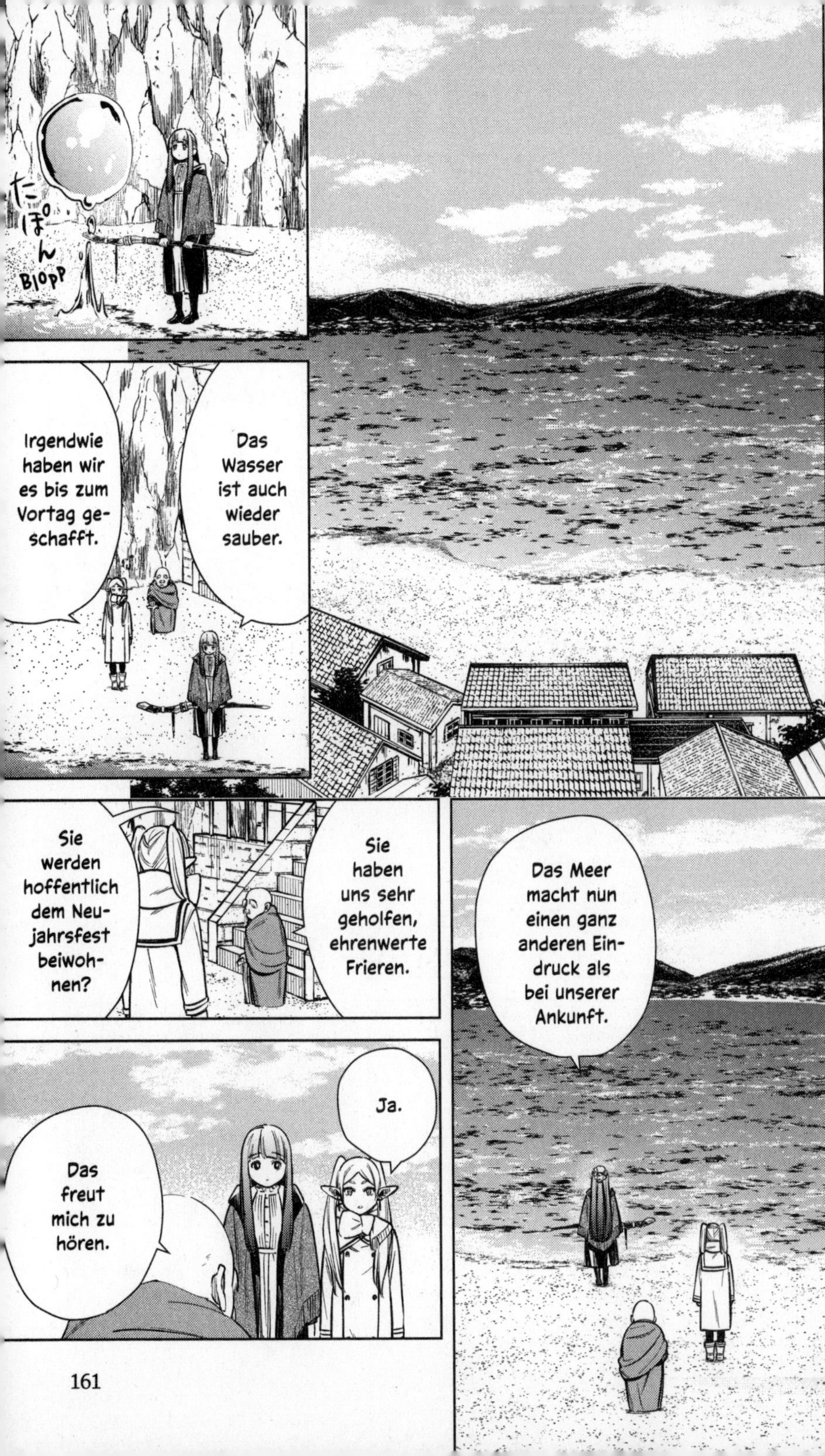
たぽん
BLOPP
Das Wasser ist auch wieder sauber.
Irgendwie haben wir es bis zum Vortag geschafft.
Das Meer macht nun einen ganz anderen Eindruck als bei unserer Ankunft.
Sie haben uns sehr geholfen, ehrenwerte Frieren.
Sie werden hoffentlich dem Neujahrsfest beiwohnen?
Ja.
Das freut mich zu hören.

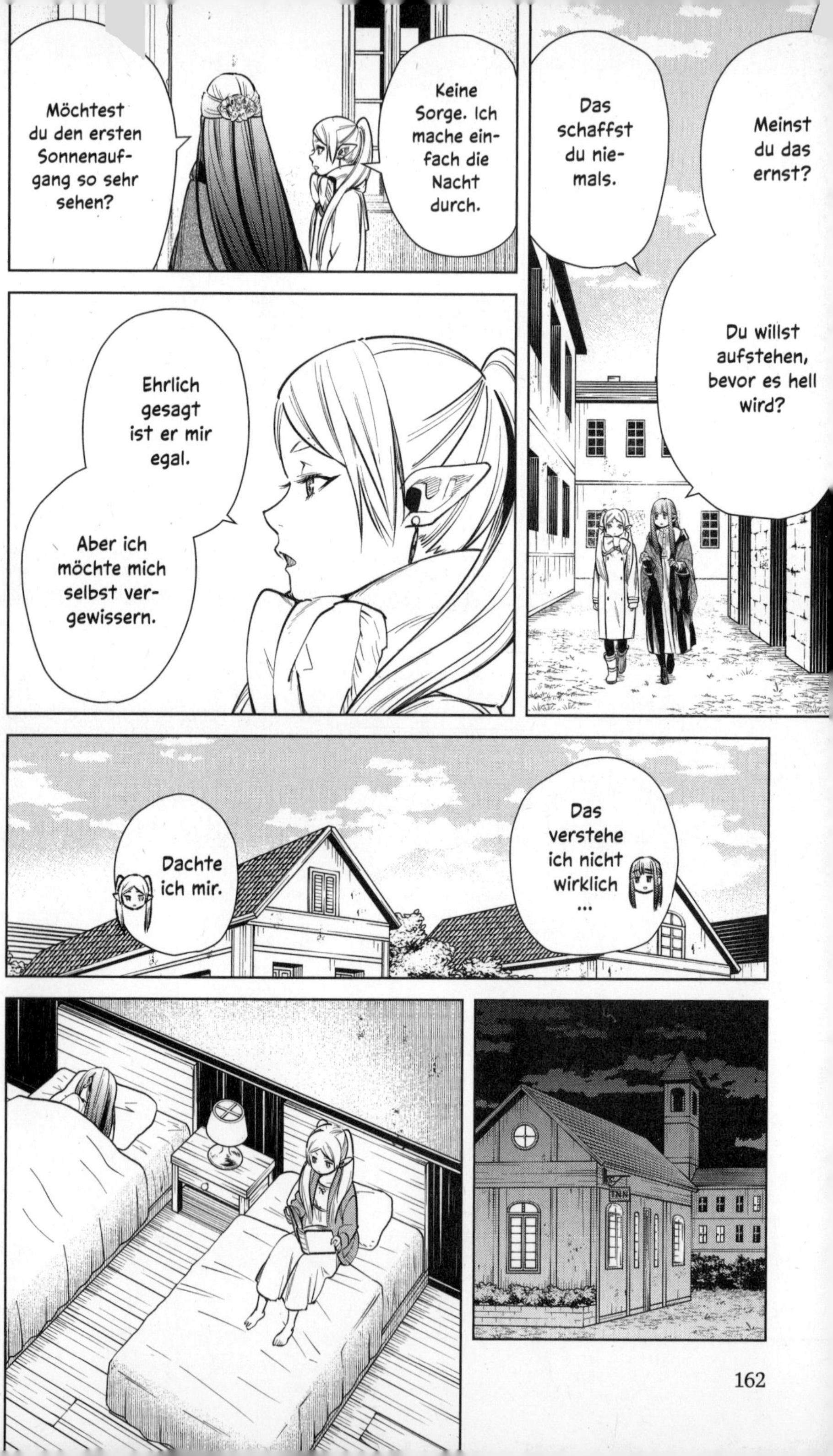
Meinst du das ernst?
Du willst aufstehen, bevor es hell wird?
Das schaffst du niemals.
Keine Sorge. Ich mache einfach die Nacht durch.
Möchtest du den ersten Sonnenaufgang so sehr sehen?
Ehrlich gesagt ist er mir egal.
Aber ich möchte mich selbst vergewissern.
Das verstehe ich nicht wirklich ...
Dachte ich mir.
INN

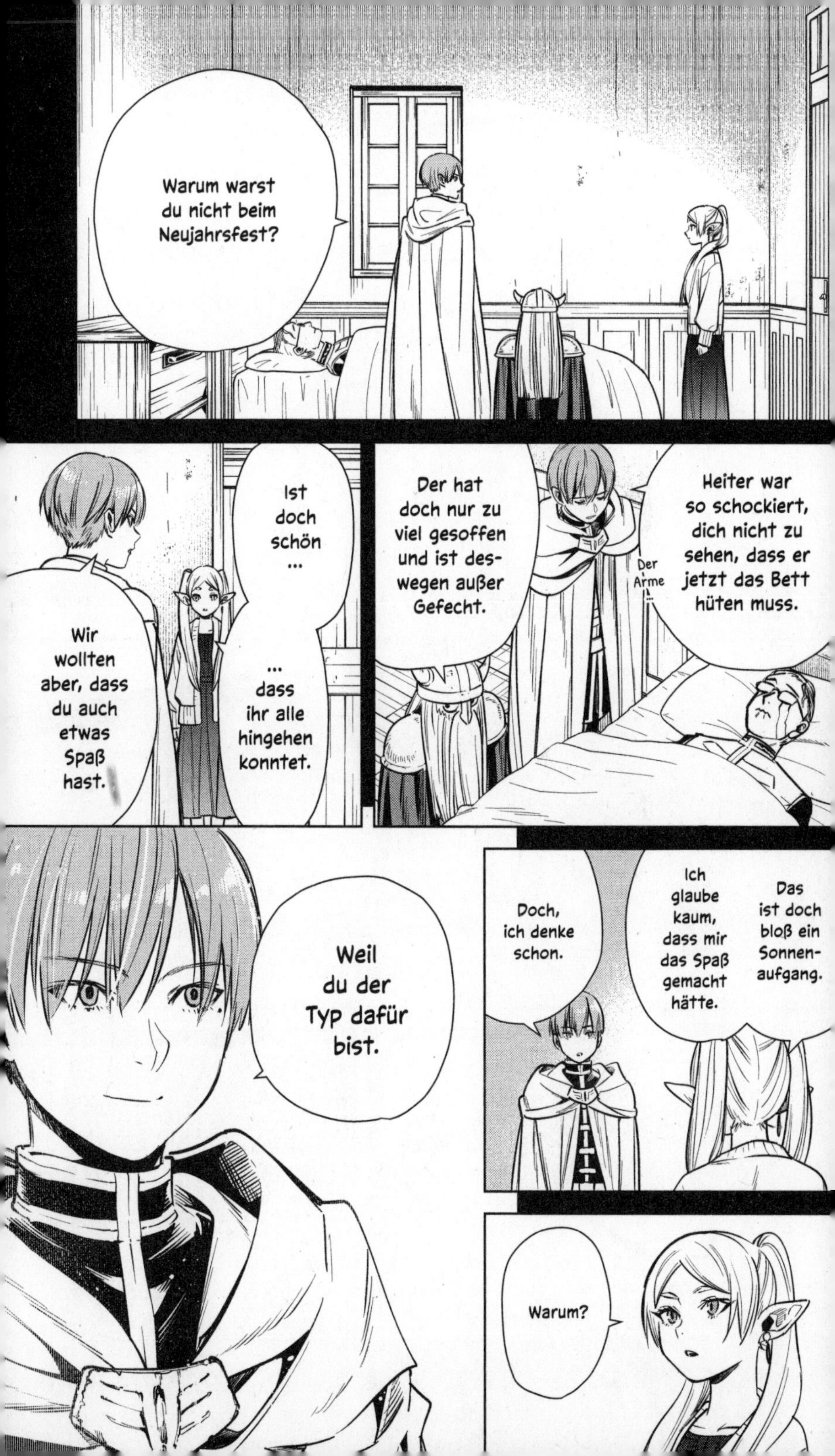
Warum warst du nicht beim Neujahrsfest?
Heiter war so schockiert, dich nicht zu sehen, dass er jetzt das Bett hüten muss.
Der Arme ...
Der hat doch nur zu viel gesoffen und ist des-wegen außer Gefecht.
Ist doch schön ...
... dass ihr alle hingehen konntet.
Wir wollten aber, dass du auch etwas Spaß hast.
Das ist doch bloß ein Sonnen-aufgang.
Ich glaube kaum, dass mir das Spaß gemacht hätte.
Doch, ich denke schon.
Warum?
Weil du der Typ dafür bist.

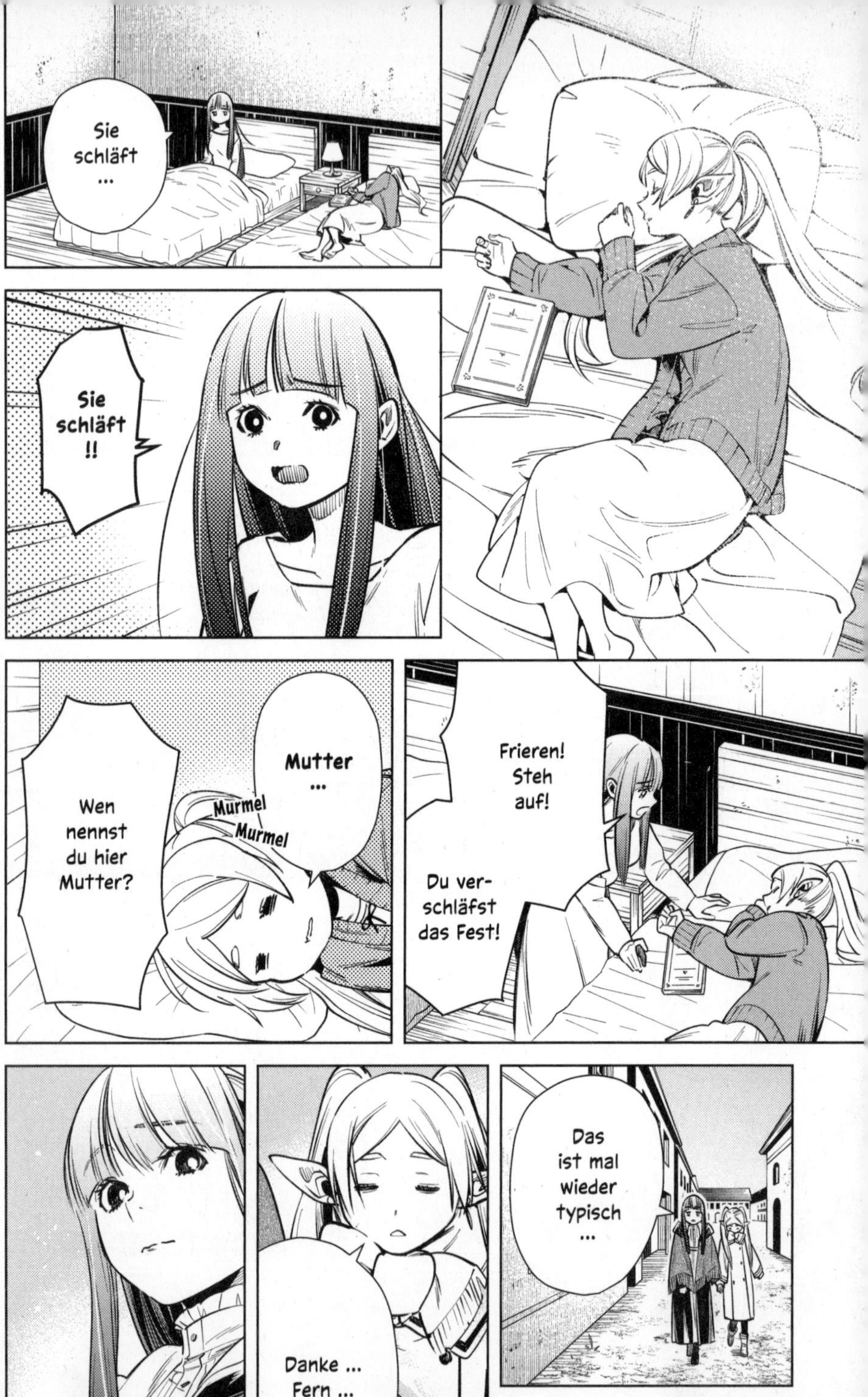
Sie schläft ...
Sie schläft !!
Frieren! Steh auf!
Du verschläfst das Fest!
Mutter ...
Murmel Murmel
Wen nennst du hier Mutter?
Das ist mal wieder typisch ...
Danke ... Fern ...

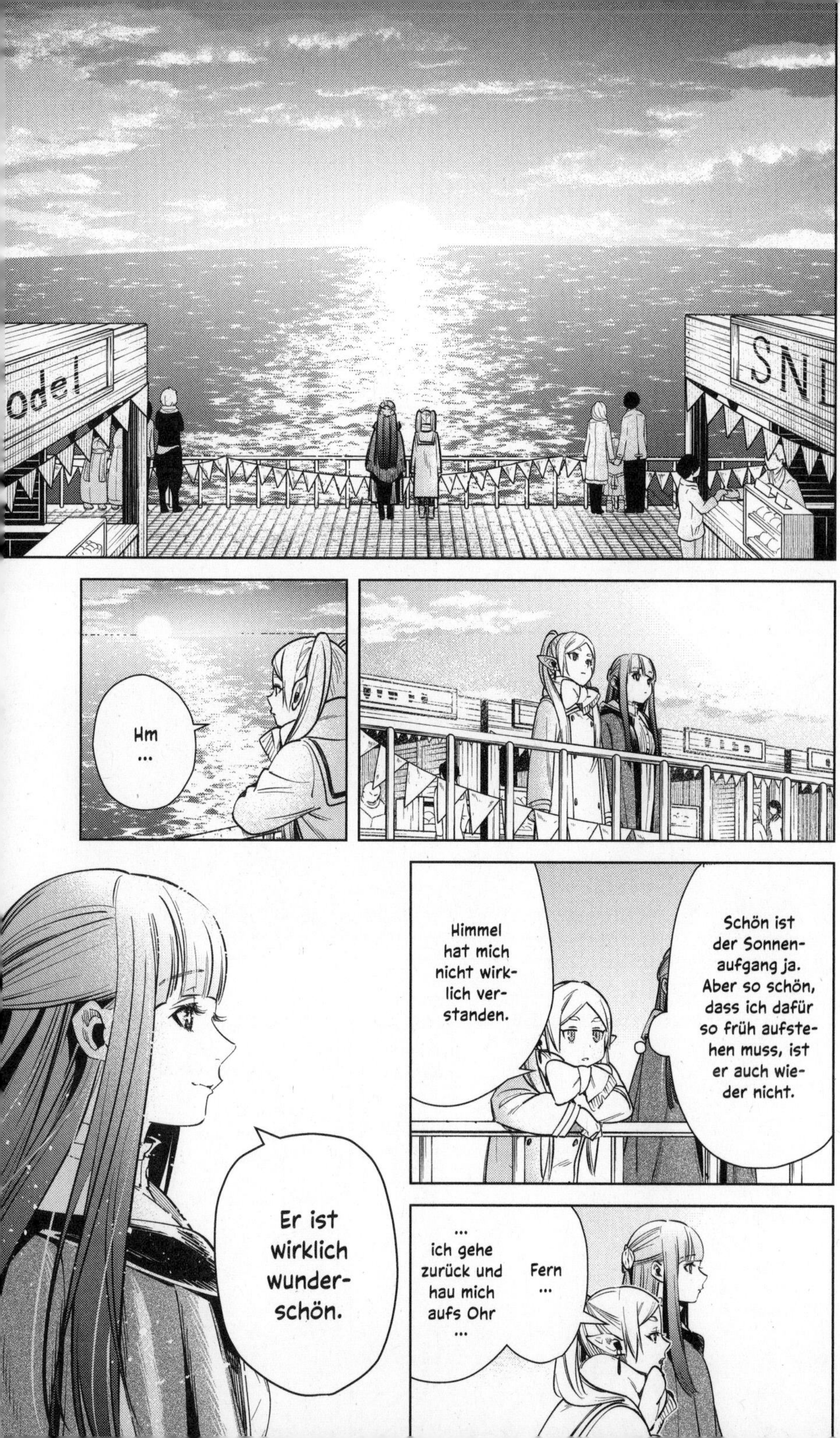
Hm
...
Schön ist der Sonnen-aufgang ja. Aber so schön, dass ich dafür so früh aufste-hen muss, ist er auch wie-der nicht.
Himmel hat mich nicht wirk-lich ver-standen.
Er ist wirklich wunder-schön.
Fern
...
...
ich gehe zurück und hau mich aufs Ohr
...

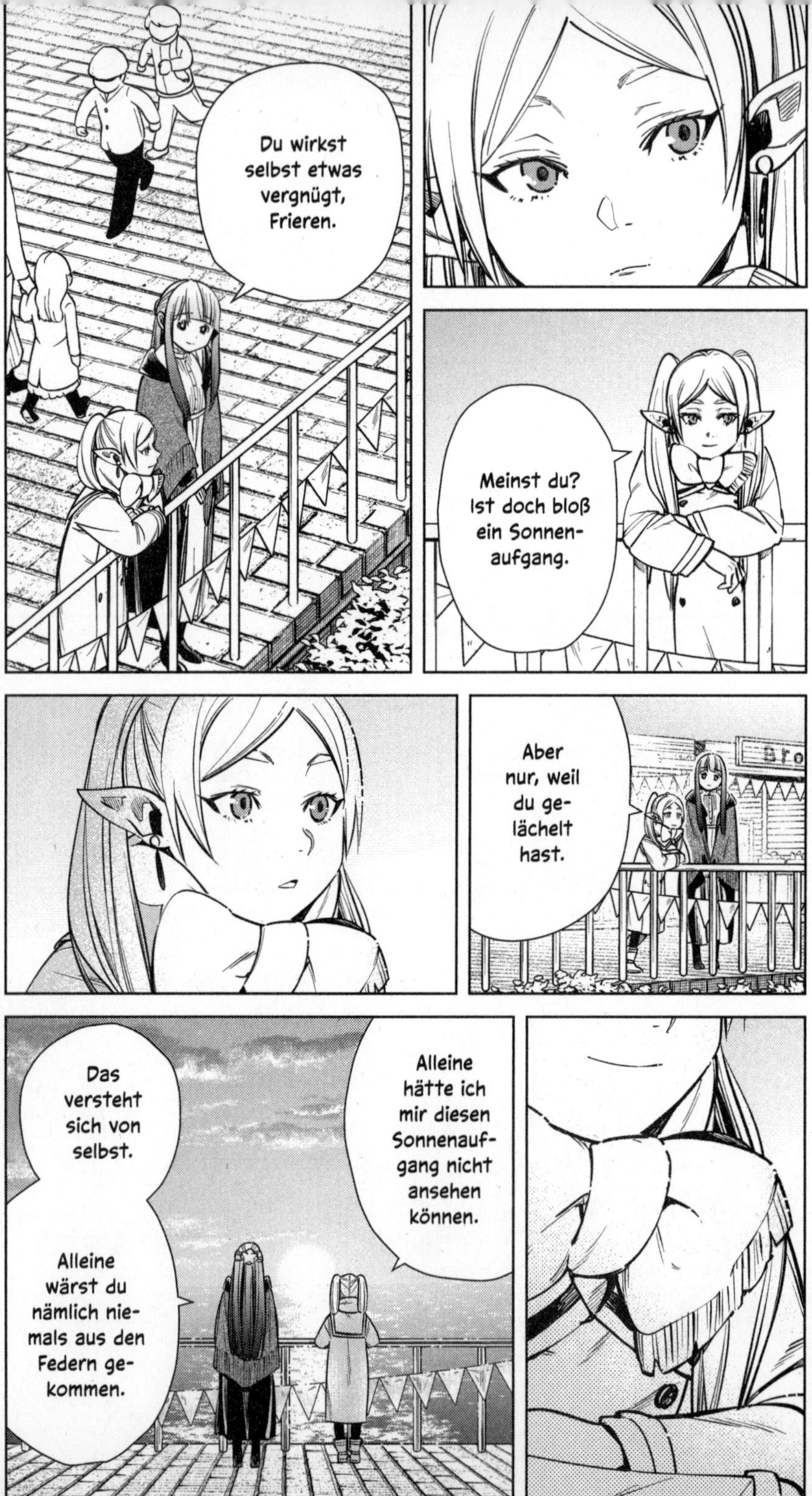
Du wirkst selbst etwas vergnügt, Frieren.
Meinst du? Ist doch bloß ein Sonnen-aufgang.
Aber nur, weil du ge-lächelt hast.
Alleine hätte ich mir diesen Sonnenauf-gang nicht ansehen können.
Das versteht sich von selbst.
Alleine wärst du nämlich nie-mals aus den Federn ge-kommen.

Kapitel 7: Wo die Seelen ruhen

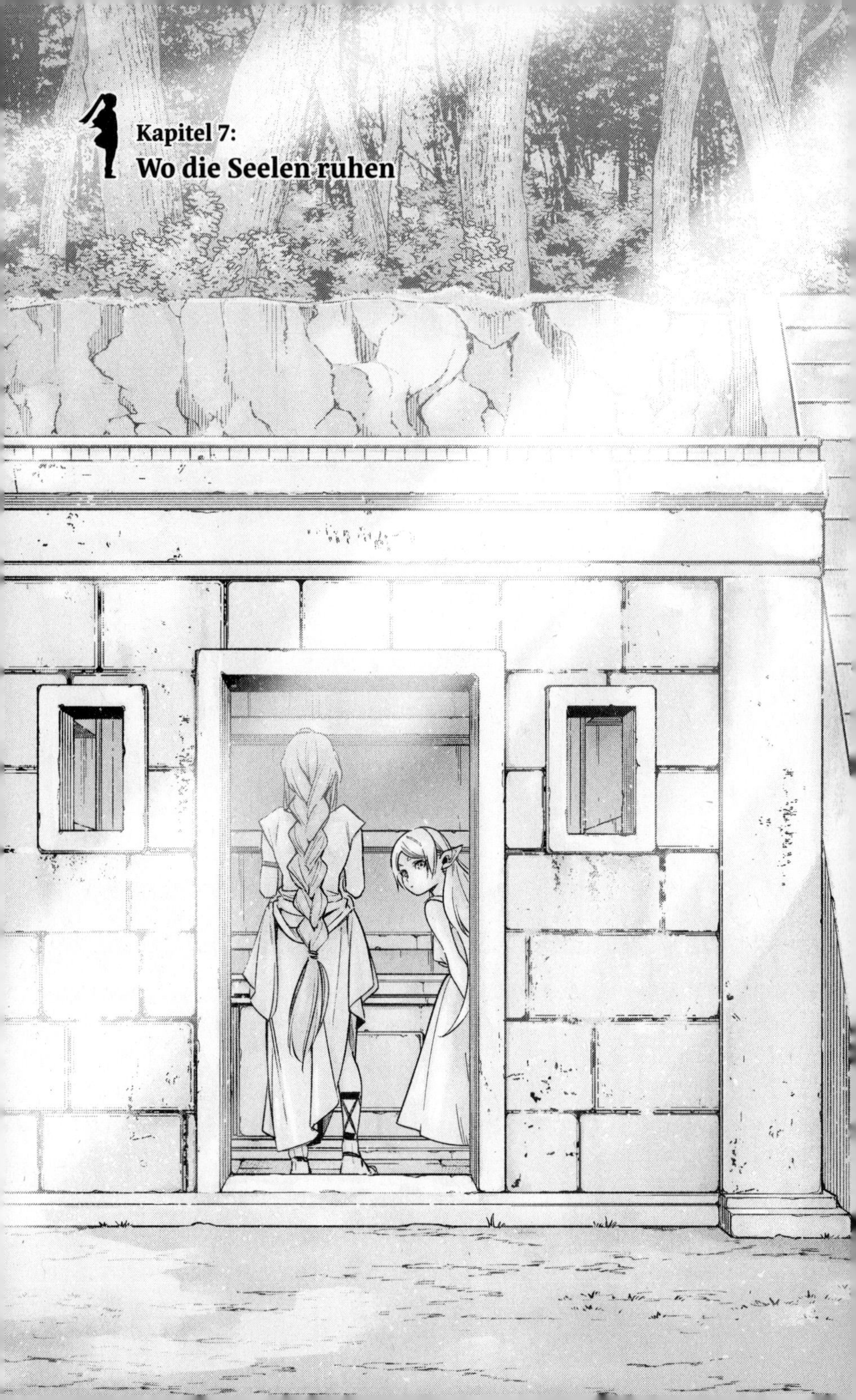

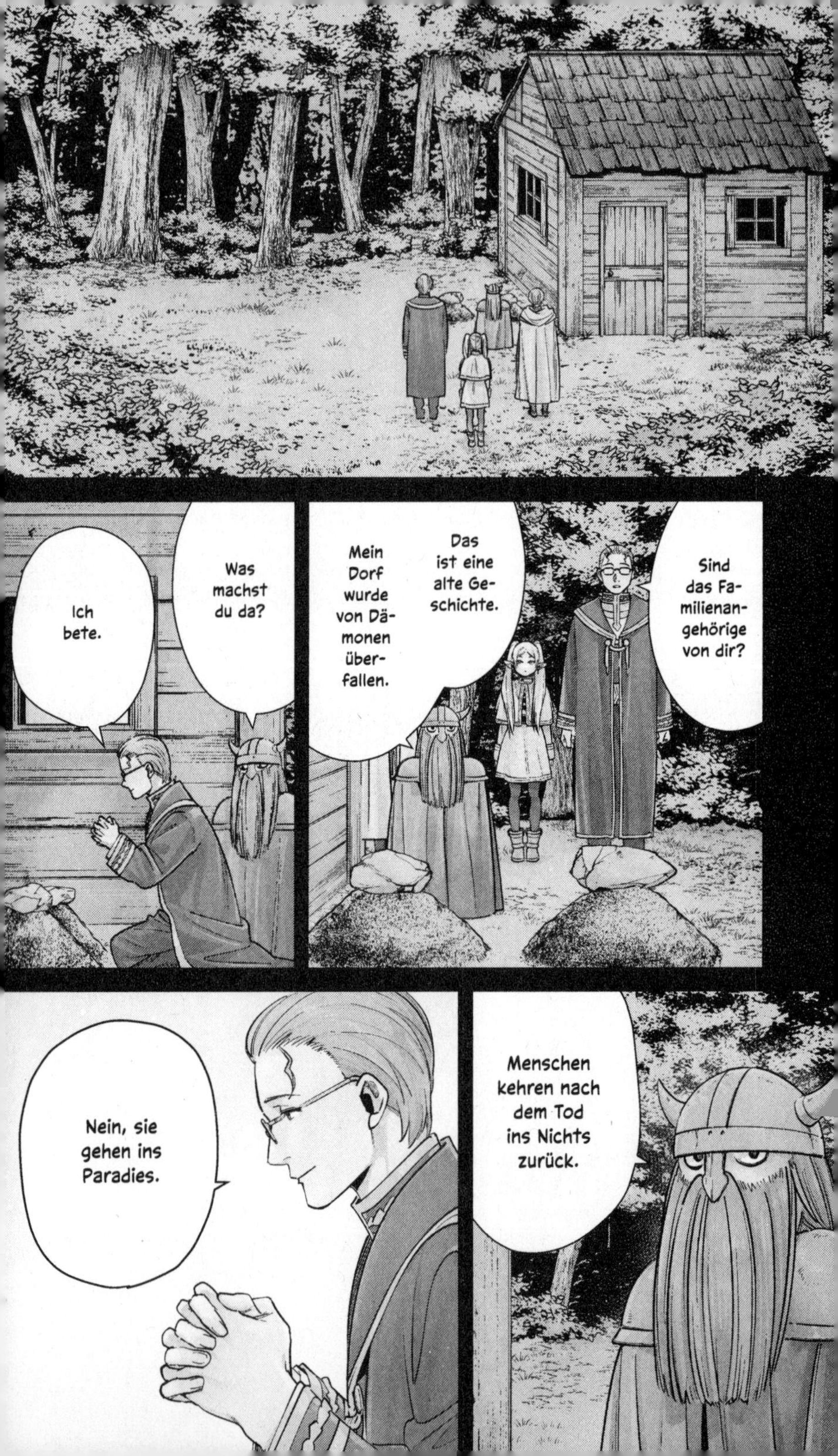
Sind das Familienangehörige von dir?
Das ist eine alte Geschichte.
Mein Dorf wurde von Dämonen überfallen.
Was machst du da?
Ich bete.
Menschen kehren nach dem Tod ins Nichts zurück.
Nein, sie gehen ins Paradies.

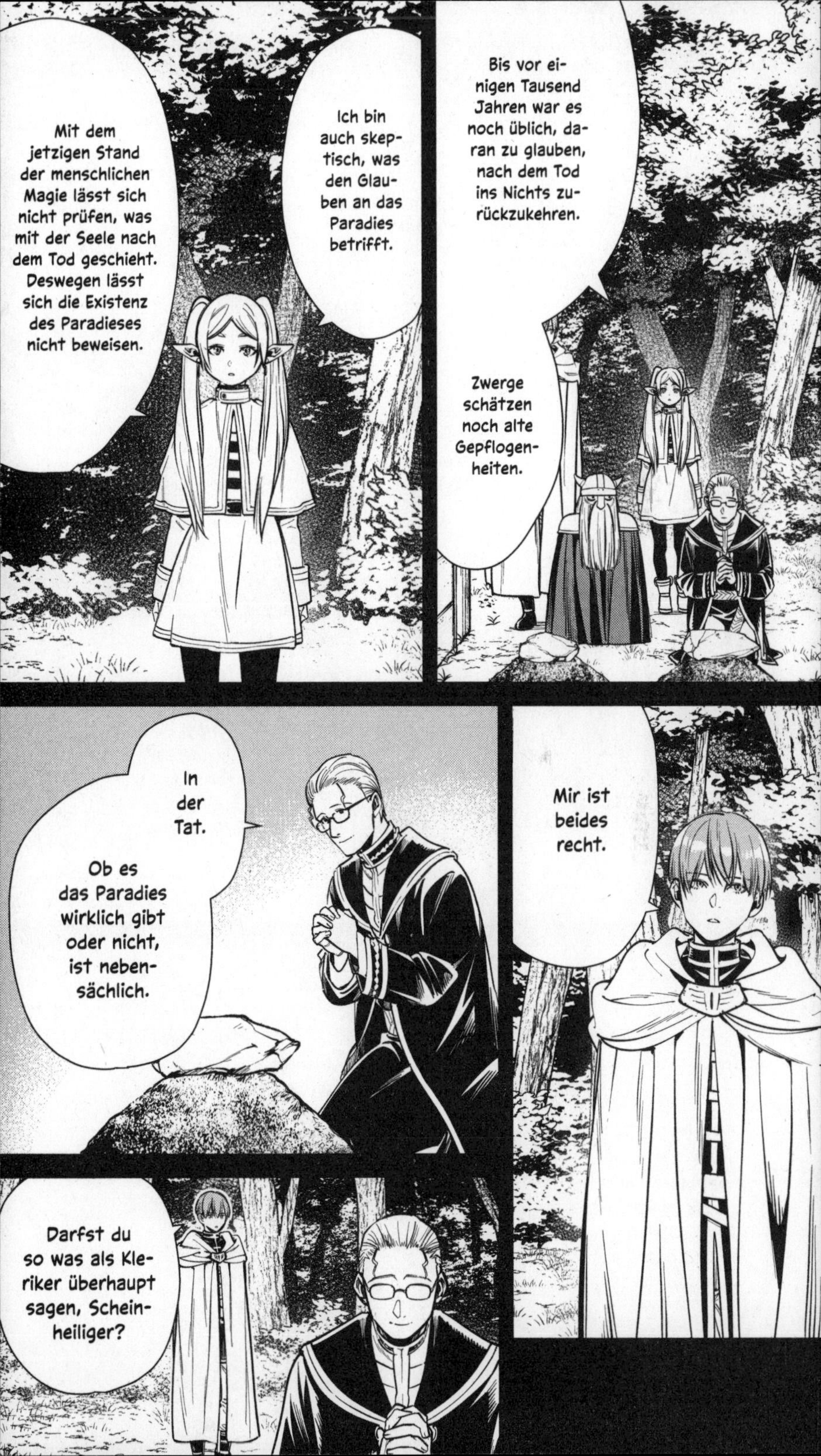

Bis vor einigen Tausend Jahren war es noch üblich, daran zu glauben, nach dem Tod ins Nichts zurückzukehren.
Zwerge schätzen noch alte Gepflogenheiten.
Ich bin auch skeptisch, was den Glauben an das Paradies betrifft.
Mit dem jetzigen Stand der menschlichen Magie lässt sich nicht prüfen, was mit der Seele nach dem Tod geschieht. Deswegen lässt sich die Existenz des Paradieses nicht beweisen.
Mir ist beides recht.
In der Tat.
Ob es das Paradies wirklich gibt oder nicht, ist nebensächlich.
Darfst du so was als Kleriker überhaupt sagen, Scheinheiliger?

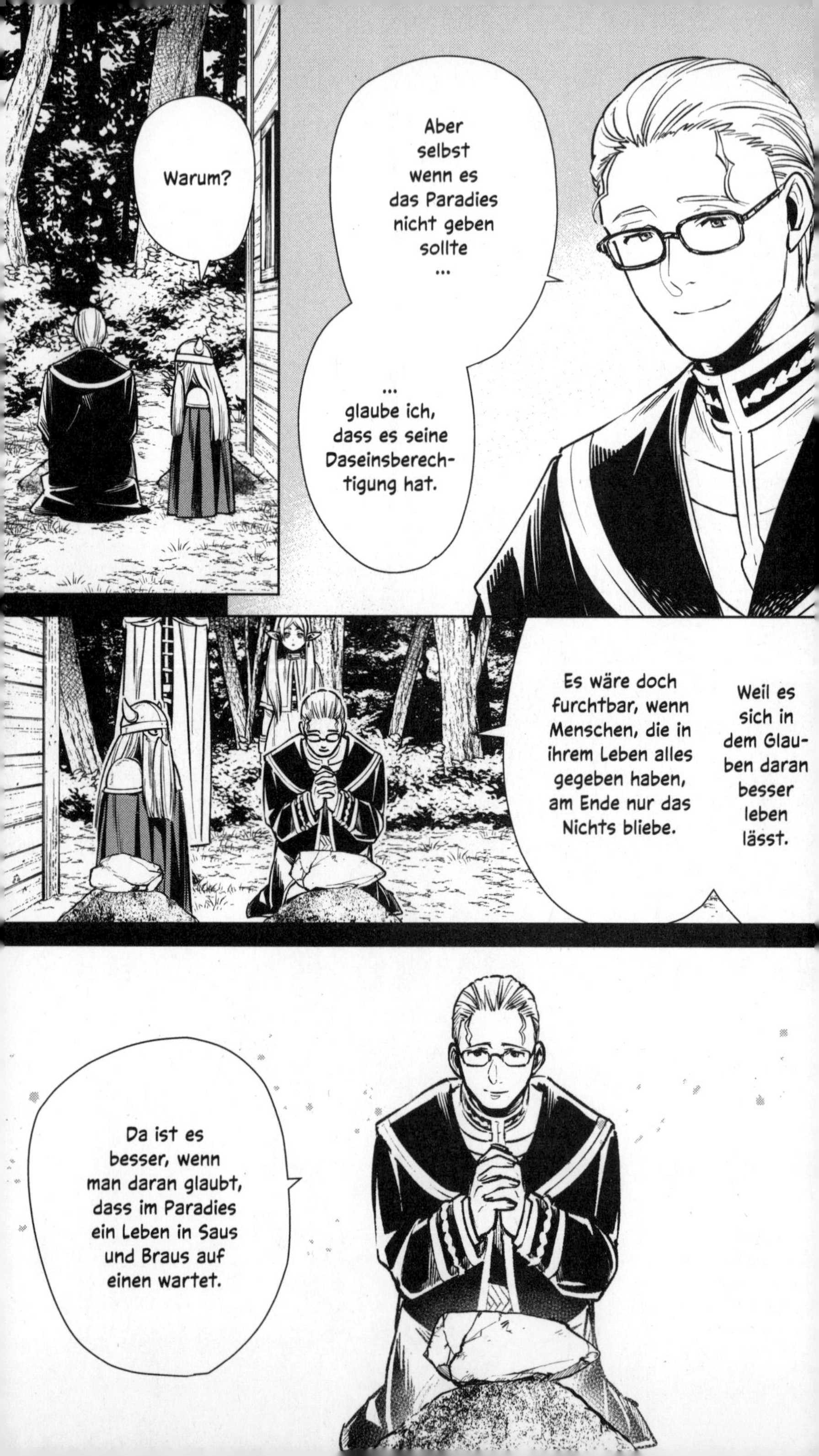
Warum?
Aber selbst wenn es das Paradies nicht geben sollte …
… glaube ich, dass es seine Daseinsberechtigung hat.
Weil es sich in dem Glauben daran besser leben lässt.
Es wäre doch furchtbar, wenn Menschen, die in ihrem Leben alles gegeben haben, am Ende nur das Nichts bliebe.
Da ist es besser, wenn man daran glaubt, dass im Paradies ein Leben in Saus und Braus auf einen wartet.

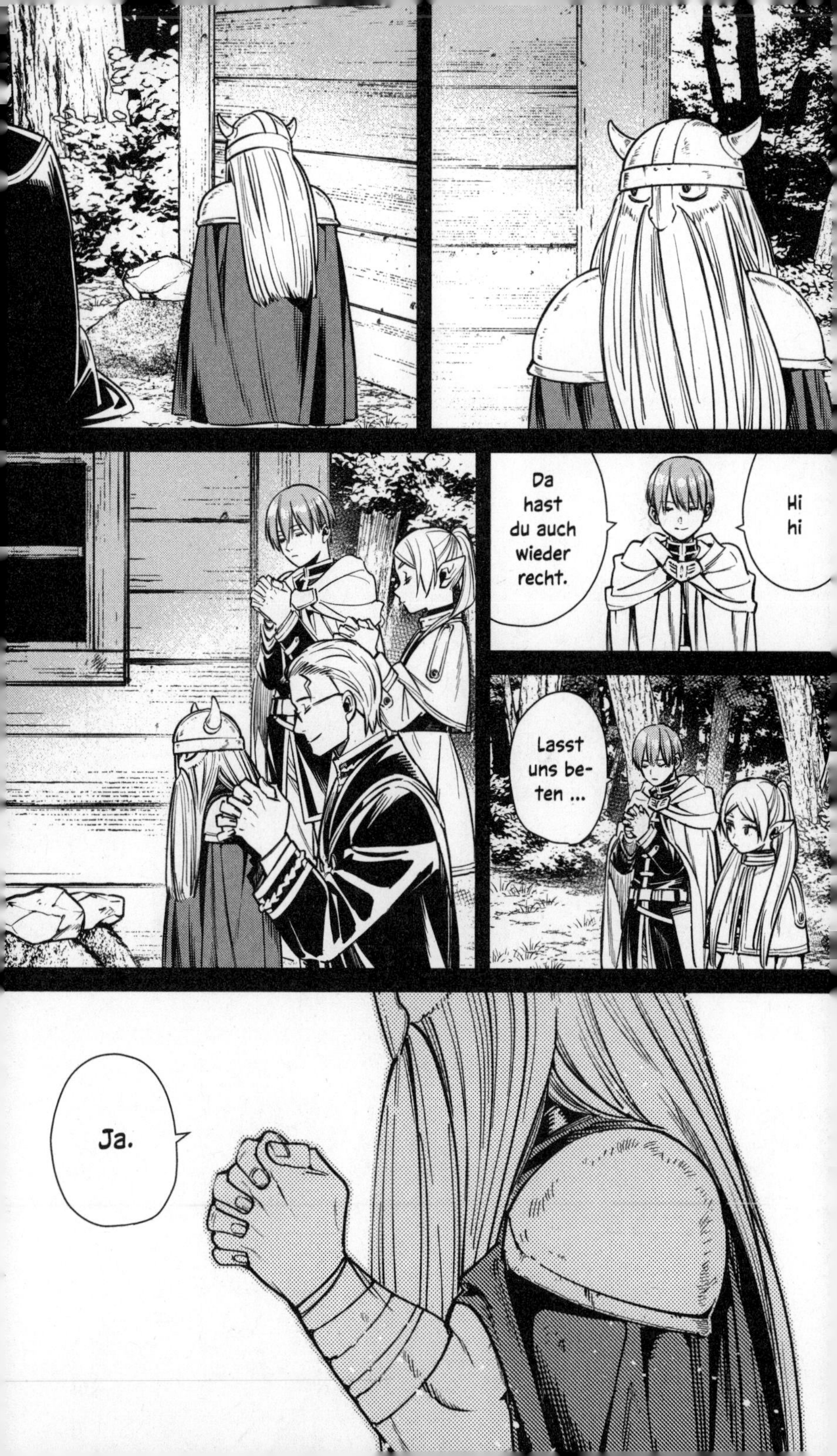
Hi hi
Da hast du auch wieder recht.
Lasst uns beten ...
Ja.

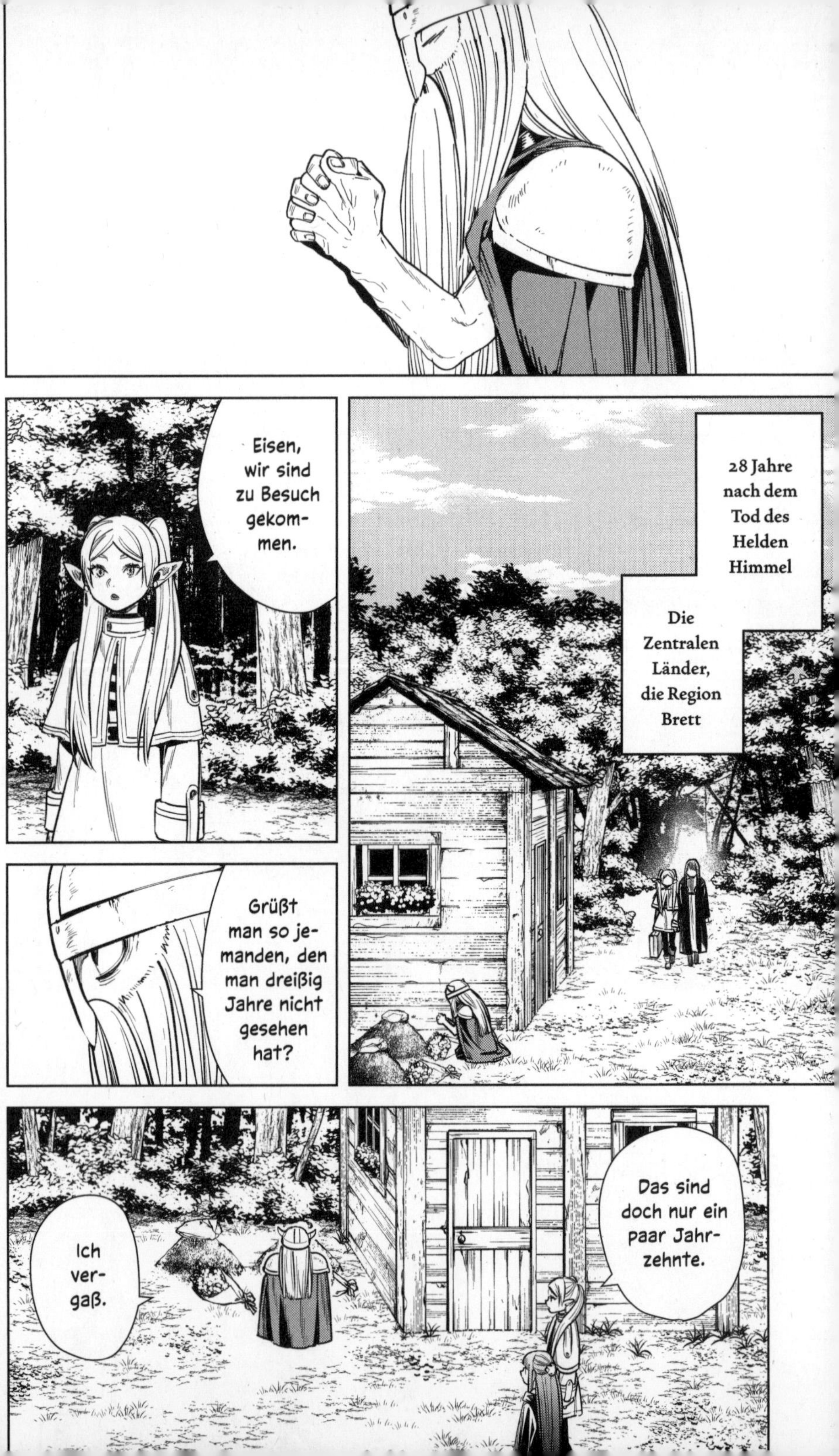

28 Jahre nach dem Tod des Helden Himmel
Die Zentralen Länder, die Region Brett
Eisen, wir sind zu Besuch gekommen.
Grüßt man so jemanden, den man dreißig Jahre nicht gesehen hat?
Das sind doch nur ein paar Jahrzehnte.
Ich vergaß.

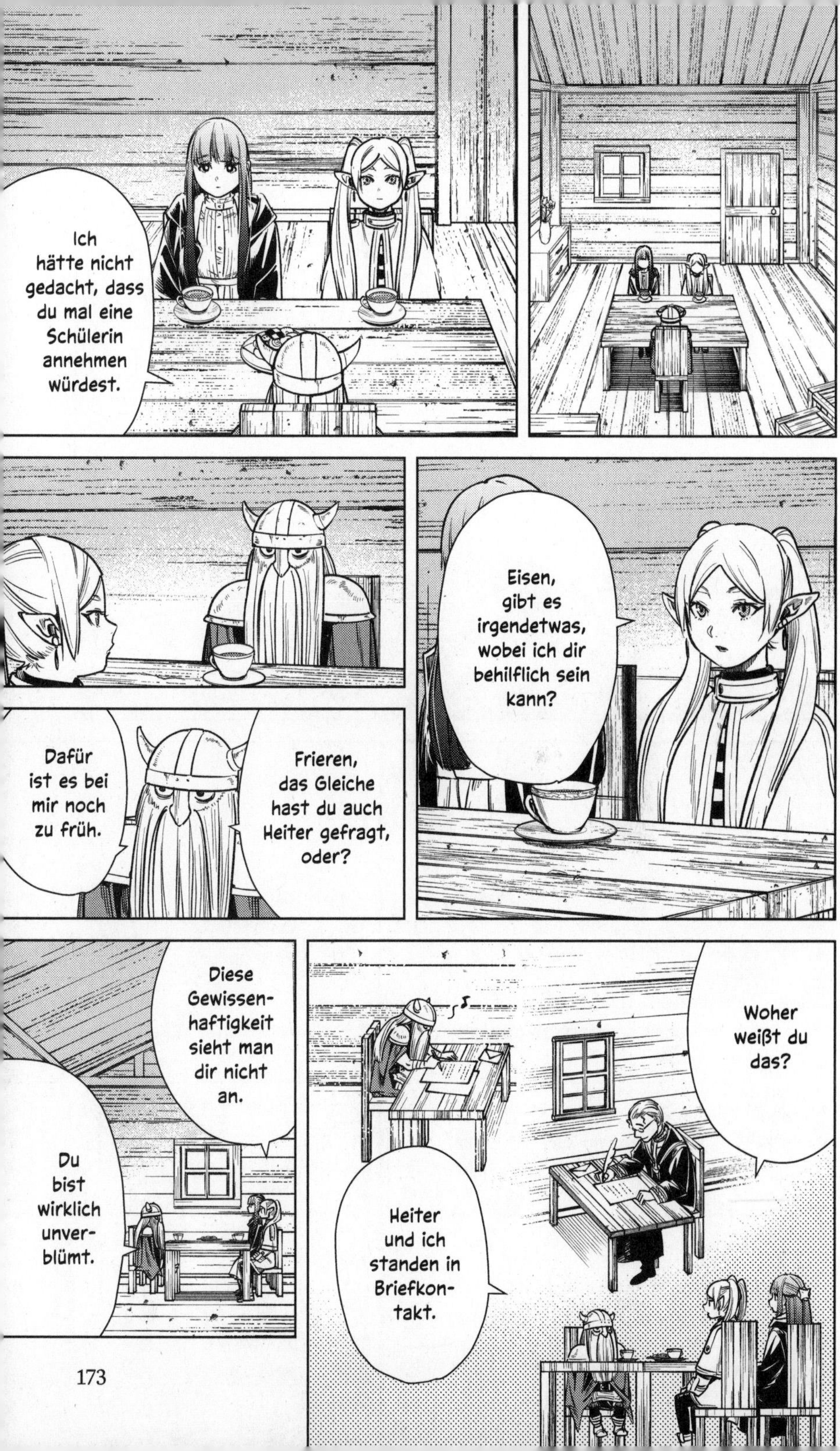
Ich hätte nicht gedacht, dass du mal eine Schülerin annehmen würdest.
Eisen, gibt es irgendetwas, wobei ich dir behilflich sein kann?
Frieren, das Gleiche hast du auch Heiter gefragt, oder?
Dafür ist es bei mir noch zu früh.
Woher weißt du das?
Heiter und ich standen in Briefkontakt.
Diese Gewissenhaftigkeit sieht man dir nicht an.
Du bist wirklich unverblümt.

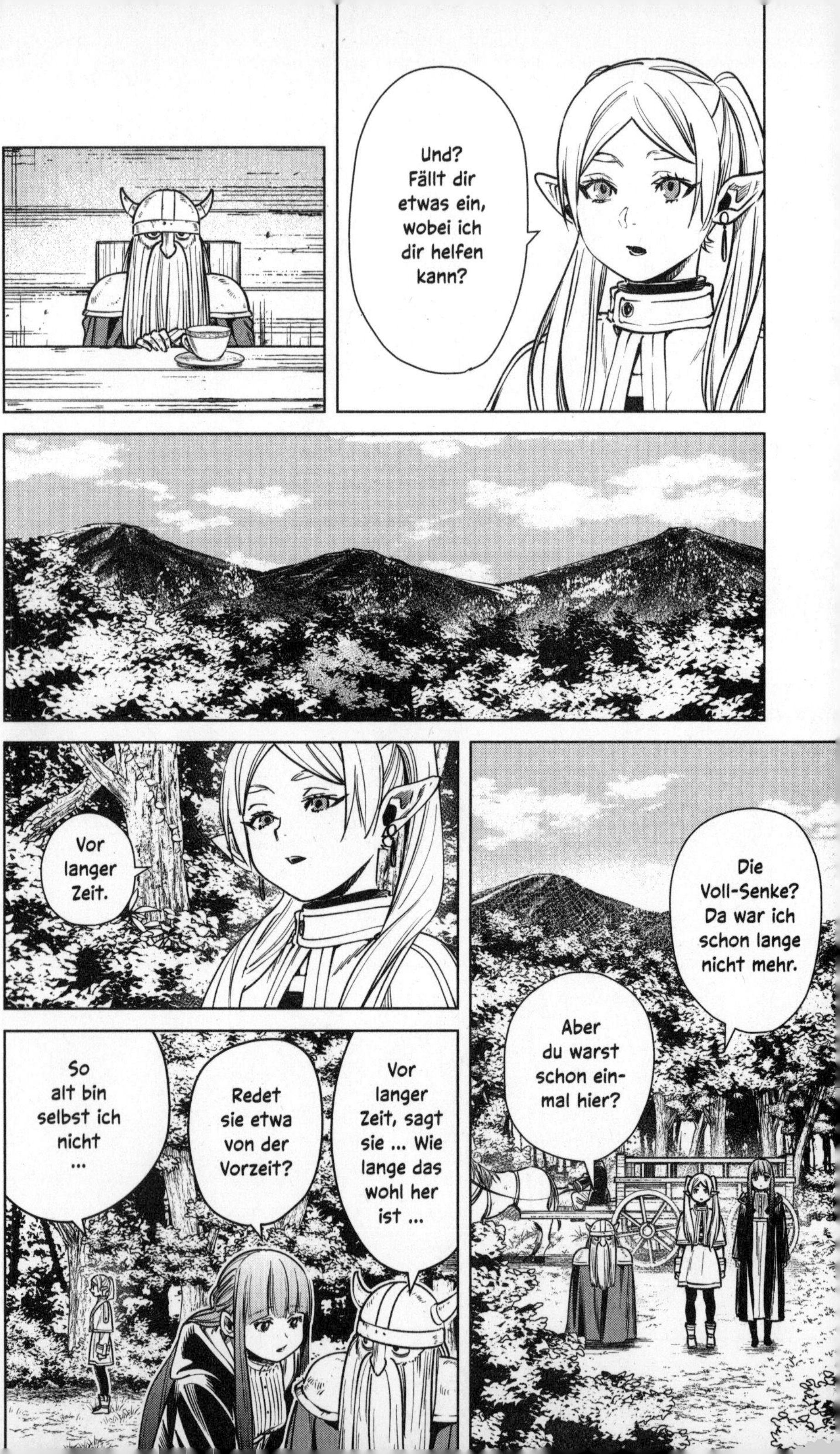
Und? Fällt dir etwas ein, wobei ich dir helfen kann?
Die Voll-Senke? Da war ich schon lange nicht mehr.
Aber du warst schon ein-mal hier?
Vor langer Zeit.
Vor langer Zeit, sagt sie ... Wie lange das wohl her ist ...
Redet sie etwa von der Vorzeit?
So alt bin selbst ich nicht ...

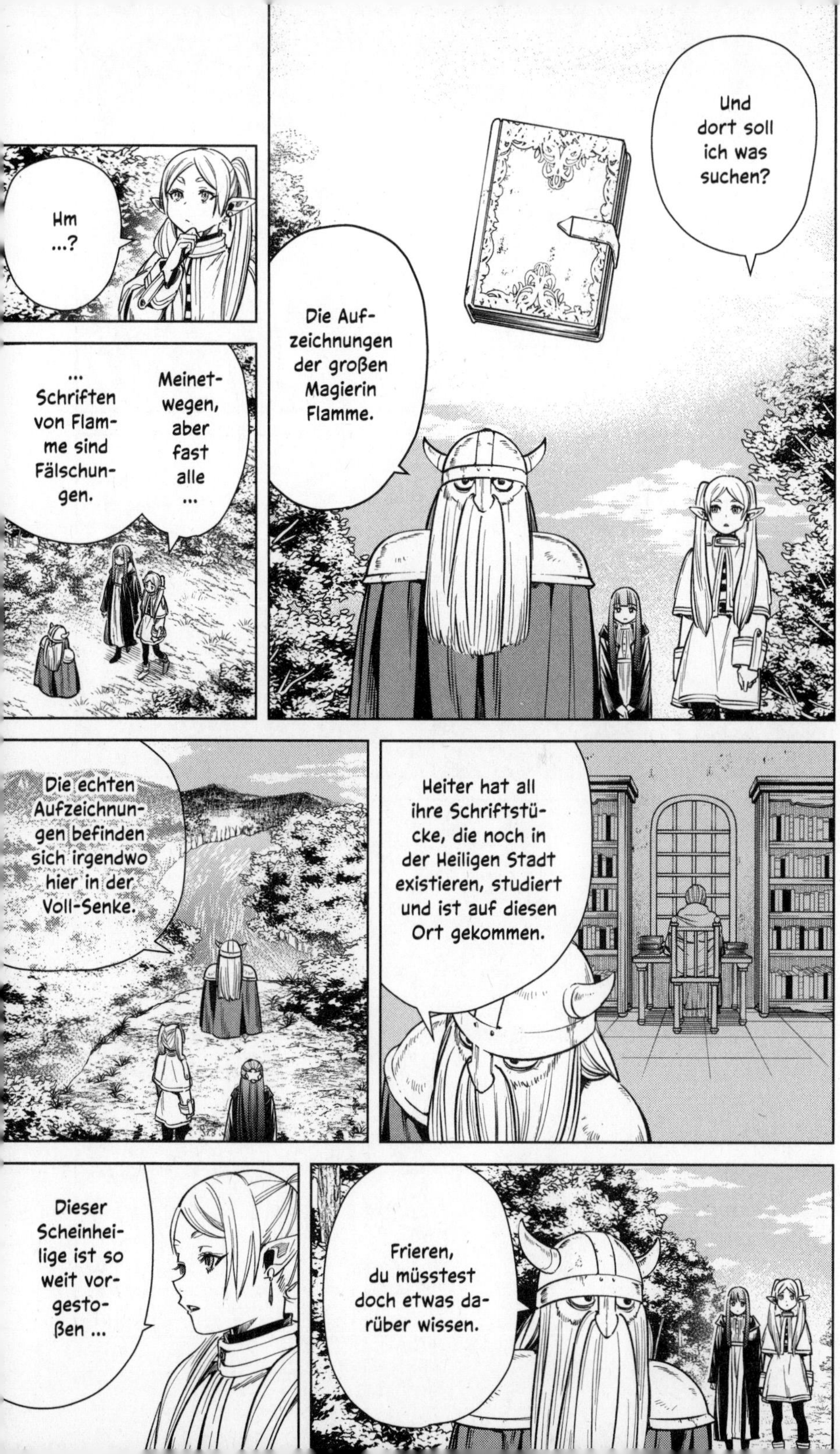
Und dort soll ich was suchen?
Die Aufzeichnungen der großen Magierin Flamme.
Hm ...?
Meinetwegen, aber fast alle ...
... Schriften von Flamme sind Fälschungen.
Heiter hat all ihre Schriftstücke, die noch in der Heiligen Stadt existieren, studiert und ist auf diesen Ort gekommen.
Die echten Aufzeichnungen befinden sich irgendwo hier in der Voll-Senke.
Frieren, du müsstest doch etwas darüber wissen.
Dieser Scheinheilige ist so weit vorgestoßen ...

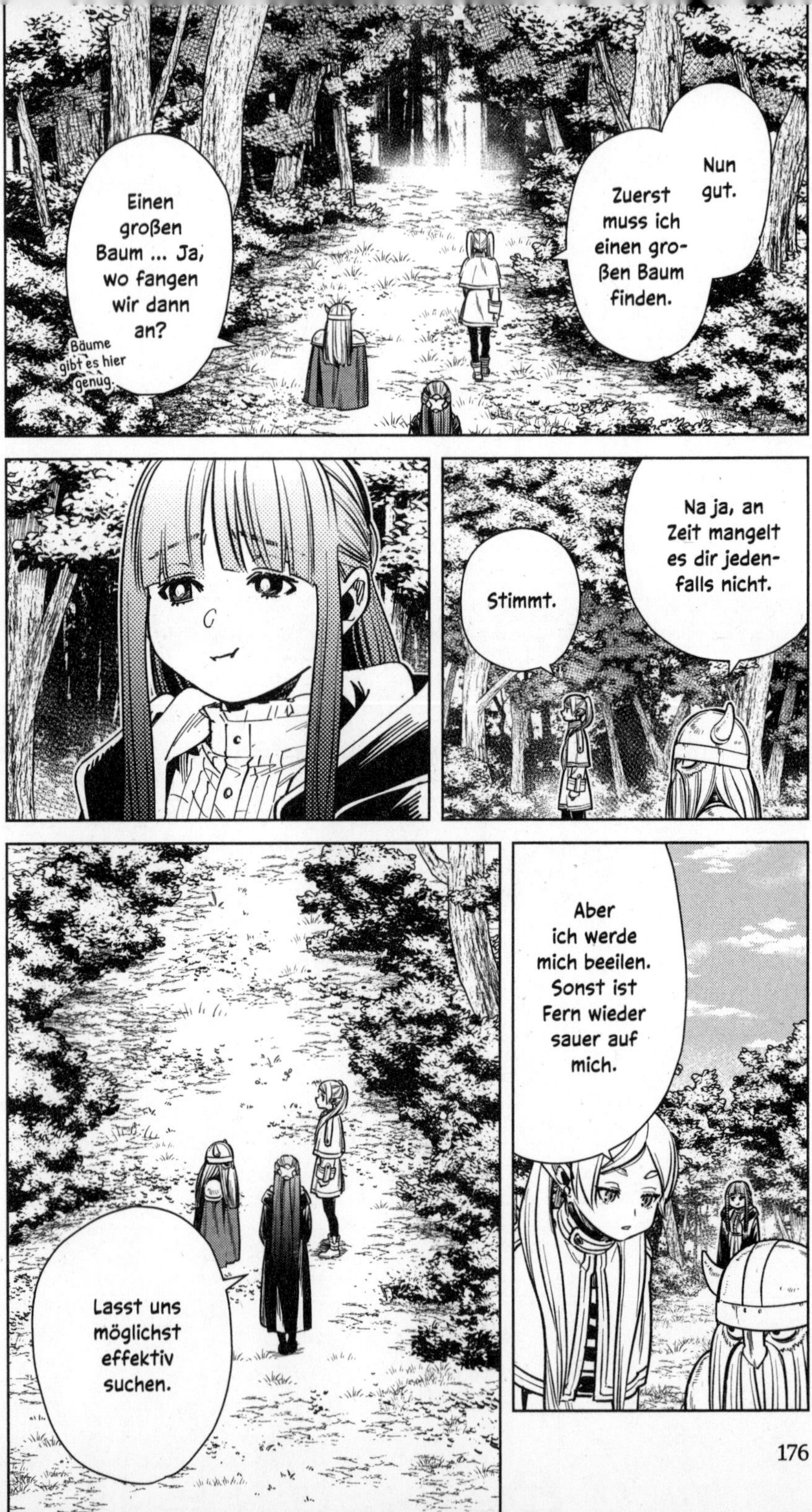

Nun gut.
Zuerst muss ich einen großen Baum finden.
Einen großen Baum ... Ja, wo fangen wir dann an?
Bäume gibt es hier genug.
Na ja, an Zeit mangelt es dir jedenfalls nicht.
Stimmt.
Aber ich werde mich beeilen. Sonst ist Fern wieder sauer auf mich.
Lasst uns möglichst effektiv suchen.

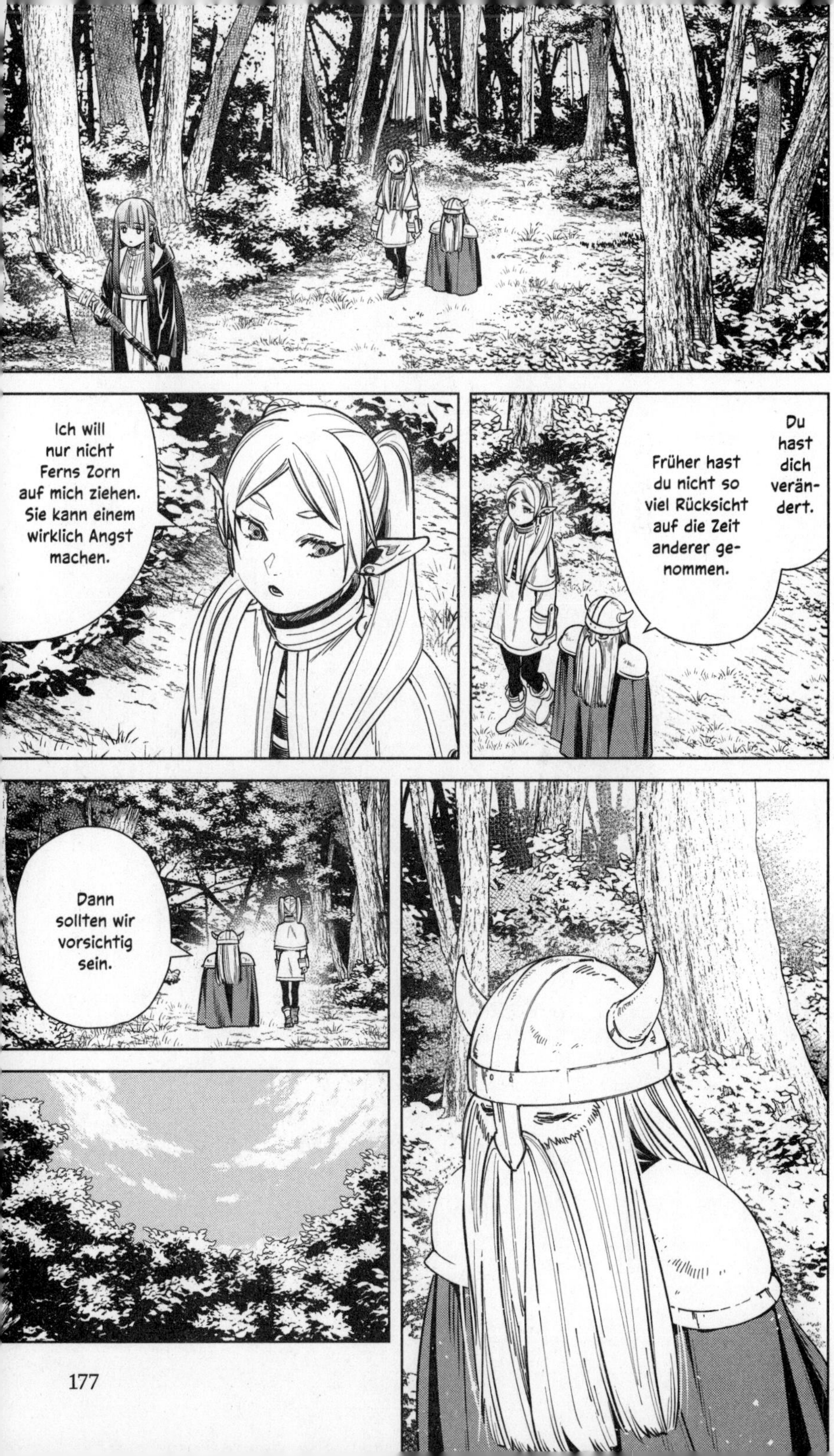
Du hast dich verändert.
Früher hast du nicht so viel Rücksicht auf die Zeit anderer genommen.
Ich will nur nicht Ferns Zorn auf mich ziehen. Sie kann einem wirklich Angst machen.
Dann sollten wir vorsichtig sein.

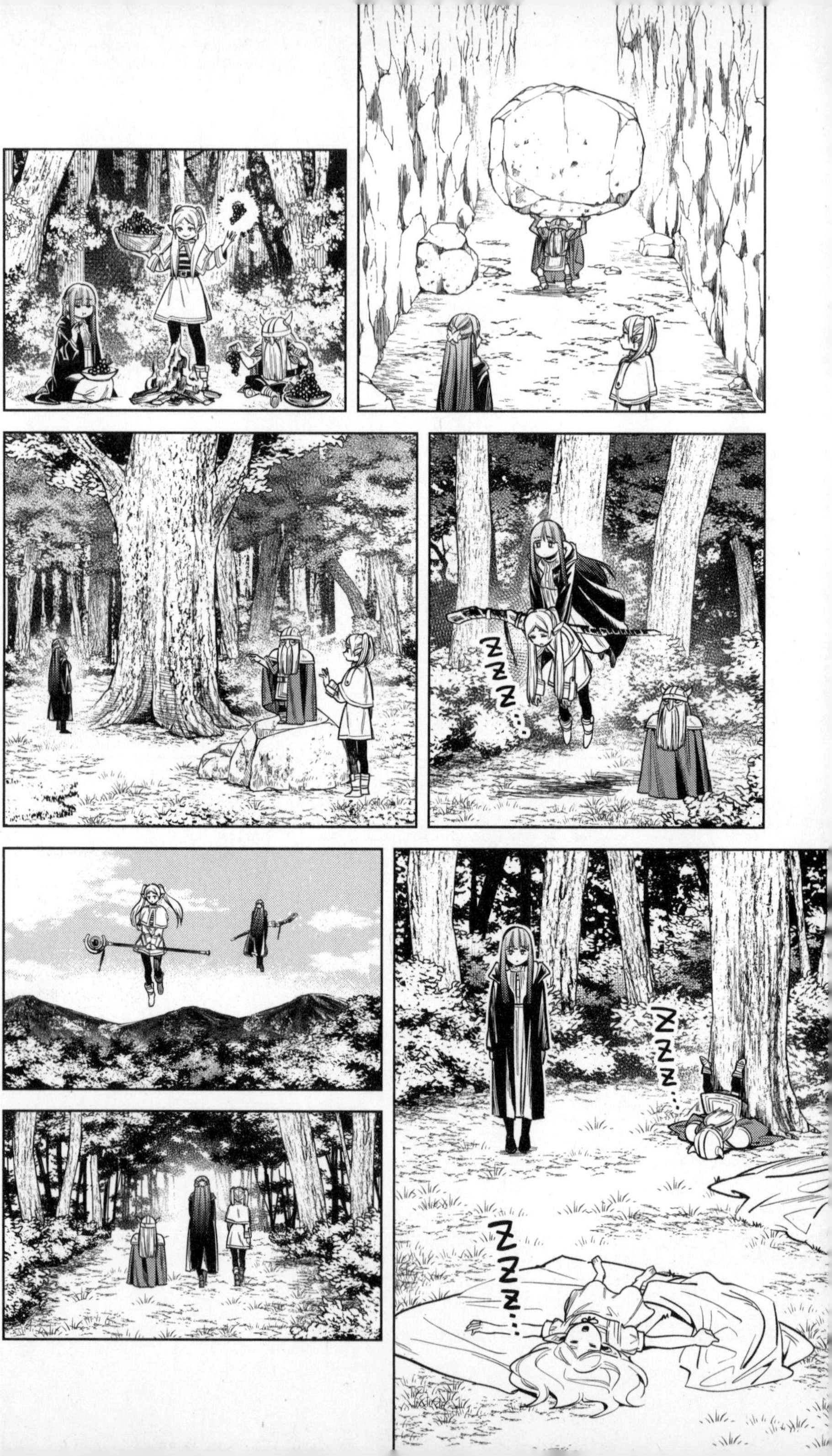
ZZZ...
ZZZ...
ZZZ...

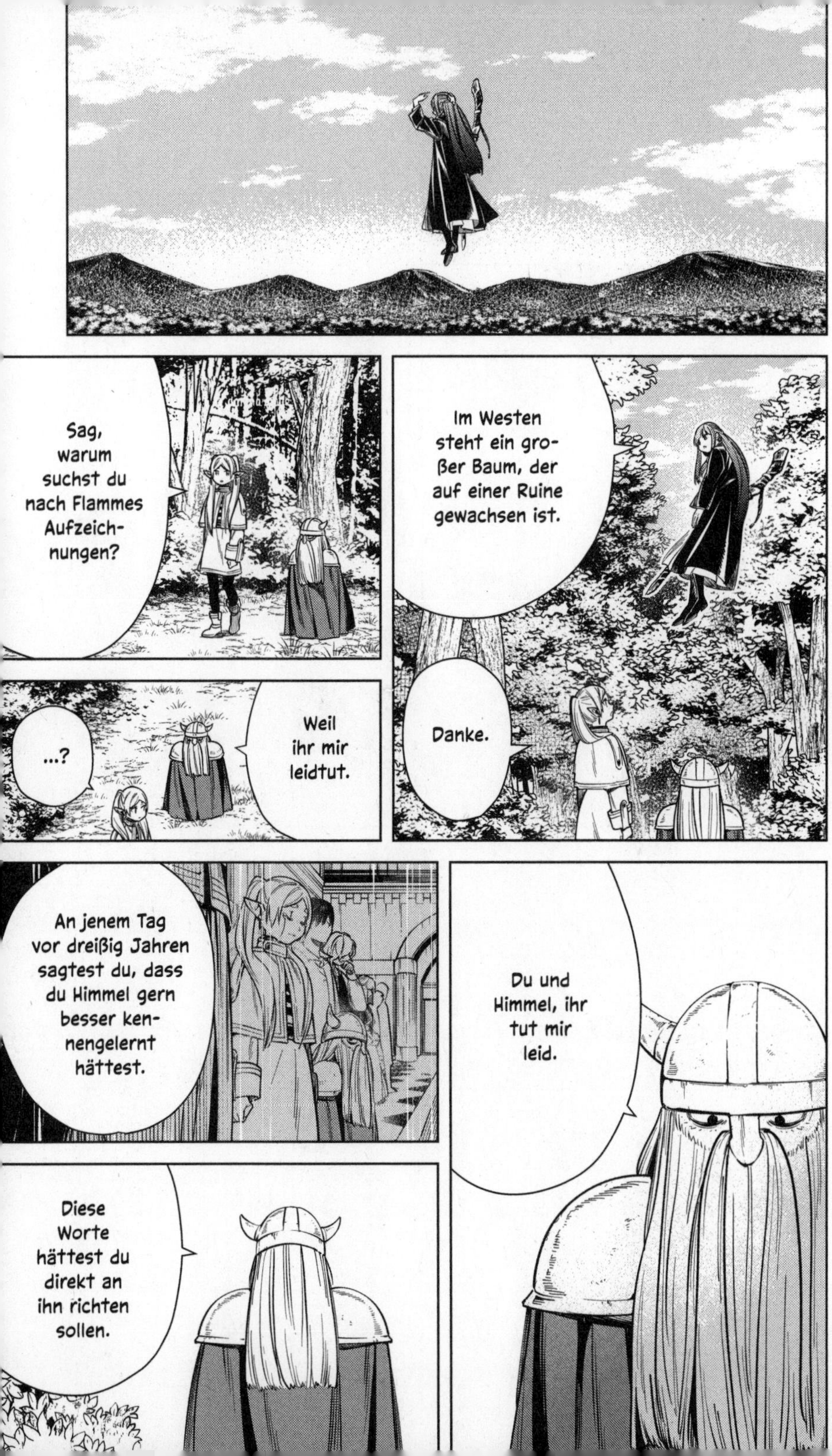

Im Westen steht ein großer Baum, der auf einer Ruine gewachsen ist.
Danke.
Sag, warum suchst du nach Flammes Aufzeichnungen?
Weil ihr mir leidtut.
...?
Du und Himmel, ihr tut mir leid.
An jenem Tag vor dreißig Jahren sagtest du, dass du Himmel gern besser kennengelernt hättest.
Diese Worte hättest du direkt an ihn richten sollen.

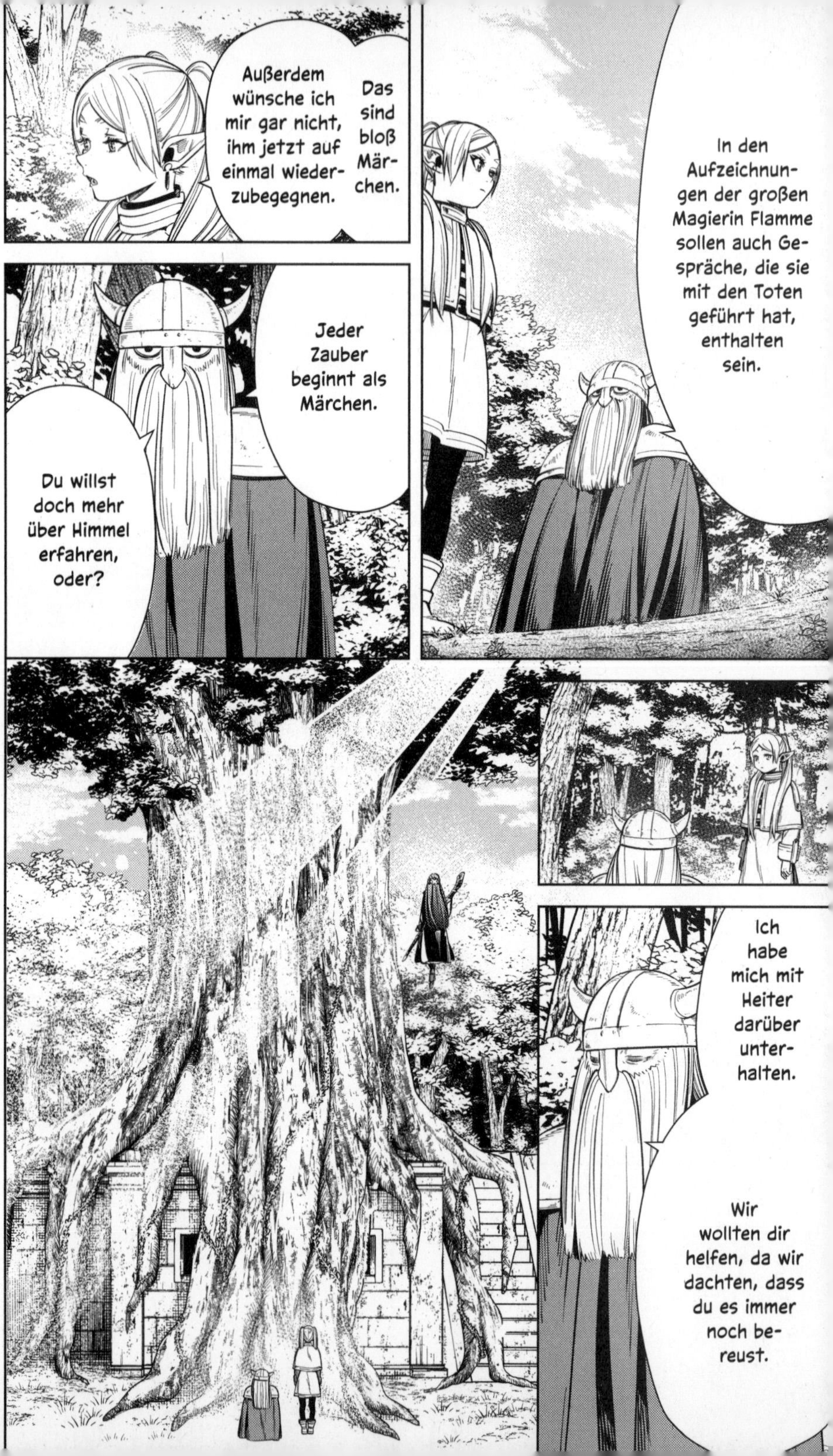

Das sind bloß Mär-chen.
Außerdem wünsche ich mir gar nicht, ihm jetzt auf einmal wieder-zubegegnen.
In den Aufzeichnun-gen der großen Magierin Flamme sollen auch Ge-spräche, die sie mit den Toten geführt hat, enthalten sein.
Jeder Zauber beginnt als Märchen.
Du willst doch mehr über Himmel erfahren, oder?
Ich habe mich mit Heiter darüber unter-halten.
Wir wollten dir helfen, da wir dachten, dass du es immer noch be-reust.

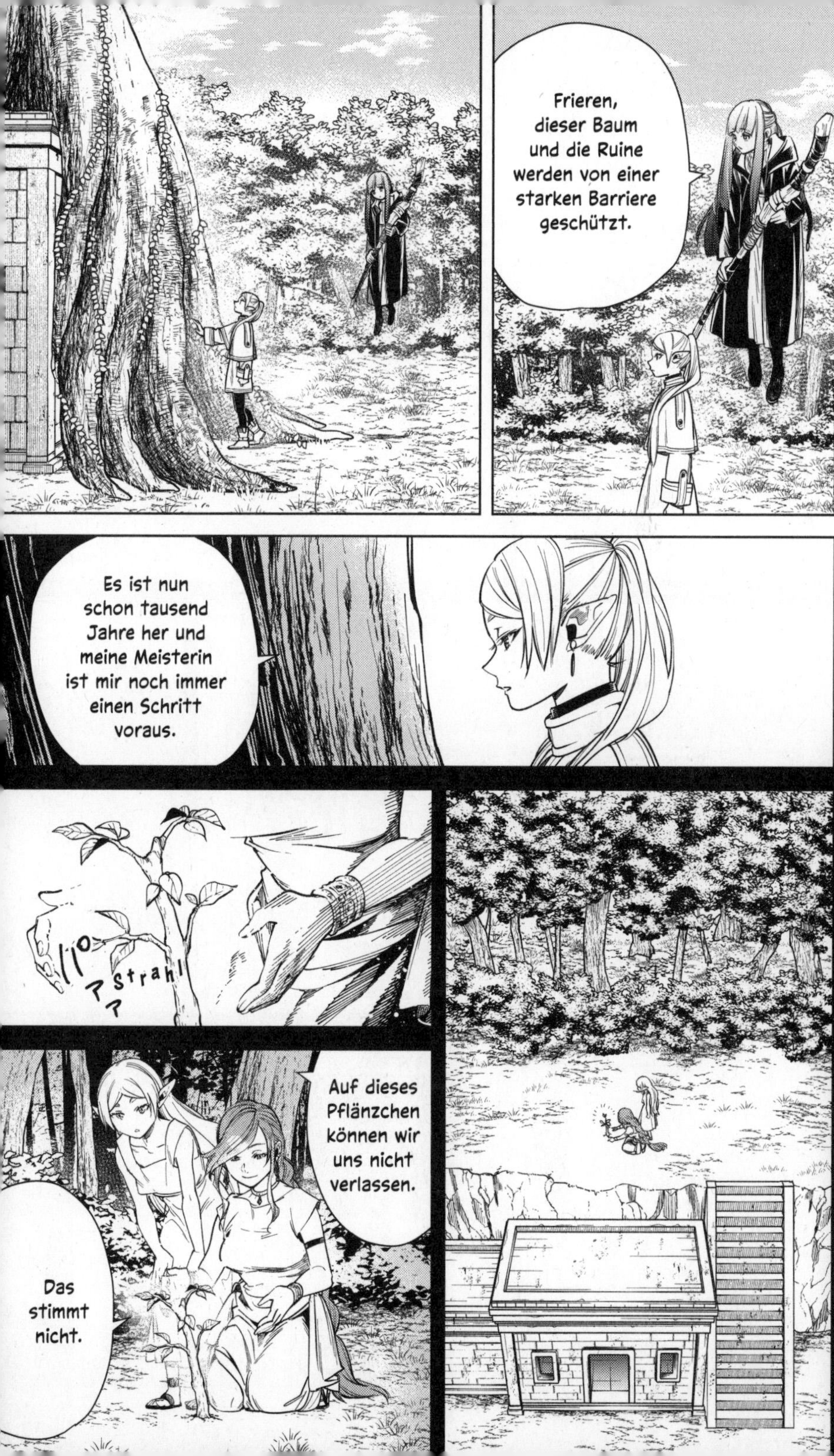
Frieren, dieser Baum und die Ruine werden von einer starken Barriere geschützt.
Es ist nun schon tausend Jahre her und meine Meisterin ist mir noch immer einen Schritt voraus.
Strahl
Auf dieses Pflänzchen können wir uns nicht verlassen.
Das stimmt nicht.

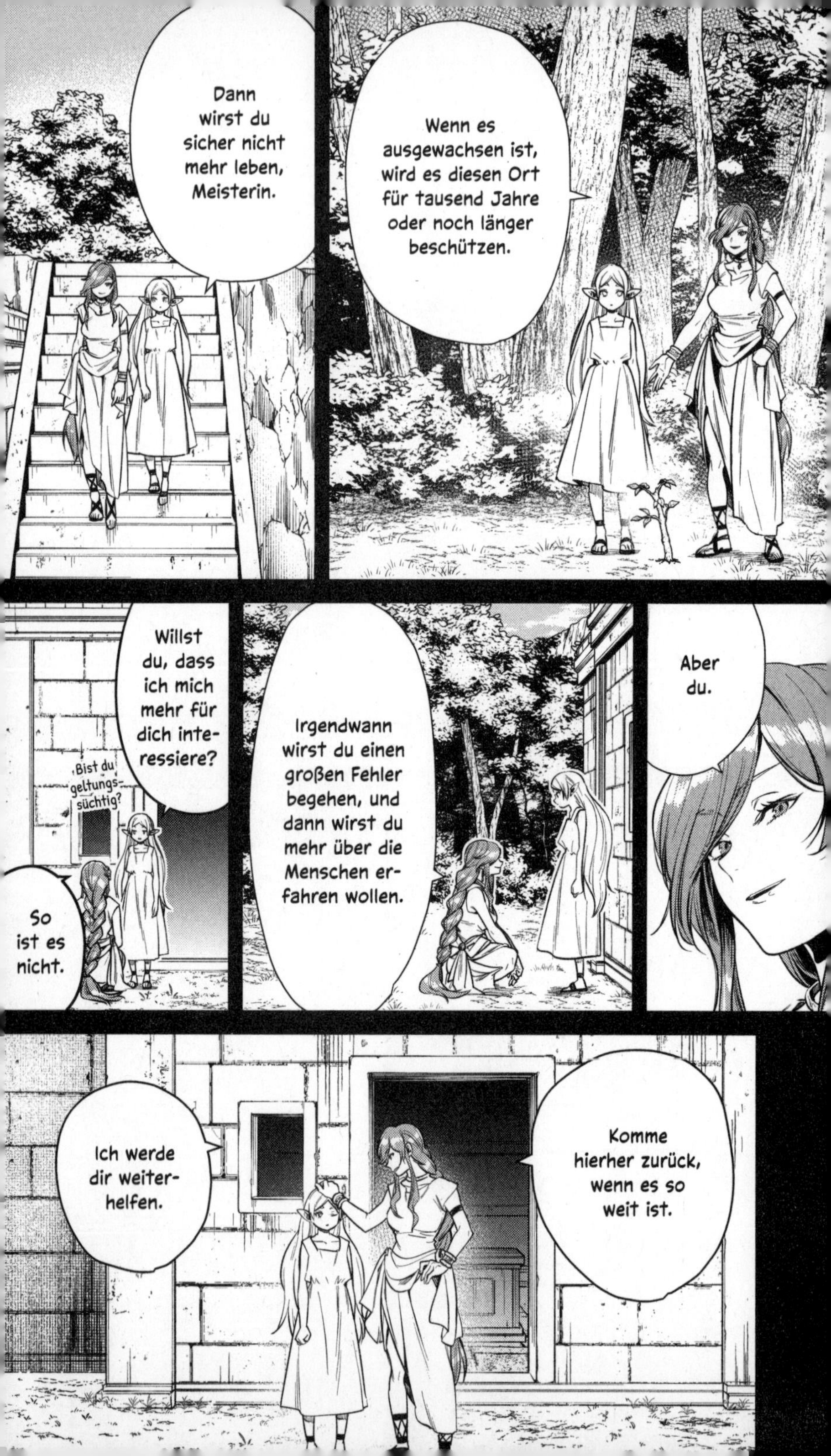

Wenn es ausgewachsen ist, wird es diesen Ort für tausend Jahre oder noch länger beschützen.
Dann wirst du sicher nicht mehr leben, Meisterin.
Aber du.
Irgendwann wirst du einen großen Fehler begehen, und dann wirst du mehr über die Menschen erfahren wollen.
Willst du, dass ich mich mehr für dich interessiere?
Bist du geltungssüchtig?
So ist es nicht.
Komme hierher zurück, wenn es so weit ist.
Ich werde dir weiterhelfen.

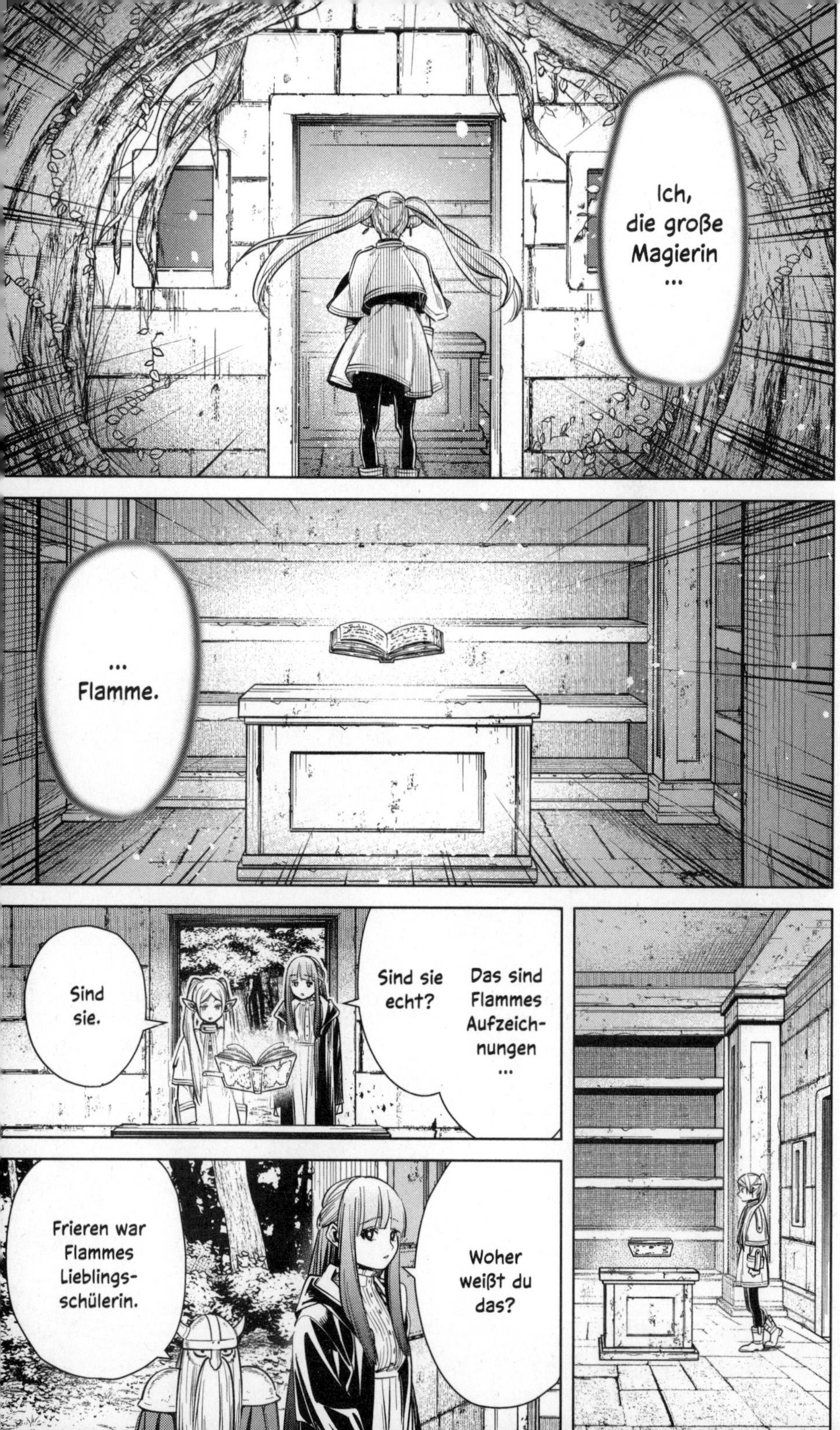
Ich, die große Magierin ...
... Flamme.
Das sind Flammes Aufzeichnungen ...
Sind sie echt?
Sind sie.
Woher weißt du das?
Frieren war Flammes Lieblings-schülerin.

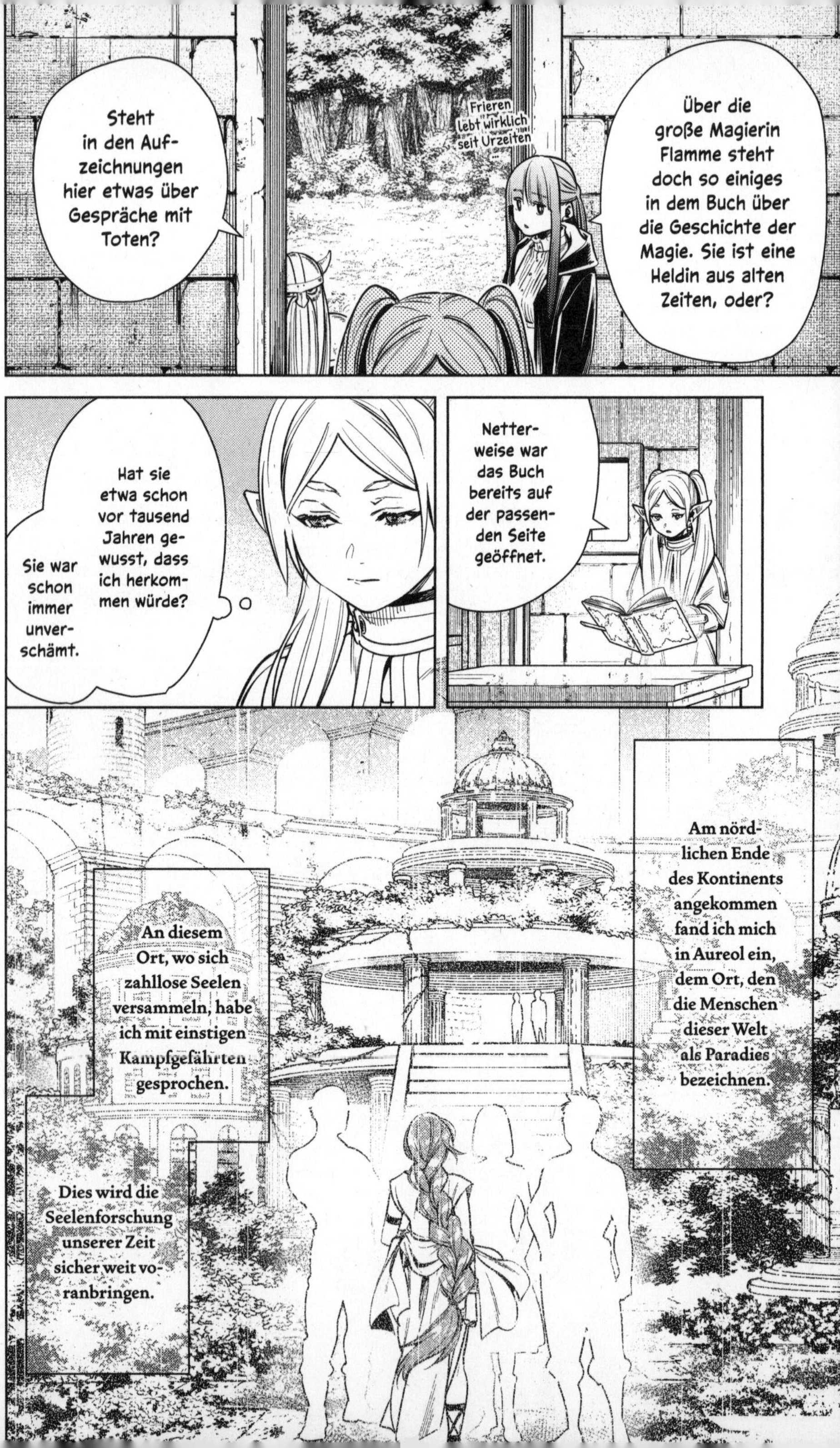
Über die große Magierin Flamme steht doch so einiges in dem Buch über die Geschichte der Magie. Sie ist eine Heldin aus alten Zeiten, oder?
Frieren lebt wirklich seit Urzeiten ...
Steht in den Aufzeichnungen hier etwas über Gespräche mit Toten?
Netterweise war das Buch bereits auf der passenden Seite geöffnet.
Hat sie etwa schon vor tausend Jahren gewusst, dass ich herkommen würde?
Sie war schon immer unverschämt.
Am nördlichen Ende des Kontinents angekommen fand ich mich in Aureol ein, dem Ort, den die Menschen dieser Welt als Paradies bezeichnen.
An diesem Ort, wo sich zahllose Seelen versammeln, habe ich mit einstigen Kampfgefährten gesprochen.
Dies wird die Seelenforschung unserer Zeit sicher weit voranbringen.

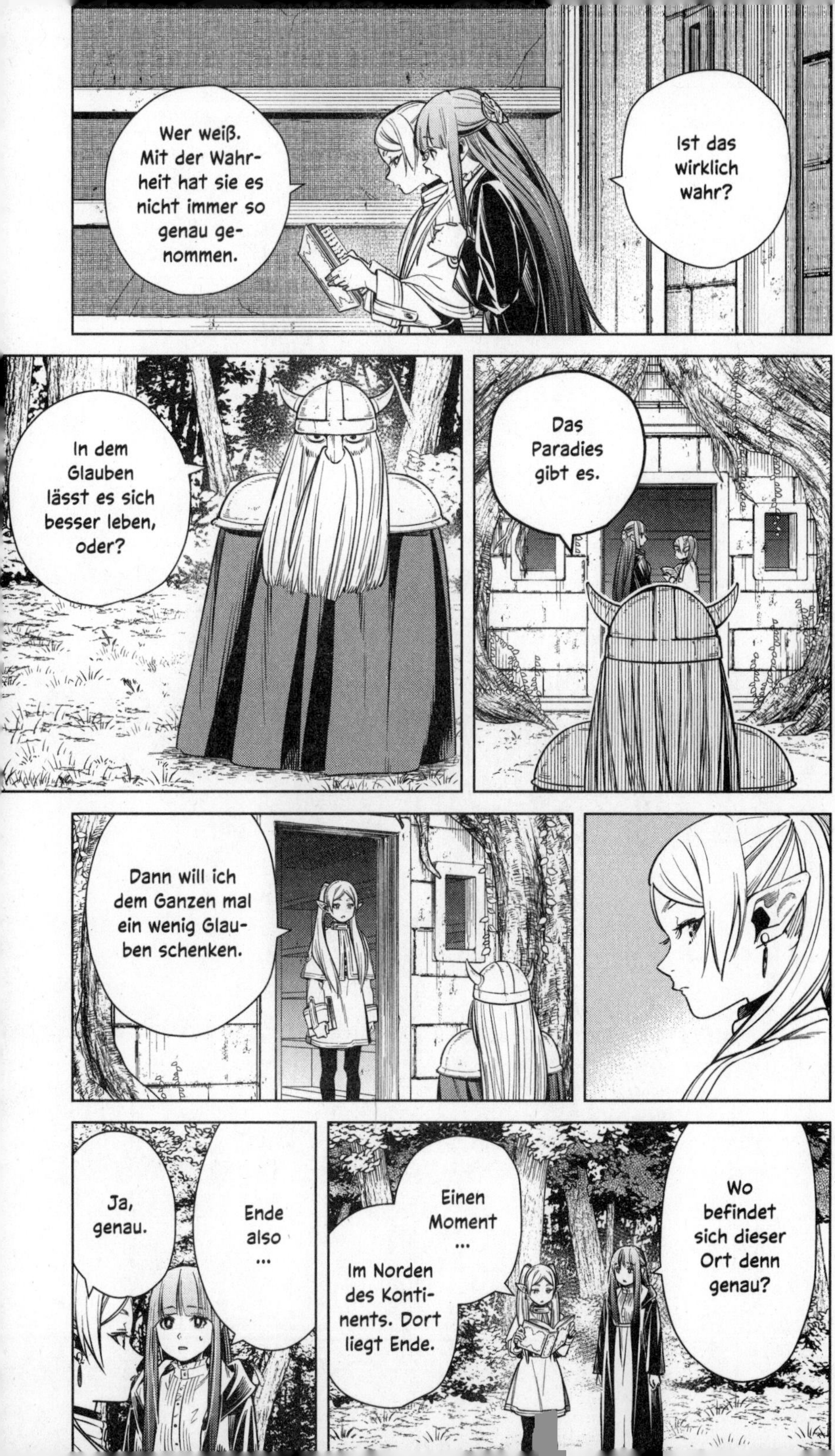
Ist das wirklich wahr?
Wer weiß. Mit der Wahrheit hat sie es nicht immer so genau genommen.
Das Paradies gibt es.
In dem Glauben lässt es sich besser leben, oder?
Dann will ich dem Ganzen mal ein wenig Glauben schenken.
Wo befindet sich dieser Ort denn genau?
Einen Moment ...
Im Norden des Kontinents. Dort liegt Ende.
Ende also ...
Ja, genau.

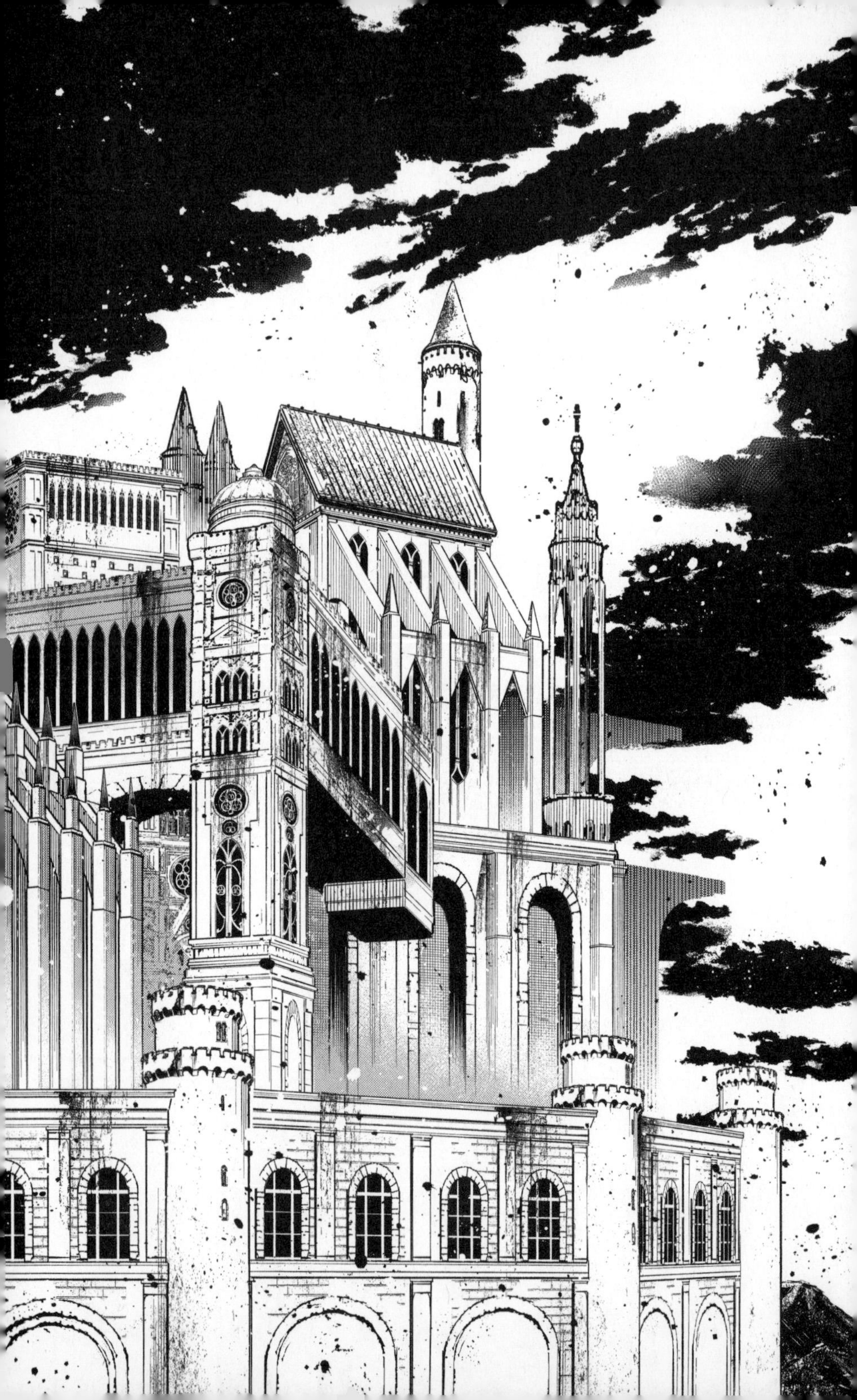

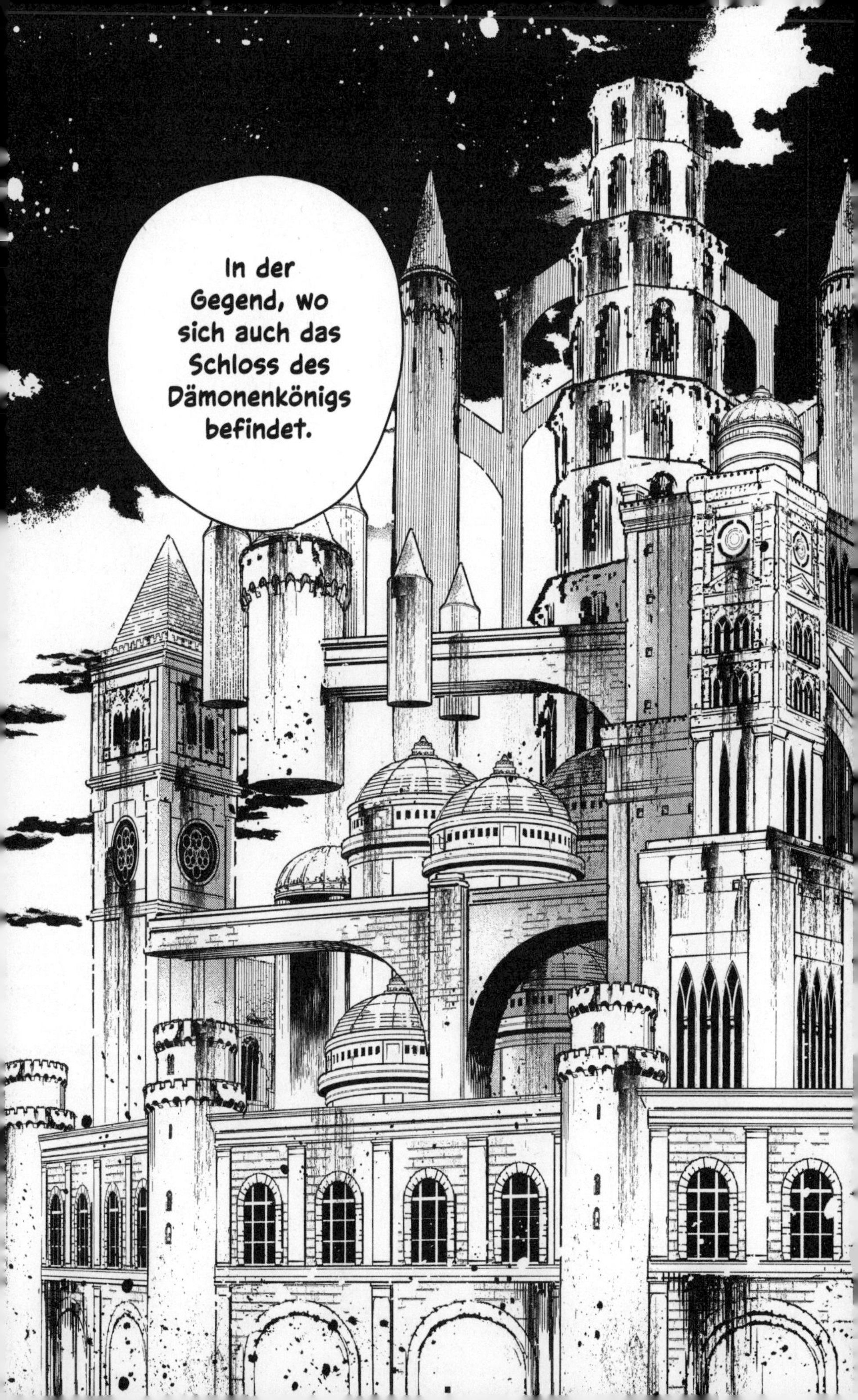
In der Gegend, wo sich auch das Schloss des Dämonenkönigs befindet.

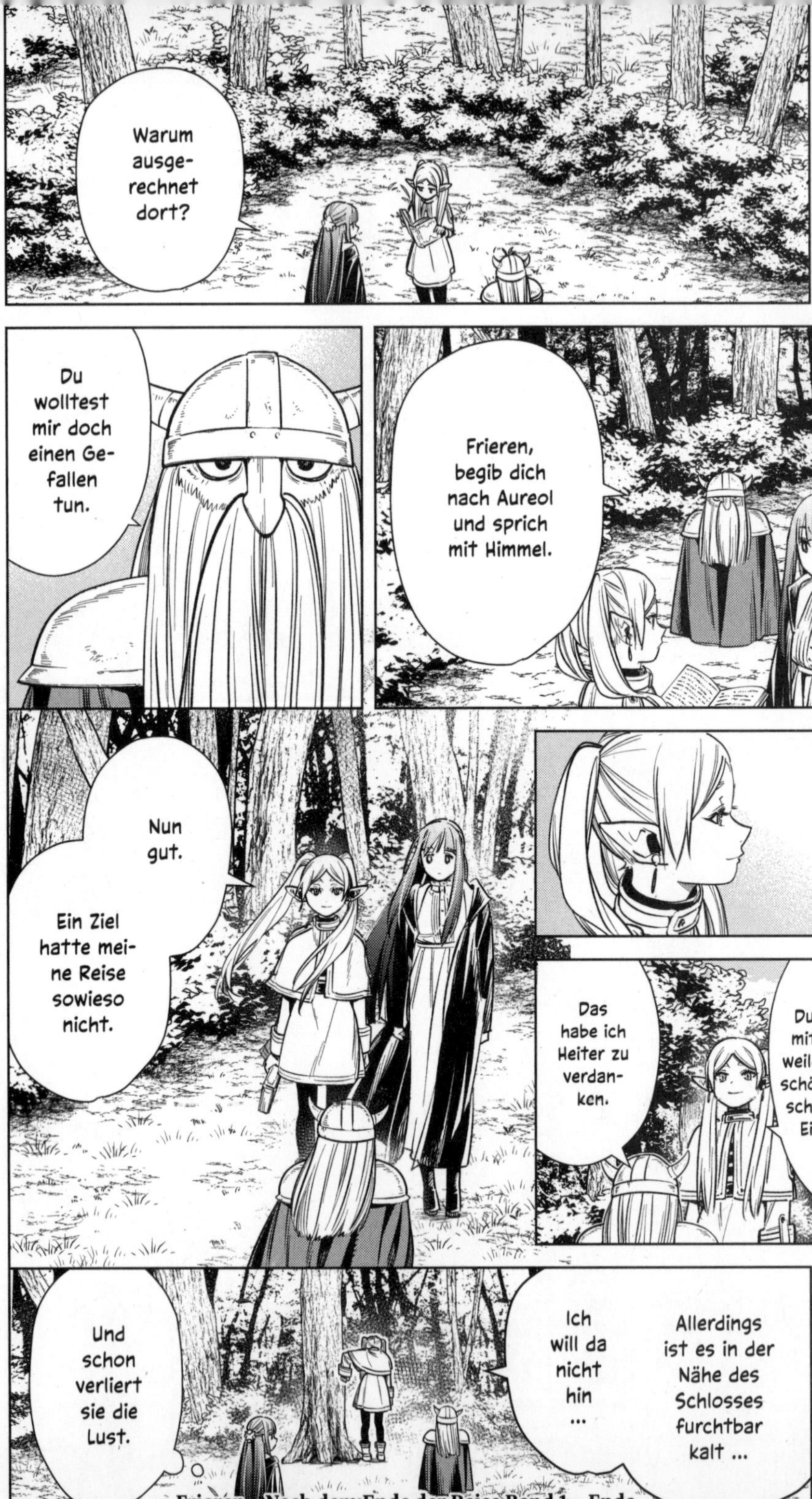

Frieren – Nach dem Ende der Reise Band 1 – Ende

FRIEREN

NACH DEM ENDE DER REISE

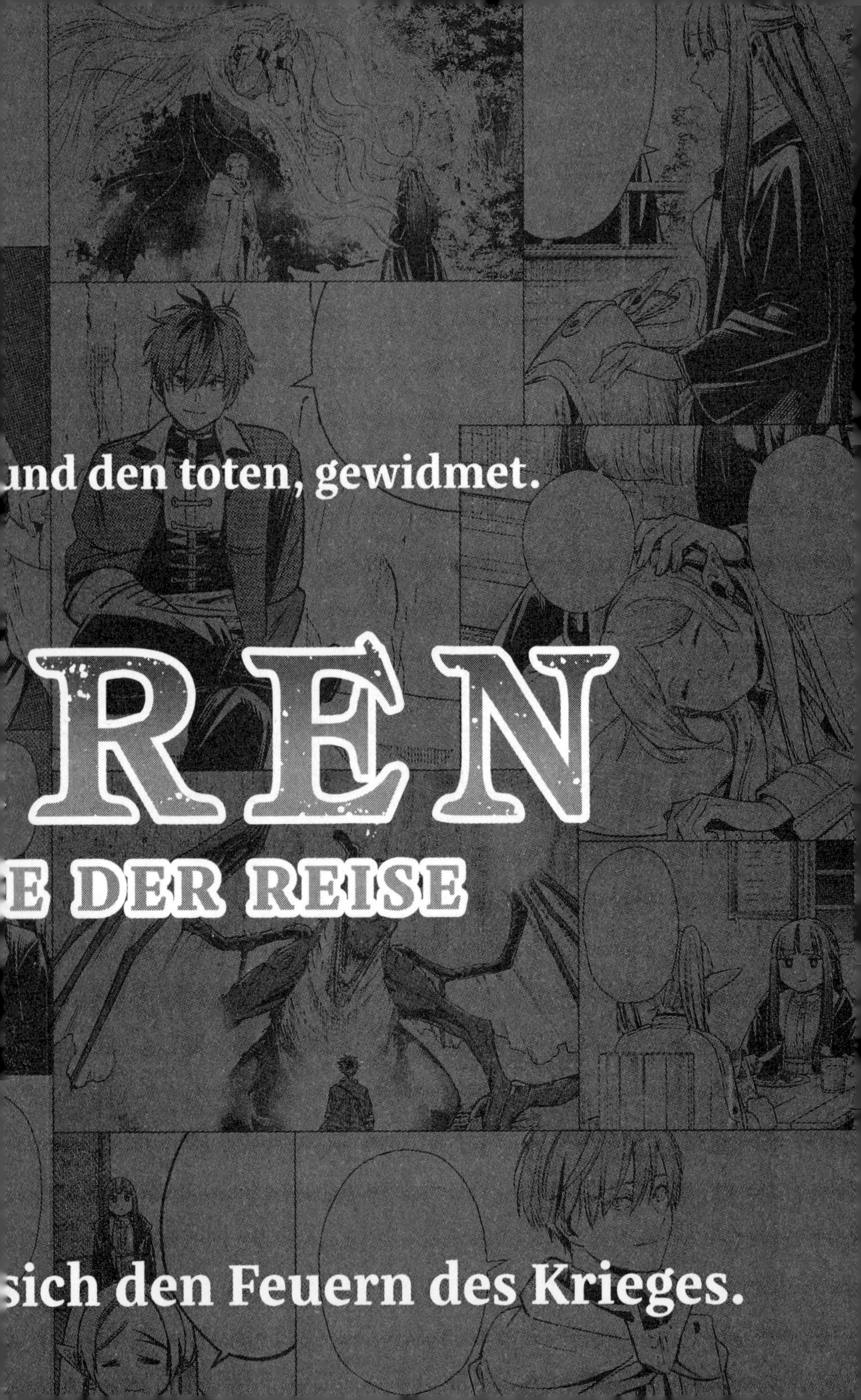

und den toten, gewidmet.

REN

E DER REISE

sich den Feuern des Krieges.

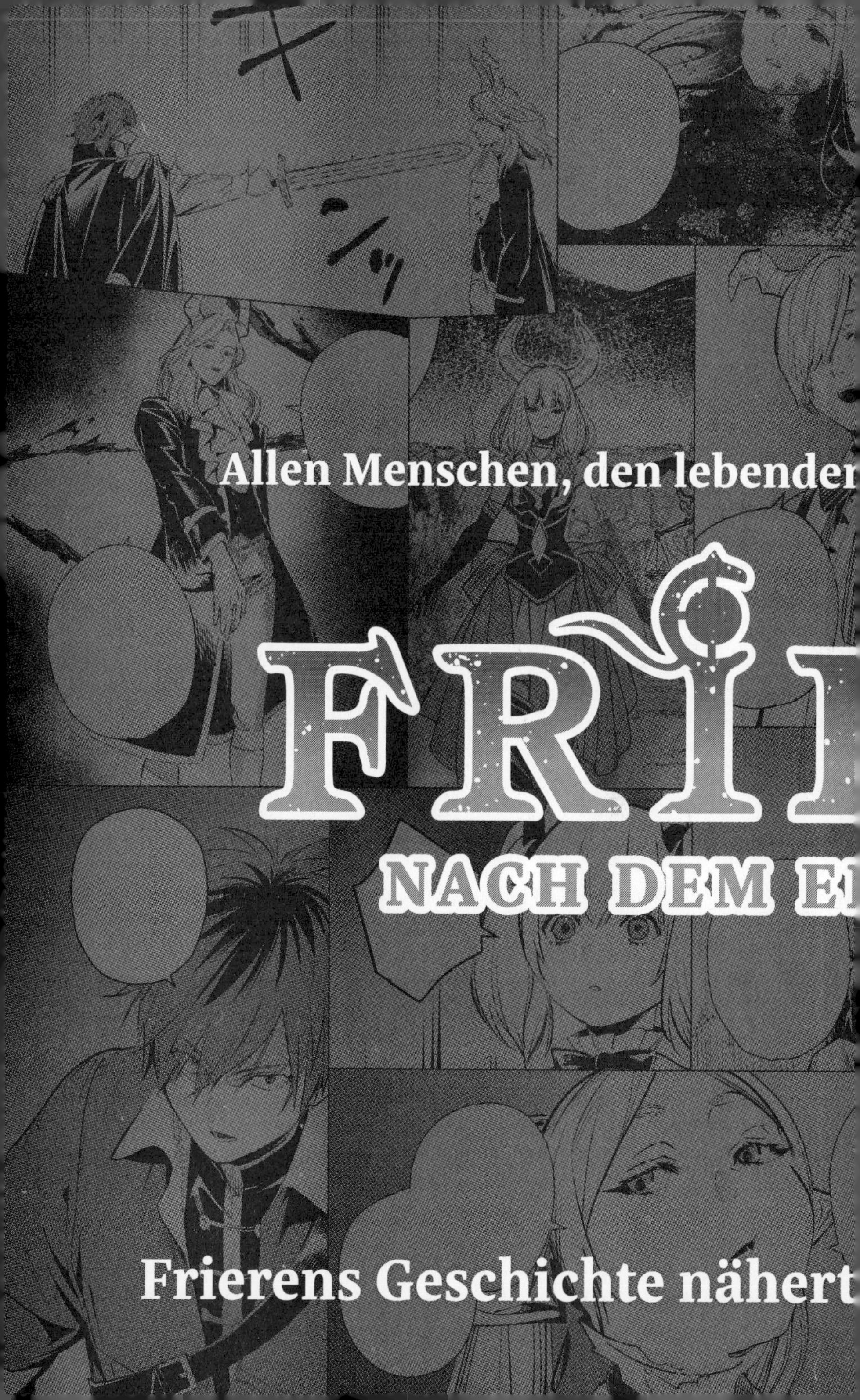
Allen Menschen, den lebende
FRI
NACH DEM E
Frierens Geschichte nähert

altraverse

Deutsche Ausgabe / German Edition

Altraverse GmbH
Ruhrstr. 11 a
22761 Hamburg
kontakt@altraverse.de

Aus dem Japanischen von Jan Lukas Kuhn

Redaktion: Johannes Marschallek
Herstellung: Stephanie Gieck
Lettering: Vibrant Publishing Studio

Druck: Nørhaven A/S, Viborg
Printed in Denmark

FSC www.fsc.org MIX Papier | Fördert gute Waldnutzung FSC® C104608

ISBN 978-3-7539-0561-7
12. Auflage 2026

www.altraverse.de